U0033767

中國國民黨
中央暨各省聯席會議紀錄

Minutes of Central and Provincial Joint Meeting

導言

呂芳上

  北伐時期（1926-1928）是中國現代史上政治社會變動劇烈又複雜的階段。軍事的神速進展之外，1923年孫中山推動聯俄容共政策（第一次國共合作）帶來新政治模式，到1927年國共分裂，因為黨派關係的紛擾，牽涉到政治權力的重分配，新式「黨國」模式的實驗，呈現的是與傳統截然不同的政治運作機制。長期以來，不同立場的歷史學者，各從有限的資料中捕捉自己需要的材料，往往使歷史事實呈現不同的詮釋與面貌，釐清歷史最好的辦法是提供原始檔案，從文獻中重探歷史真相。

  在軍事北伐的征途中，1926年到1927年國民政府與國民黨曾有兩次撼動時局的聯席會議，一次是1926年10月14日至10月28日，在廣州召開的「中國國民黨中央及各省區代表聯席會議」，另一次是1926年12月13日到次年2月21日，在武漢的「中國國民黨中央執行委員會及國民政府委員臨時聯席會議」（簡稱武漢臨時聯席會議）。武漢聯席會議是由廣州遷來的黨中央與國府實際負責者，在國民革命軍北伐克復武漢後政權遷移的產物，接著不只

有武漢、南昌對立局面產生，而且有明顯國、共對抗的紛擾，最後以武漢國民黨中央召開二屆三中全會收場。至於廣州聯席會議，則是黨中央為因應北伐初期時局變化的措施，在會議紀錄中已可以充分體會到新派人物「黨國」想像的嘗試的和現實政治中黨派鬥爭的影子。

廣州國民黨中央及各省區代表聯席會議，連同預備會議共舉行十三次，參加會議的成員有79人，包括27名中央執行委員，加上14個省、4個特別市黨代表，以及海外11個總支部代表52人。因當時國民黨屬聯俄容共時期，故國民黨人如譚延闓、陳果夫、丁惟汾、李濟深、王子壯等之外，不乏跨黨知名的共產黨員參加，如毛澤東、吳玉章、楊匏安、惲代英、于樹德以及左派的宋慶齡、鄧演達、陳友仁、徐謙等人。會議主席團為譚延闓、徐謙、宋慶齡、張靜江、吳玉章，有國民黨人、共產黨人，也有左派人士。俄國顧問鮑羅廷（M. Borodin）是主導人物之一，因為他是聯席會議的提案起草委員。

依照會議主席譚延闓的說法，這時（1926年10月）北伐相當順利，軍事已進展到長江流域，面對新形勢，在不克召開全代會的情勢下，黨政如何配合，是當下急務。為此，利用各省代表與中央委員集會，期在短時間內凝聚共識，統一言論步調，營造團結氣氛，不失為一可行之抉擇。於是立刻召集了聯席會議，建立以黨領政的新模式，進行了新的政治實驗。12天的會議，重要內容可歸納為下列幾項議題：

一、相關國民政府的議案。（1）國民政府及黨中央遷移問題，決定在短時間內，仍以廣州為根據地，暫不移駐他地。（2）關於國民政府的組織問題，除了原有外交、財政兩部之外，決定增設軍政、司法二部，並保留軍事委員會。（3）當時雖然一再宣傳盡速遵照孫中山的主張，召開「國民會議」，但鑑於黨的民眾組織，仍然幼稚，只能從緩推動。（4）地方黨政關係與組織問題。鑑於省府委員兼廳長，相互照應困難，決定彈性添加不管廳的廳務委員。省黨部與省政府的關係，「黨」凌駕於「省」是共識，是否由黨指導省政、黨特派員指揮省政府，或黨政進行合作，則因地制宜。（5）以人民團體代表組成「省民會議」，因為人民團體還不健全，決先模仿清末諮議局職權，作為省務進行方式。（6）下層的縣政府，主張改為委員制，分掌各局事務，初期只能設置三個委員，一人兼掌兩局業務；縣黨部未建立前，縣民議會、鄉民議會的召集，仍被視為一種質詢機構。（7）在地方，各省可設立省防軍，目的在防匪安靖地方，故只限用於一省之內。軍隊中必須設立黨代表，為後續培養軍事人才起見，主張設立軍事政治學校，必要時可延伸為軍事大學。（8）外交上，在「反帝」主軸下，先對付大的、厲害的帝國主義，尤其是英國。會議紀錄內，附有北伐軍事及對內、對外政策的英文說明，足供外人參考。

二、關於黨的政綱部分,會議確立訂定政綱 36 項,內容涵括甚廣,而且以貼近現實狀況為考量,例如工人工作時間由 8 小時改訂為 9 小時,是遷就現狀;對小學教師要加薪,兵士及下級軍官薪餉不拖欠,對民間不預徵錢糧,要禁煙、禁賭等,皆因涉及稅收,不敢貿然推動。因此,顯然眾人多知許多政綱一時難以實現,政綱宣示意義大於實際。又如有關土地問題,政綱中規定要減少田租百分之二十五,要設法消滅地主制度,聯席會議中的討論,也知道難以推行,討論者雖發言盈庭,意氣風發,落到實際,則均無把握。

三、現實政治問題、社會問題的討論。當時省港罷工正如火如荼進行,會議中特別討論並支持工人罷工行動。這次聯席會議在左派及共黨幾乎左右會議情勢下,許多稍後北伐進行中即將發生的政治紛擾,在會議中已見端倪。例如籲請汪精衛銷假視事,派出何香凝、彭澤民、張曙時、褚民誼、簡琴石五人代表赴巴黎「迎汪」,已見幾分「倒蔣」跡象;又如對西山會議的反共分子,如石瑛、張繼等,有要求開除黨籍,並要求肅清孫文主義學會分子的議案,均在在顯示,容共與反共之爭,已明顯浮出檯面。在最後一次的會議紀錄中,見到丁惟汾提出聯席會議的地位、職權、權力問題,認為聯席會議是中執會的擴大會議,其職權不應超過中央執行委員會,

認為聯席會有關決定，仍然應經第三次全國代表大會修訂。這些想法遭到中共及左派分子的反對，顯示這一會議的本質，當時已遭到質疑。

這本會議紀錄是綜合紀錄原稿版及整理版的資料彙成，其中仍不乏1926年各地黨務報告與各部群眾運動報告。一方面可以見到時局變動中，不同黨派合作下的國民革命運動，內容龐雜，權力角逐激烈；另一方面，會議紀錄提示的宣言與政綱，也可以看到一個建國工程（state-building）的構想與模式正在形成之中。這本聯席會議紀錄之歷史意義與價值，正在於此。

編輯凡例

一、本書收錄1926 年10 月於廣州召開之中國國民黨中央
及各省區代表聯席會議紀錄。

二、本書原稿為無標點文件，為便於閱讀加註標點。又挪
抬、平抬等書寫格式，一概從略。

三、本書內容為為保留原意，贅字、錯字等均不予更正。
原件已闕或印刷不清之文字以□標示，亦不加補
正。至古字、罕用字、簡寫字、通同字，若不影響
文意，均改以現行字標示，恕不一一標注。

四、本書改原稿之豎排文字為橫排，惟原文中提及「如
左」等文字皆不予更動。

目　錄

預備會

日　期：十五年十月十四日
時　間：上午九時
列席者：

中央委員

陳樹人	楊匏安	張人傑	戴傳賢	于樹德	何香凝
惲代英	吳玉章	經亨頤	徐　謙	譚延闓	郭春濤
丁超五	甘乃光	孫　科	彭澤民	陳其瑗	許甦魂
黃　實	陳果夫	鄧穎超	周啟剛	謝　晉	朱季恂
毛澤東	褚民誼	陳嘉祐			

各省代表

王積衡	楊燿焜	雲　霖	黃馥生	董海平	韓覺民
張曙時	侯紹裘	朱霽青	江　浩	周松甫	光明甫
鄧文輝	何履亨	簡琴石	陳任一	廖錫五	李毓堯
周以栗	苗培成	高叔英	賴國航	王步文	蔣道日
王健海	宣中華	丁濟美	陳希豪	余焯禮	裴邦燾
梁六度	高警宇	王子壯	范予遂	黎樾廷	劉一華
張素吾	陳漢子	區邦侯	甄香泉	賀楚強	劉季良
羅貢華	張朗軒	歐漢英	曾憲浩	烏文獻	

秘書長：葉楚傖
記　錄：葛建時

公推譚延闓同志為臨時主席。

（一）主席報告籌備經過

略謂：此次召集聯席會議之理由，當於明日詳細報告，茲先報告大概。中央全體會議今歲已開過二次，自國民革命軍誓師北伐以後，下武漢取江西，軍事上可云順利，黨務進行尤為重要，因決定開一擴大會議，不以中央全體委員為限，由各省推代表二人與中央全體委員開一聯席會議，冀得更圓滿之結果。原定十月一日召集，嗣因江、浙、皖、滬等處，以時間匆促不及趕到，電請展期，由中央常務會議決定展期至雙十節，又因海外代表仍有不及趕到之慮，因又展期至明日開會。此次大會討論之議案因大會時間至為短促，應於會前略有預備，故推定張靜江、徐季龍、孫科、李濟深、鮑顧問、甘乃光及兄弟等七人組織一提案起草委員會，擬議議案，至各地代表另有議案已規定提議方法。至聯席會議之組織，因以前並無此例，已擬定規則數條，應於今日提出討論修改。

（二）聯席會議代表資格審查，委員陳果夫報告審查結果

略謂：各省代表合格者五十二人，惟陝西謝蔭民同志來函請求出席，貴州旅粵同志開會推安健同志出席，四川吳玉章同志因四川交通不便請求駐粵代表廖划平、劉泳闓二同志出席，江西革命同志會以江西在戰爭區域無人出席，請求旅粵同志推舉各案無從解決，現審查委員會之意見以為：除貴州省為籌備省分，無資格出席外，其餘各該省無中央執行委員或監察委員列席，且該省未派代表者，

可否由主席指定每省一人出席，是否有當，請大會公決。

（三）審查各省代表資格案

（說明）陳果夫同志提議：根據審查委員會報告，如江西、四川等省省黨部並無正式推舉代表，或由團體推舉，本由個人薦舉，可否由主席指定出席，應由大會決定。

決議：各省代表應由省黨部正式推派，此外無論何人不得指定。

（四）討論會議規則草案

決議：修正通過（修正全文另刊）。

（五）組織聯席會議秘書處案

決議：通過，由主席團提出報告大會。

（六）組織主席團

決議：由中央執行委員會聯席會議預備會議各推五人，再由大會選舉之。

中央執行委員會推舉之五人為：

　　張靜江　譚延闓　徐季龍　宋慶齡　孫　科

聯席會議推舉之五人為：

吳玉章　何香凝　彭澤民　甘乃光　顧孟餘

選舉結果（出席七十四人共七十四票）：

譚延闓　七十一票

徐　謙　六十九票

張靜江　五十四票

宋慶齡　四十七票

吳玉章　四十一票

以上五人當選為主席團

次各數：

何香凝　十九票

顧孟餘　十八票

甘乃光　十六票

彭澤民　十六票

孫　科　十四票

（七）決定開會日數案

決議：照原定以十日為期，如不足得提議延長之。

散會。

主席　譚延闓

議事錄　第一日第一號

日　期：十五年十月十五日

時　間：上午九時

出席者：

中央委員

李濟深	褚民誼	惲代英	于樹德	鄧穎超	陳其瑗
楊匏安	謝晉	戴季陶	張人傑	孫科	陳友仁
徐謙	譚延闓	鄧澤如	甘乃光	何香凝	丁超五
陳樹人	李福林	陳嘉祐	周啟剛	彭澤民	朱季恂
吳玉章	陳果夫	宋子文	宋慶齡	毛澤東	許甦魂

各省黨部代表

董海平	陳任一	鄧文輝	賀楚強	何履亨	朱霽青
苗培成	裴邦燾	梁六度	烏文献	雲霖	王斧
林伯歧	楊燿焜	丁濟美	曾憲浩	韓覺民	劉一華
蔣道日	余焯禮	簡琴石	黃馥生	張曙時	高警宇
歐漢英	陳希豪	高叔英	廖錫五	光明甫	周松甫
宣中華	范予遂	王子壯	張素吾	羅貢華	劉季良
王積衡	江浩	陳漢子	陳孚木	褟恪公	區邦侯
林頌堯	周以栗	李毓堯	賴國航	王步文	黎樾廷
甄香泉	董方城				

主席團：譚延闓　張人傑　徐謙　宋慶齡　吳玉章

記　錄：葛建時　張步先

（一）行開會禮

甲、奏樂。

乙、向黨旗、國旗、總理遺像行三鞠躬禮。

丙、主席恭讀總理遺囑——全場肅立。

丁、主席致開會詞（另錄）。

戊、攝影。

（二）報告

甲、資格審查委員會陳委員果夫報告

略謂：報到代表現共五十三人，共十四省、四特別市、十一總支部，為審查會否認者有利馬、印度二支部（因支部不能派代表）。福建省來函聲明不派代表，一切請丁超五同志代表。四川、陝西、江西三省，綏遠特別區、安南總支部，均無代派來，雲南、貴州、黑龍江三省尚無黨部，當然無代表。

鄧穎超同志附帶報告：周恩來同志由法國總支部派為代表但已函辭，因（一）周同志離法已二年，（二）日內須赴前方。

乙、譚延闓同志中央政治報告（另錄）。

丙、徐謙同志中央提案委員會提案報告（另錄）。

延闓

（三）臨時提議

A. 于樹德同志提議

 由本會議一致向過去為革命死亡被難烈士及此次北伐陣亡諸烈士行默禱禮（三分鐘）。

B. 主席團提議

 一、本會對於此次北伐死傷各將士及為本黨工作各地被難各同志起立致敬。

 二、致電慰勞前敵將士。

 三、致電慰問軍事區域各地人民。

 四、致電慰勞省港罷工工友。

 決議：通過照辦。

C. 李濟深同志提議

 請主席團編定出席員席次號數案。

 決議：明日照辦。

 延聞

補十月十五日報到者

 林頌堯　加拿大總支部，駐美洲同盟會

 簡琴石　廣州特別市黨部

譚主席開會詞

 各位同志：今天開中央各省海外聯席會議，照本黨總章，只有兩種大會，第一種是全國代表大會，第二種是中央執行委員全體會議，我們這次何以要在這兩種以外再來開這一個會呢。這並不是因為中央委員放棄職權，所以

擴大起來，多此一番手續，也不是因為恐怕代表大會人數太多，所以縮少範圍開這一個會議。因為我們北伐已得到相當的勝利，湖北已完全恢復，江西也將肅清，福建也很順利，國民政府的勢力已很發展，黨的勢力也跟著發展，我們應該有新的應付方法，所以由中央常務會議及政治會議討論，以為應該召集一個全國代表大會，來決定方針，但一時又不易召集，如果召集中央全體會議，人數又不很多，所以請各省派人加入，大家來開會討論一下。

因為這個會，要討論應付時局問題，而開會的時間又很短，當然不能不有一種預備，所以由政治會議推了幾位提案起草委員，連同鮑顧問，一共七人，先把幾個最重要的問題，討論一下。如國民政府現在要不要遷移，國民會議如何召集，都要請大家共同討論以求一個適當的方法，召集的意思，即在於此，希望各省同志大家來平心靜氣的討論。我們不必在短時間內，提出很多的案，反而跡近鋪張，事實上做不到的，更不必唱高調，因為與其唱高調而不能實行，毋寧腳踏實地，使人民得到實在的利益。

其次，我們大家都是黨員，我們的言論步調，要非常統一，我們對於黨的決議要絕對服從，只看俄國，便是我們的榜樣，個人有了自由，黨便沒有自由，黨是整個的，是有紀律的，黨的裡面，不應該再有什麼派別，今天有的在中央辦事，有的在地方辦事，我們不可分什麼界限，我們這次把各省同志，聚在一起，我們的精神，是要團結的。

　　現在黨的力量，尚未充分，有些地方不能完全受黨的指導，也有人大不平，說中央沒有力量來解決一切，這是現在軍事時代不能免的事實。我們以後要注意黨和政府應該是一件東西，現在有人常常把黨和政府分開，好像從前國會對待政府一樣，這是很大的錯誤，要知道黨的指導政府，是一種有運用的，並不跟議會一樣處於監察的地位，這是我們要注意的。我們的力量在民眾，我們的目的在革命成功，不是開會批評人家，或者打電報攻擊人家，就算是工作。

　　這次開會凡到會的都有議決權，我們要替黨謀發展，要使國家統一起來，建設起來，我們才不辜負總理遺給我們的基礎，今天延闓代表中央很誠懇地講幾句話，還請大家指教！

譚延闓同志中央政治報告

　　今天兄弟來簡單的報告這幾個月來政治狀況，自從上次中央執行委員全體會議以後，政治上最重要的，可分做三點：（一）出師北伐；（二）內部的整頓；（三）省港罷工計畫的變更。

（一）出師北伐

　　自從湖南唐軍長傾向本黨之後，我們便有出師北伐的準備，但是敵人如果並不十分壓迫我們，我們也不願勞師動眾，以武力征服人家。可是，敵人卻著著進攻，葉開鑫受了吳佩孚的使命，進據了長沙，使唐軍長不得不退守

衡州，同時孫傳芳也有出兵助吳之意。當時我們出師，只要鞏固在湘省的革命勢力，口號只是打倒吳佩孚，對於孫傳芳取緩和的態度，以期不致發生衝突，所以對於湖南取攻勢，對於江西則取守勢，自我軍誓師北伐以後，不數日，唐軍長即將長沙恢復，蔣總司令介石同志也到了湖南，遂下總攻擊令，不久便攻下漢口，包圍武昌，把吳佩孚的力量打倒。同時孫傳芳等的侵粵計畫，也給我們得到，他是要乘我們劇戰的時候分兵襲取我湖南和廣東，他處處可以攻擊我們，使我們忍無可忍，不能不和他決裂，於是有進攻江西之舉。進攻江西的軍隊，一面自贛州、吉安前進至南昌，一面自袁州、新喻、樟樹直達南昌，並且第七軍由鄂城攻下德安，把敵人南昌、九江的通路衝破，敵方大受損失。我們現在已迫近九江，把南昌、德安、徐家埠聯成一線，江西問題的解決，不過是時間問題而已。湖北方面，武昌圍攻了一個多月，至雙十節克復，把所有敵人盡行繳械，吳佩孚的基本部隊殲滅淨盡，不能再與我們抵抗。河南方面，我軍自攻下武勝關之後，樊總司令鍾秀的軍隊與我軍聯絡，圍攻信陽，其餘響應的很多，從前國民軍第二軍部隊，都已再起，吳佩孚已毫無辦法。吳之部下魏益三、田維勤輩，人各一心，已不成問題，現在成為問題的，只有奉天方面。奉張意思如何，不得而知，張宗昌很想乘我與孫相持之際，坐收漁人之利，他同孫傳芳，嘴裡雖說要幫忙，但心中只是想爭奪地盤，現其軍隊已開至徐州，我們將來如何應付他，須要再加審量。福建

方面，周蔭人想擾亂我東江，一個月來已為顯著之事實。何軍長本主張，先取福建，因其時江西尚未發動，故改取守勢，現江西已經勝利，彼方先來犯我，我軍迎頭痛擊，現已進駐永定，周軍已潰敗，俘獲五、六千人，獲槍數千枝，福建民軍，已紛紛而起，牽制敵人後方，大概福建問題，幾天內便可完全解決。西北國民軍的紀律，和它們為國家服務的精神，是向來我們知道的，總理在時，派徐季龍同志，長與聯絡，此次馮煥章同志到俄國遊歷以後，更有澈底的覺悟，覺悟到非革命不能救中國，而要革命，更非照總理的主張不可，所以他與他們全體加入本黨，想替國民革命造一番事業，我們得了這樣有紀律的軍隊加入，是很可慶幸的一件事。昨天接到他的來電，遵照總理遺囑，政府命令，努力國民革命；又電分三路出兵，一支由甘肅入陝，一支由綏遠入太原，一支由山西出，在最短時間內，當能與我軍會合。西南、西北國民革命軍，要打成一片，軍事上總算十分勝利，這不能不歸功於將士之忠於黨國，努力奮鬥。即如武昌之役，前仆後繼，死亡三千餘人，士氣還是依然振奮，南方軍隊受黨的感化，幾乎成了一種風氣。還有人民的熱烈同情，也是勝利的一大原因，有的指引路徑，有的擾敵後方，至於簞食壺漿更不算什麼一回事。我們軍隊的有紀律，和得到人民的擁護，是民國以來未有的，所以能夠以廣東一省的力量，在短時間內，掃蕩反革命勢力，我們對於採忠勇的軍隊，是應該表示十二分敬意的。

（二）整頓內部

軍隊方面，能與人民合作，不怕不成功，我們現在要問我們的黨是否能指揮政治，這是一個大問題，我們的黨，自然不能說是已經達到強健有力，但是一般人的認識總是日日有進步。至於後方問題，出師以後，廣東的軍隊，只夠鎮壓地方。陳炯明、魏邦平等反革命派，運動土匪，詭計百出，幸得政府軍隊，加意防範，不致搖動基礎。不過後方同志，也非常困苦，兵士月餉，雖號稱十元，尚且不能發足，各機關更不用說，薪水且不能按月領到，但大家還是一樣奮鬥，現狀總能維持下去。至於建設事業，非款不可，現當用兵之際，自無餘款可撥，但政府的意思，遇必不可緩的事情，還是勉力設法的，我們內部的情形大概如此。

（三）罷工問題

自從去年「五卅」、「六二三」之後，省港大罷工，已成為世界注目問題，辛苦支持至十五個月之久。我們的目的更促使帝國主義者覺悟，使知我們之不可終侮。不過這十五個月中非常危險，因為我們不能以武力為罷工後盾，即不在北伐時期，我們的實力，也不足與人抵抗，只以外交之手腕，與之周旋。近來英保守黨得勢，態度更為強硬，煤礦大罷工已歸失敗，我們如仍用舊法，必致吃虧，因外交必恃武力為後盾，如無此最後辦法，一定不能堅持。我們罷工如沒有好結果，非但對工友不起，且在國家名譽上，要受損失。所以其初我們很想與英人磋商解

決，使罷工得告一段落，但英人不肯就我範圍，始終沒有誠意解決，並且用種種手段破壞我們罷工，以致磋商毫無結果。罷工問題，既無解決希望，而杯葛問題，專恃糾察隊強制的辦法，這個方法，非常危險。一方面私運私賣，不能完全禁絕，一方面他們可以不平等條約來干涉，所以最近常有糾察隊被毆的事實，長此下去必惹起武力干涉的問題，所以我們同工友們研究，以為如仍用舊法維持，恐將來失敗，不如變換方法，就是對英杯葛，不用糾察隊強制的方法，而用宣傳的方法，我們要督促民眾覺悟，自己一致起來對英杯葛，不必靠糾察隊。所以決定從雙十節起，實行新政策。至於罷工工友，如不妥為安插，非但不近情理，且事實上亦不能做到。本來像黃埔開埠，完成粵漢路等事，多要許多工人，只要戰事一了，便可著手進行，但目前必須另想方法，所以提出增加關稅特稅辦法。這個特稅，是值百加二五、奢侈品加五，已於十一號開始徵收，收入很不小，大約每年有五百萬兩以上，約合毫洋千萬元，拿來津貼罷工工友，已經足維持，一方面舉辦實業，也可以安插許多人。雖不能說是圓滿解決，但總算沒有辜負一年來奮鬥的苦心，這是我們可以告慰的。

聯席會議議案報告

　　聯席會議之召集由中央執行委員會政治會議議決，其召集會議當然有一目的，此聯席會議議案所以有預備之必要也，政治會議因預備議案指定一委員會，名曰提案委

員會，委員七人，共任議案之起草，經討論八次而後草成
議案之大部份，尚有一小部份在起草中，大約再經一次之
討論，即可完成此起草情形之大略也。茲將下列議題摘要
說明之：

提案程式之意義，固在議案之決議，然議案究由何
人提出，要不可不加以指定。蓋中央執行委員會，既召集
此會議，則提案人自必屬之常務委員也關於此點似有一疑
問為提案之限制，不知議事規則已有釋明，即出席員皆能
提案，特須有五人以上之附議始能成立耳。雖然提案固為
出席員之自由，但黨之精神必須集中，故出席員苟非有重
要之動議，亦可不必紛紛提案，致思想有不統一之患。此
出席員所宜注意者也。此次預備之議案，乃整個的並非枝
枝節節而為之，惟議決時不宜籠統，須逐案付表決始能喚
起出席會之注意，且每一議案必須有一決議，誠以各議案
皆經慎重討論，均於本黨之發展有關係，甚盼於大會中得
一美滿之結果也。

國民政府發展議題本為召集聯席會議之動機，因武
漢已下，國民政府即有一遷移問題。此問題非僅謀國民政
府之發展，且將進求全國之統一，故不可不將中央執行委
員會擴大而召集一聯席會議以解決之。其動機雖如此，但
此議題經詳細討論即知現尚未屆國民政府遷移之適當時
期，因前方戰事尚在進行，不宜遽將政府遷往。如將政府
遷往，則軍事之目標更大而所遇之敵人更多，非但無益於
政府之發展，且恐有礙政府之鞏固，此國民政府所以未可

遽捨廣東為主要工作所在之地點而遷移至前方軍事尚未終
了之地點也。此議題所包議案之意義，在使吾人了解政治
之根據地，此時仍在廣東，並不因軍事之發展而驟變。又
須知政治之主要工作不在擴張地盤，而在鞏固革命勢力，
蓋革命非以兵力爭勝負，乃使革命勢力先鞏固至不可動搖
而後發展至不可抵抗，斯為得策也。

國民會議召集議題為本黨號召全國之主張，至今並
未有所改變。惟此主張之實現，並非此次戰爭告終即可辦
到。蓋國民會議之困難問題不在召集，而在預備也，所謂
預備即總理所主張之預備會，其分子有詳略之分，並無異
同之處，此等人民團體必須由本黨組織之，而後將來召集
國民會議始有意義，否則國民勢如散沙，欲求散沙之民眾
解決國是，此乃一種空想，決非本黨主張開國民會議之意
義也。此議案所列各款，有由黨指導之預備，有提出議案
之預備有選舉之預備，較之昔日主張更為詳盡，必能得國
民之同情也。

省政府、地方政府及省民會議、縣民會議議題，在
說明省政府與地方政府之形式及省民會議縣民會議之性
質，現行省政府制為廳長制，此行為委員制，委員制為現
行中央黨部及政府所採之政制，乃最新最良之制。茲更推
廣此制行之於省政府及縣政府之組織，必能使省縣之行政
更有進步，所謂委員制與廳長制不同者，因廳長制乃以廳
為本位，先有廳長而後有省政府，其先後未免倒置。至委
員制乃以委員為本位，先有委員組織之省政府，而後以委

員兼廳，其中亦有不兼廳之人，此亦不同之一點也。至設廳之多少，應視各省情形而定之，有其事者不可無此機關，無其事者要不必多此冗負也。省民會議、縣民會議皆為諮詢機關而不為權力機關者，因黨治未成不能遽講無意識之德謨克拉西，姑以此為訓政之準備耳。

省政府對國民政府關係議題，在分權思想過甚者，對此關係頗多爭論，惟本案仍為集權主義，故權限之分劃甚屬易易，且大致本諸建國大綱標準，亦非難定。惟本案有一意義須明瞭者，即在中央集權之主義中同時與地方以發展較多之機會，此點由司法之劃分觀之甚明，特其中二說未能遽決付之大會議決之，藉可觀多數之趨向也。

省黨部與省政府之關係議題，多從事實點著想，吾人理想上應絕對主張黨所指導之政府，惟事實上則未必一蹴可幾，例如廣東省政府立於廣東省黨部指導之下固屬毫無疑義，至湖南省如何，湖北省如何，及江西省如何，恐其中絕不可以一簡單之例相待。本案所定三種辦法，乃事實上所不得不然，由此一步而後進至第二步，庶不蹈空想之病，而又可徐圖理論之完全實現，要不可以其未能遽滿吾人之意而以為瑕疵。也且省政府所以不能立於省黨部指導之下者，固由勢力使然而省黨部之人才不足，亦次之此所以需合辦一黨校也。

國民黨的最近政綱議題，此案現將分配各款稍事修正，並有所增加大概分為一般的政綱及關於工業家的、關於商人的、關於教員的、關於政府職員僱員的、關於農民

的、關於工人的、關於兵士的等等，所列政綱亦多本黨夙昔所主張，但其中頗有未經詳言者。原來政綱必合乎時代之趨向，故不可過於籠統，且求主義之實現，亦非有具體之政綱，不可近來輿論對於本黨之主張頗表贊同，即因本黨政綱可以代表大多數順應時勢之要求，實為謀中國自由平等所必須採取者也。

議事錄　第二日第二號

日　　期：十五年十月十六日

時　　間：上午九時

出席者：

中央委員

陳嘉祐	彭澤民	周啟剛	褚民誼	楊匏安	李濟深
張人傑	郭春濤	徐　謙	陳其瑗	丁惟汾（假）	
陳果夫	丁超五	毛澤東	孫　科	吳玉章	宋子文
陳樹人	謝　晉	譚延闓	何香凝	戴季陶	顧孟餘
于樹德	惲代英	鄧穎超	宋慶齡	鄧澤如	甘乃光
陳友仁	許甦魂	朱霽青			

各省代表

董海平	張曙時	韓覺民	廖錫五	李毓堯	周以栗
簡琴石	何履亨	楊耀焜	鄧文輝	陳任一	陳希豪
高警宇	黎樾廷	范予遂	蔣道日	林頌堯	曾憲浩
余焯禮	賀楚強	雲　霖	高叔英	王積衡	苗培成
劉季良	羅貢華	王步文	陳漢子	張素吾	斐邦燾
梁文度	光明甫	周松甫	王健海	歐漢英	宣中華
丁濟美	區邦侯	黃馥生	劉一華	王　斧	林柏歧
董方城	烏文献	甄香泉	陳孚木	侯紹裘	禤恪公
賴國航					

主席團：譚延闓　張人傑　徐　謙　吳玉章　宋慶齡
主　席：吳玉章
記　錄：張光祖　葛建時

主席恭讀總理遺囑——全體肅立。

（一）中央黨務報告

葉秘書長楚傖代表張主席人傑出席報告

　　略謂：此次報告，自第二次全體執行委員會之後六月一日起至十月十二日止，在這四個月之中，本黨革命勢力的擴大，實有突飛猛進的象徵。自我軍深入湘、鄂，克復武漢，打倒吳逆佩孚之後，孫逆傳芳見本黨勢力之發展，就用一種高壓手段來封閉滬、贛等處黨部，拘捕黨員，在正面看起來似乎是本黨的不幸，在反面看起來就是本黨各黨部各黨員的工作之緊張，致觸敵人之忌，而有此橫逆之來，顯然是一種工作擴大的象徵。再就廣東各縣農民團體和地方上土豪劣紳等時常發生衝突，自謀解放的種種運動來看，雖然覺得麻煩，也可見得廣東農民運動的成績有突飛進步的趨勢，其他各種運動已詳列書面油印分配可省略口頭報告，不過其中有個要點略為提出說明一下：

（甲）中央重要決議案

1. 因黨員對於黨及政治須有一致之行動，避免種種無謂的糾紛，故於第三十六次會議有黨員組織團體嚴屬限制之決議（詳書面）。

2. 因各級黨部執行委員為本黨工作上之基本勢力，切不可稍事疏懈，故有各級黨部執行委員無故缺席之懲戒條例決議公布，並通令十月十日起施行。

3. 以本黨軍事已發展至長江流域，各該省除黨務須積極進行外，於政治方面亦應有相當之準備，故決議於川、鄂、皖、蘇等省另組織一特務委員會以處理之（湖北特務委員會現已取消）。

（乙）農民運動（其詳參看農民部報告或有不周尚請各代表補充）

本項運動以粵、湘為最有成績，而湘比粵進步特速，現在已有組織而能認識主義之農民，約計在五十萬人以上，鄂、豫兩省雖在高壓之下，省農會之總機關或遭摧殘，其進步亦殊可觀。豫省農民原有紅槍會為主幹的組織，但須改造其思想指揮其行動，其次如直、魯、蘇、浙、閩與三特別區及廣西均有相當的成績，另詳書面。

（丙）工人運動

本項運動成績自以粵為最，已詳書面，次之為上海，有工人卅餘萬自五卅慘案至今各種罷工等運動，外面人講起來總說這是國民黨的運動，實際上也確是如此。現有已經覺悟而能受本黨指揮的工人在三分之一以上。

（丁）商民運動

本項運動粵、桂、漢、直、川等處均有進行，粵、漢為最有成績。

（戊）青年運動

明日由青年部書面詳細報告。

（己）婦女運動

本項運動粵為特殊進展，除智識界外尚有其他各界參加，現並辦一婦女運動講習所，招集各省女同志訓練，以為將來從事大規模運動之準備。次如蘇之滬、寧等處雖有成績，總是在學校範圍裡居多，家庭婦女來參加者絕少，廣西南寧一略有成績。

（庚）海外黨務工作

另由海外部印送。目前主要工作就立以僑務安集所收歸黨辦，籌設華僑運動講習所，派遣幹員赴各地指導工作等等。是在華僑方面有一特點，對於祖國各種事業經濟之捐輸異常熱心，這是大家所最欽佩的地方，其餘詳細請參看書面，不再贅述。

（二）中央執行委員會提出議案

甲　國民政府發展問題

譚主席說明原案意義

略謂：中央執行委員會提出議案，昨天已由徐季龍同志報告一個大概，今天提出大會請大家討論，現在先將提案委員會討論的經過報告一下：

自從北伐勝利以後，國民政府的地點問題便成了一個大問題，如果政府遷移，中央黨部當然也跟著遷移，所以這個問題非常重要，有些人主張說：廣東是革命的策源

地，但偏於中國南部，如遷至中部，指揮上比較可以便
利，不過我們覺得廣東在革命歷史上比較長久，遷到別處
是否同廣東一樣可以做我們革命強固的基礎。至於遷到什
麼地方，有的主張南京，有的主張武昌，但是我們討論的
結果以為要決定國民政府的地點，先要決定什麼是我們現
在主要工作，現在的主要工作在鞏固各省基礎這種工作，
以首先由廣東省實施最為適宜；其次我們要知道統一中國
不是馬上做得到的，目前的問題是不是能夠把長江拿在手
裡，就是把長江拿在手裡，是不是能把孫傳芳的勢力完全
消滅，就是把孫傳芳的勢力消滅，是不是孫的部下要起來
做緩衝之地；其次還要顧慮的就是奉張，一方面張宗昌很
想乘兩方疲敝的時候來坐收漁人之利，奉張的勢力不是隨
便可以把他打倒的，我們如遷到北方便做了他們明顯的目
標，同他們的勢力發生直接衝突，所以主張國民政府暫時
不必遷移這個理由就是：

　　第一、並非主張永不遷移，但目前尚無急遷的必要。

　　第二、與其忙於遷移，不如先把各省的基礎鞏固
　　　　　起來。

　　第三、可免與某方發生衝突。

　　其次對於國民政府的組織略加說明：國民政府於去年
七月中成立，其時只設外交、財政二部及軍事委員會，此
外概由常務委員會處理。組織很為簡單，現在想於外交、
財政二部之外，加設軍事、交通二部，軍事委員會仍應存
在，專做軍事上的討論計畫機關。關於行政方面，交給軍

事部辦理，其次政府委員會中須有能在國民政府統治下各省的委員每省至少二人，這樣各省的事情才不致隔膜，本案意義大概如此，仍請大家詳細討論。

延闓

徐謙

議案

一、國民政府地點應視其主要工作所在之地而決定之。

決議：通過。

二、現在主要工作在鞏固各省基礎

決議：通過。

三、鞏固各省基礎之意義，乃鞏固各省革命勢力之基礎，與政客利用聯省自治說以割據地方剝削人民者根本不同。

決議：通過。

四、鞏固省之基礎之時機已到，因政治、外交及軍事三方面皆可做到。

決議：通過。

五、此種主要工作以首先由廣東省實施最為適宜。

決議：通過。

六、在廣東進行主要工作可避免目前與某方勢力衝突。

決議：通過（原文尚有「此勢力之鋒現不可當」二句，由起草員徐謙自請刪去）。

七、國民政府擴張至相當程度：

（a）國民政府委員會中須有能代表在國民政府統治下各省之委員（每省至少須有二人）；（b）國民政府各部除已有外交、財政兩部均屬必要外，按軍事、交通發展情形尚有添設軍事、交通兩部之必要，司法行政委員會應改之為部，軍事委員會仍應存在。

決議：（a）項照李濟深同志提議，陳其瑗、侯紹裘同志等附議，不必規定人數，刪去「每省至少須有二人」一句。（b）項照原案通過。

孫科同志提議：第一案之後應加以下一項：（c）除軍事委員會現已組織外，其他關於外交、財政、交通應於各部之外另設外交、財政、交通各委員會，司法行政委員會、教育行政委員會改為司法部、教育部後，仍應設司法委員會及教育委員會，除軍事委員會外其他各委員會均屬諮詢討論機關，以各該部部長為委員長及委員四人組織之。

決議：不必規定。

主席團提出：推舉決議案整理委員徐謙、于樹德、陳其瑗、張曙時、陳果夫等名單案。

決議：通過。

主席宣布：明日（十七日）星期休會，全體公祭黃花崗七十二烈士、沙基烈士、廖仲愷、朱執信同志墓，上午十時在中央黨部集合前往（全場無異議）。

散會。

附啟：

會議錄議案以由主席付表決者為限，此外概不列入。

譚延闓

徐　謙

國民政府發展問題決議案

一、國民政府應視其主要工作所在之地而決定之，現在
國民政府之主要工作在鞏固各省革命勢力之基礎，
而此種主要工作以首先由廣東省實施最為適宜，故
國民政府仍暫設於廣州。

二、國民政府按照現在發展之情況應擴張其組織如下：

甲、國民政府委員會中須有在國民政府統治下各省
之人員充任委員。

乙、國民政府應添設軍事、交通、司法三部，原有
之軍事委員會仍應存在。

決議整理委員

徐　謙　于樹德　陳其瑗　張曙時　陳果夫

議事日程　第三日第三號

十五年十月十八日上午九時至十二時

（一）行總理紀念週禮

甲、奏樂——全體肅立。

乙、向國旗、黨旗、總理遺像行三鞠躬禮。

丙、主席恭讀總理遺囑，全體循聲朗誦。

丁、靜默三分鐘。

（二）中央執行委員會提出議案

甲、國民會議召集問題。

乙、省政府與地方政府及省民會議、縣民會議問題。

丙、省政府對國民政府之關係問題。

議事錄　第三日第三號

日　　期：十五年十月十八日

時　　間：上午九時

主席團：譚延闓　張人傑　徐　謙　吳玉章

出席者：

中央委員：

陳嘉祐　周啟剛　楊匏安　吳玉章　褚民誼　譚延闓

郭春濤　謝　晉　張人傑　毛澤東　丁超五　彭澤民

孫　科　李濟深　徐　謙　黃　實　甘乃光　于樹德

鄧穎超　惲代英　顧孟餘　丁惟汾（假）　　鄧澤如

許甦魂　陳樹人

各省代表

周以栗　韓覺民　張曙時　侯紹裘　曾憲浩　賀楚強

甄香泉　董方城　江　浩　陳希豪　裴邦燾　梁六度

朱霽青　何履亨　黎樾廷　劉一華　林頌堯　雲　霖

烏文獻　廖錫五　蔣道日　羅貢華　劉季良　鄧文輝

李毓姚　丁濟美　余焯禮　陳孚木　陳任一　董海平

楊燿焜　宣中華　范予遂　苗培成　王子壯　黃馥生

高叔英　賴國航　王步文　周松甫　光明甫　區邦侯

歐漢英　王健海　張素吾　高警宇　王積衡　陳其瑗

主　　席：吳玉章

記　　錄：葛建時　張光祖

（一）行總理紀念週禮

甲、奏樂──全體肅立。

乙、向國旗、黨旗、總理遺像行三鞠躬禮。

丙、主席恭讀總理遺囑，全體循聲朗誦。

丁、靜默三分鐘。

戊、禮成。

（二）主席報告

蔣委員中正微電

原電云：中央執行委員會鈞鑒，會密賜電敬悉。前方戰事近在進行之中，中正不克如期到會，甚罪。後方任務及根本大計，均由此次大會表決，中正惟知服從與遵守而已。

　　　　　　　　　　　　　　　　　　　中正叩微

（三）主席報告

　　現接各代表及各處提案甚多，應交提案審查委員會審查後分別提出。

（四）整理決議案委員會

　　徐委員謙報告整理「國民政府發展問題案」大旨，謂本案決議文分二條如油印件，不過其中尚有脫漏之處第一行「國民政府」之下應添「地點」二字，第六行「須有」之下應添「能代表」三字云。

　　國民政府發展決議案全文如次：

一、國民政府地點，應視其主要工作所在之地。而決定之現在國民政府之主要工作在鞏固各省革命勢力之基礎，而此種主要工作以首先由廣東省實施最為適宜，故國民政府仍暫設於廣州。

二、國民政府按照現在發展之情況應擴張其組織如下：

　　甲、國民政府委員會中，須有能代表在國民政府統治下各省之人員充任委員。

　　乙、國民政府應添設軍事、交通、司法三部，原有之軍事委員會仍應存在。

主席詢前項決議文與第二日大會決議原意有無錯誤。

眾謂無錯誤。

主席詢前項決議案文字尚有修改否。

眾謂無修改。

主席報告現有各處黨部聯請汪主席銷假臨時動議案一件，應否變更議事日程提前討論。

眾贊成變更議事日程。

臨時動議

（五）各處黨部聯請汪精衛同志銷假回部主持大計案

　　（由主席照原文朗讀，眾鼓掌）

　　　主席報告尚有蔣委員中正同志請汪主席銷假，並派張靜江、李石曾兩同志前往勸駕電乙件，請譚主席宣讀。

　　　譚主席宣讀畢並聲明該電已於開會前二日托何香凝同志轉致汪同志，眾鼓掌（原電如次）。

請汪精衛同志銷假回部主持大計案

汪同志自告假離粵以後，海內外同志一致驚惶萬狀，紛電中央催促銷假回部，至今尚無確實消息，當此黨政發展的時候，蔣介石同志主持軍事於外，一切建設政治與黨務非有能提綱挈領如汪同志者主持大計於內，不足鞏固革命基礎實現黨政真精神，刻聞汪同志病已痊癒，凡我同志應當一本為黨為國之光明真誠忠實的義務，共負黨國的責任，一致促汪同志銷假回部主持大計，以無負先總理之遺志而符海內外數十萬同志之熱望，請公決。

提議者

江蘇省黨部、上海特別市黨部、安徽省黨部、浙江省黨部

附署者

山西省黨部、山東省黨部、菲律賓總支部、熱河區黨部、甘肅省黨部、湖南省黨部、北京特別市黨部、廣州特別市黨部、廣東省黨部、河南省黨部、直隸省黨部、駐日總支部、湖北省黨部、漢口特別市黨部、廣西省黨部、檀香山總支部、古巴總支部、墨西哥總支部、暹羅總支部、緬甸總支部、澳洲總支部、三藩市總支部、加拿大總支部、南洋總支部、四川省黨部

蔣總司令來電

張、譚二主席鈞鑒，密，請轉汪主席季新先生鈞鑒，弟不學無狀，致獲咎戾，刻接手教抒抑誠摯指示令人讀之益增惶愧。本黨使命前途非兄若弟共同一致始終無間，則難望

有成。今兄放棄一切置弟不顧，令弟獨為其難，於此兄可敝屣尊榮豈能放棄責任與道義乎。耿耿至今，當能鑒其愚忱而諒其無他也。茲特請靜江、石曾二兄前來勸駕代達弟意，並乞與之偕來肩負艱鉅，使弟有所遵循不致延誤黨國，是所至禱。

中正叩江

決議：全體通過，其辦法如次：

（一）用聯會名義先行電達汪主席，以各處黨部及蔣介石同志請其銷假立刻回粵視事一案經本會議一致議決通過，務請眷念黨國，即日銷假視事（由主席團起稿即發）。

（二）由聯會派代表四人會同張靜江、李石曾兩同志，即日前往勸駕。

（三）推定何香凝、彭澤民、張曙時、簡琴石四同志為聯會代表（原推褚民誼同志，因褚同志自辭，改推簡琴石同志）。

（四）將本案決議情形通電各級黨部並將電文公布，以免外間種種誤會。

（五）推定顧孟餘、于樹德二同志為通電起草員主席團亦參加。

（六）張曙時同志臨時提議，甘乃光同志等附議，由本會電慰蔣總司令案。

（理由）蔣總司令自出發至今，轉戰湘、鄂、贛之間，迭

克名城，使本黨革命勢力擴張至長江流域。勞苦功高，實所欽敬，本會應表示竭誠信任與擁護。

決議：通過電文亦由顧孟餘、于樹德二同志起草。

（七）主席報告毛澤東同志請將大會每日開會情形電告各報館以明真相，可交秘書處照辦。

眾無異議。

（八）主席團提出組織提案審查委員會案。

（理由）現各方提案甚多，應有人併案整理及分類提出，在事實上有組織提案審查委員會之必要，特提出本案請討論。

決議：通過由主席團指定陳其瑗、侯紹裘、韓覺民、董方城、劉季良五同志為委員，會同主席團共同組織審查委員會。

散會。

徐　　謙

吳玉章

（一）聯席會議慰勞省港罷工工友電

省港罷工委員會轉省港全體罷工工友鑒，自「五三」、「六二三」本黨所領黨之民眾直接向英帝國主義進攻以後，三十萬罷工工友實為此聯合戰線中最強固之勁旅。工

友在罷工中之犧牲，以引起世界革命者之同情，帝國主義者之驚懼，中國國民革命之基礎亦將賴此以益鞏固。本會議經全體一致議決，以最真誠之敬意祝罷工工友之成功與健康。

中國國民黨中央各省聯席會議

（二）聯席會議慰問軍事區域被難人民電

前敵總司令行營轉軍事區域各團體、各報館鑒，軍閥吳佩孚、孫傳芳等受帝國主義之指揮，擾亂國家，荼毒民眾，已有數年吾同胞在此慘酷政治之下，生命自由瀕於絕境，欲自衛而無力，遂忍死以待援，本黨受總理遺命出師北伐，其第一步目的在除國內之蟊賊拯人民於水火，師行所過，深感民眾盡力合作與革命軍以無窮之利便，軍民聯合遂克強敵。然吳逆等諗惡不悛，攖城屢戰，吾同胞之死於槍砲水火飢寒疾癘及流離失所者，不知凡幾。本會議對於前敵被難同胞深為懸系，全體一致議決致電慰問，並願吾同胞認識國民革命之意義，始終合作，以竟全功。

中國國民黨中央各省聯席會議

（三）聯席會議慰勞前敵將士電

前敵總司令行營蔣總司令並轉前敵各軍將士鑒，出征同志以忠勇之血，洗淨湘、鄂、贛、豫逆氛，此種工作繼承總理之志，對本黨為莫大之努力。此次出師目的在先掃除國內軍閥，軍閥既除，本黨始能領導全國民眾對帝

國主義者做更壯烈偉大之鬥爭，現在最頑強之軍閥已經打倒，本會議一致議決對出征同志竭誠慰問，並對死難者表示無窮之哀敬。

中國國民黨中央各省聯席會議

（四）聯席會議致汪精衛同志銷假回粵視事電

精衛同志鈞鑒，自公請假離職以來，全黨同志時有徬徨歧路之慨，各地黨部迭來函電請公銷假者，不下數百通。本會代表來自各地黨部，均銜有同一之使命。本日提出討論靜江同志亦報告介石同志請公從速銷假共肩黨國鉅任之電，經全體一致決議，由本會迅電請公即日銷假視事，並於蔣同志派靜江、石曾兩同志歡迎外，由本會另推何香凝、彭澤民、張曙時、簡琴石四同志即日前來歡迎，務乞眷念黨國，立即命駕回粵，無任切盼。

中央委員各省區各特別市海外各總支部代表聯席會議巧

中央執行委員會致聯席會議議案起草委員會函（軍人部提案）

逕啟者，准中央軍人部函稱，逕啟者查中央派赴新成立各軍工作之特派員條例，與黨代表任免條例業經敝部擬就，相應備函，連同上項條例送請貴會從速決議施行，至紉公誼等由，並送該項條例各一件到會當經第六十五次會議提出討論，決議交提案委員會在案相應錄案檢同原條例二件函達查照辦理。

此致

聯席會議議案起草委員會

附軍人部油印條例二件：
中央執行委員會常務委員會中央派赴新成立各軍工作特
派員條例（擬稿）

第一條　中央派赴新成立各軍工作之特派員，以中國國
　　　　民黨黨員曾經表示忠實為黨工作成績優良者為
　　　　合格。

第二條　特派員之派遣分下列二項：

　　　　一、凡師以上之特派員，由中央執行委員會主
　　　　　　席署名及軍人部部長副署派遣之。

　　　　二、凡團以下之特派員由軍人部委任後，呈報
　　　　　　中央執行委員會備案。

第三條　特派員負黨代表條例第四條諸項所規定之職責。

第四條　特派員有黨代表條例第七條至第十條所規定之
　　　　職責。

第五條　特派員每一月須將該軍或該軍事機關之黨務及政
　　　　治工作分別報告中央黨部軍人部及組織部一次。

第六條　特派員之任務於該軍或軍事機關設置黨代表時
　　　　終了。

第七條　特派員有違反本黨黨義策略之言論及行動時，
　　　　受黨代表任免條例（草案）第四條之制裁。

第八條　特派員之服務細則另訂之。

第九條　本條例自中央執行委員會議決公佈日施行。

黨代表任免條例

第一條　為實行三民主義，灌輸革命精神，提高戰鬥
　　　　力，鞏固黨紀軍紀起見，特任命黨代表於國民
　　　　革命軍及各軍事機關。

第二條　黨代表以中國國民黨黨員，曾經表示忠心於國
　　　　民革命，政治程度優良及嚴守紀律者為合格。

第三條　黨代表之任命分薦任、委任兩項：

　　　　一、自師以至更高級軍事組織之黨代表，由本
　　　　　　部部長提出經中央執行委員會通過後任命
　　　　　　之。但遇緊急時，得由中央執行委員會主
　　　　　　席之署名及本部部長之副署先行任命，然
　　　　　　後依上項手續辦理之。

　　　　二、凡團以下及其相當軍事組織之黨代表，由
　　　　　　軍人部委任後呈報中央執行委員會備案。

第四條　黨代表有違反本黨言論及行動時，軍人部長得
　　　　以部令直接罷免，然後呈報中央執行委員會處
　　　　分之。

第五條　黨代表條例另定之。

第六條　本條例自公布施行。

增加黨費以利黨國案

（理由）

（一）本黨既云以黨治國，則黨之發展自為首要，而本黨黨費國內外每月總支出僅十一萬元，其實際財政收入在廣東一省，國、省兩政府之收入已達二千一百七十餘萬，且廣西、兩湖諸省已隸屬國民政府，略加整理其收入當超出廣東一省收入以上，以此鉅額收入而黨費僅此少數，與他項支出比較相差太遠，恐亦未符以黨治國之意也。

（二）現在各地黨務均已進展，而各地工作團於經費之限制在在皆是，是以黨費應依黨之進展而增加，以免坐困而貽誤進行。

（三）此次聯席會付國民政府發展議題內，一、「現在主要工作在鞏固各省基礎」，二、「鞏固各省基礎之意義乃鞏固革命勢力之基礎」，所謂革命勢力自係指組織民眾、宣傳民眾以發展黨務而言，則黨費自應曾加以期實現。

據上三項理由黨費應行增加似無疑意，惟增加若干，乃財政全盤問題，請付大會公決。

提議人

　江　浩　王積衡

連署人

　朱霽青　董海平　周以栗　于樹德　烏文獻　王子壯
　謝　晉　楊燿焜　韓覺民

劃分中央財政與地方財政提議案

　　我黨之勢力現已較前擴大，湖南、湖北全省及江西之一大部分已先後收入本黨直接統治之下，在軍事勝利之後，所最宜注意者，則須繼以良善政治之設施以解除人民之痛苦，以適應人民之需要，使人民對於本黨之主義及政策有深切之認識，而政治之設施則惟財政是賴，此劃分中央財政與地方財政之不容緩也。蓋財政一經劃分，則中央財政與地方財政易於整理與統一，而中央政務與地方政務復易建立於固定的經濟基礎之上。

　　財政之劃分關係既如是其重，則我黨宜根據總理建國大綱從速製定一劃分中央財政與地方財政之標準條例，俾中央政府與地方政府有所遵循，茲特提交聯會即希公決。

提議者

　　湖北省黨部代表　　　劉季良　羅貢華　張朗軒
　　漢口特別市黨部代表　劉一華　張素吾

連署人

　　河南省黨部代表　　　高警宇　烏文献　周以栗
　　　　　　　　　　　　陳嘉祐　宣中華　董方城

審查報告

提案者	要點	審查意見
湖北省黨部	從速正式成立湖北正式省政府	應歸併中央提案委員會第三案討論
王積衡、江浩	增加中央黨部經費	提出討論
湖北省黨部	劃分中央財政與地方財政	應歸中央提案委員會第四案討論
曾憲浩等	請求中央黨部派人赴海外指導黨務	應交中央執行委員會酌量辦理
湖北省黨部	召集國民會議之要點 （1）中央通告國內外黨部領導組織國民會議促成會 （2）中央應組織國民會議條例起草委員會 （3）召集之時期	應歸併中央提案委員會第二案討論
彭澤民、董方城、周啟剛、陳希豪	關於國民會議須加入華僑	應歸併中央提案委員會第二案討論
李毓堯等	修正中央提案委員會第三案 1.增加鄉民會議 2.諮詢機關改為參政機關	應歸併第三案討論
湖北省黨部	召集省民會議、縣民會議	應歸併第三案討論
中央軍人部	請通過派赴新成立各軍工作特派員及黨代表任免條例案	提出討論
在湘中央委員及湘鄂執委聯席會議	請對已克省分之黨部派人指導並增費	應交中央執行委員會斟酌辦理
總司令部特別黨部	請設法聯絡日本農工群眾案	交中央黨部政治會議討論
總司令部特別黨部	請注意日本對華政策意見求其要點在主張聯日	交中央黨部政治會議討論
警察特別黨部各分部計共十三起	請懲辦沈鴻慈案	提出討論
警察特別黨部各分部計共十三起	請召集國民會議省民會議案	於討論中央所提第二案時討論

提案審查委員

陳其瑗　董方城　侯紹裘　徐　謙

劉季良　韓覺民　吳玉章

議事日程　第四日第四號

十五年十月十九日上午九時至十二時

主席恭讀總理遺囑——全體肅立。

（一）報告主席團擬定

甲、慰勞前敵各將士電稿。

乙、慰問戰事區域被難人民電稿。

丙、慰勞省港罷工工友電稿。

（二）報告大會致汪精衛同志請即日銷假視事電

（三）中央執行委員會提出議案

甲、國民會議召集問題。

乙、省政府與地方政府及省民會議、縣民會議問題。

丙、省政府對國民政府之關係問題。

丁、省黨部與省政府之關係問題。

召集國民會議提議案

　　召集國民會議以解決國是，為吾國被壓迫民眾惟一之出路。故先總理於北上之日，即以之相號召，及其病危之際，復在其遺囑上詔示吾黨同志，誠以國民會議之召集關係吾民族之解放至深且切。蓋此會議之重要職責，自其對外言之，則在廢除不平等條約，自其對內言之，則在使吾黨之政綱及主義透過國民會議而為實際上之新建設。

自總理逝世後，吾黨同志秉承總理之遺志作長期之宣傳，多數民眾已曉然於國民會議之意義與能，際此革命勢力已達長江南北，而吾黨對於國民會議之運動，尤宜竭其力之所至，使國民會議之宣傳與組織得普遍的深入於民眾。在此預備期間，竊以為中央黨部最急要之工作有二：

（一）中央黨部應通告各省市及海外黨部領導各地民眾組織國民會議促成會。

（二）中央黨部應組織國民會議條例起草委員會，製定國民會議條例，宣示民眾必有所遵循。

至其召集之時期則以下列之條件為標準：

（一）須本黨確能領導全國多數民眾參加國民會議。

（二）須估計本黨力量確能執行國民會議之議決案。

僅作建議，敬候公決。

提議者

中國國民黨湖北省黨部代表

劉季良　羅貢華　張朗軒

中國國民黨漢口特別市黨部代表

劉一華　張素吾

連署者

河南省黨部代表

高警宇　張曙時　周以栗　陳嘉祐　宣中華　董方城

劃分中央財政與地方財政提議案

我黨之勢力現已較前擴大，湖南、湖北全省及江西之一大部分已先後收入本黨直接統治之下，在軍事勝利之後，所最宜注意者，則須繼以良善政治之設施以解除人民之痛苦，以適應人民之需要，使人民對於本黨之主義及政策有深切之認識，而政治之設施則惟財政是賴，此劃分中央財政與地方財政之不容緩也。蓋財政一經劃分，則中央財政與地方財政易於整理與統一，而中央政務與地方政務復易建立於固定的經濟基礎之上。

財政之劃分關係既如是其重，則我黨宜根據總理建國大綱從速製定一劃分中央財政與地方財政之標準條例，俾中央政府與地方政府有所遵循，茲特提交聯會即希公決。

提議者

　　湖北省黨部代表　　　劉季良　羅貢華　張朗軒

　　漢口特別市黨部代表　劉一華　張素吾

連署人

　　河南省黨部代表　　　高警宇　烏文獻　周以栗

　　　　　　　　　　　　陳嘉祐　宣中華　董方城

增加黨費以利黨國案

（理由）

（一）本黨既云以黨治國，則黨之發展自為首要，而本黨黨費國內外每月總支出僅十一萬元，其實際財政收入在廣東一省，國、省兩政府之收入已達

二千一百七十餘萬,且廣西、兩湖諸省已隸屬國民政府,略加整理其收入,當超出廣東一省收入以上,以此鉅額收入而黨費僅此少數,與他項支出比較相差太遠,恐亦未符以黨治國之意也。

(二)現在各地黨務均已進展而各地工作團於經費之限制在在皆是,是以黨費應依黨之進展而增加,以免坐困而貽誤進行。

(三)此次聯席會付國民政府發展議題內,一、「現在主要工作在鞏固各省基礎」,二、「鞏固各省基礎之意義乃鞏固革命勢力之基礎」,所謂革命勢力自係指組織民眾、宣傳民眾以發展黨務而言,則黨費自應曾加以期實現。

據上三項理由黨費應行增加似無疑意,惟增加若干,乃財政全盤問題,請付大會公決。

提議人

江　浩　王積衡

連署人

朱霽青　董海平　周以栗　于樹德　烏文献　王子壯
謝　晉　楊燿焜　韓覺民

議事錄　第四日第四號

日期：十五年十月十九日

時間：上午九時

主席團：譚延闓　張人傑　徐　謙　宋慶齡　吳玉章

出席者：

中央委員　二十五人

丁超五	陳嘉祐	吳玉章	郭春濤	周啟剛	孫　科
楊匏安	何香凝	徐　謙	李濟深	彭澤民	謝　晉
于樹德	丁惟汾	譚延闓	鄧穎超	宋子文	宋慶齡
毛澤東	許甦魂	張人傑	甘乃光	陳樹人	褚民誼
戴季陶					

各地代表　五十人

賀楚強	朱霽青	劉季良	高叔英	王　斧	林伯岐
陳希豪	侯紹裘	張曙時	黎樾廷	鄧文輝	江　浩
雲　霖	烏文獻	宣中華	丁濟美	王積衡	余焯禮
羅貢華	廖錫五	何履亨	范予遂	王子壯	蔣道日
陳任一	苗培成	劉一華	張素吾	光明甫	周松甫
董海平	韓覺民	裴邦燾	梁六度	曾憲浩	陳漢子
林頌堯	黃馥生	賴國航	王步文	區邦侯	陳孚木
王健海	禤恪公	楊耀焜	歐漢英	董方城	高警宇
陳其瑗	簡琴石				

主　席：徐　謙

記　錄：葛建時　張光祖

主席恭讀總理遺囑—— 全體肅立。

主席宣布照本日議事日程開議。

（一）報告主席團擬定下列三電稿

甲、慰勞前敵將士電稿。

乙、慰問戰事區域被難人民電稿。

丙、慰勞省港罷工工友電稿。

主席分別朗讀畢，詢有無修正。

眾謂無修正，即照原稿發表。

原電附列如次：

報告

（一）電文內容

甲、前敵總司令行營蔣總司令並轉前敵各軍將士鑒，出
征同志已以忠勇之血洗淨湘、鄂、贛、豫逆氛，此
種工作繼承總理之志，對本黨為莫大之努力，此次
出師目的在先掃除國內軍閥，軍閥既除，本黨始能
領導全國民眾對帝國主義者做更壯烈偉大之鬥爭。
現在最頑強之軍閥已經打倒，本會議一致議決對出
征同志竭誠慰問，並對死難者表示無窮之哀敬。

中國國民黨中央各省聯席會議

乙、前敵總司令行營轉軍事區域各團體、各報館鑒，軍
閥吳佩孚、孫傳芳等受帝國主義之指揮，擾亂國
家，荼毒民眾，已有數年。吾同胞在此慘酷政治之

下，生命自由瀕於絕境，欲自衛而無力，遂忍死以
待援，本黨受總理遺命，出師北伐，其第一步目的
在除國內之蟊賊，拯人民於水火。師行所過，深感
民眾盡力合作，與革命軍以無窮之利便，軍民聯合
遂克強敵。然吳逆等諗惡不悛，攖城屢戰，吾同胞
之死於槍砲水火飢寒疾癘及流離失所者，不知凡
幾。本會議對於前敵被難同胞，深為懸系，全體一
致議決致電慰問，並願吾同胞認識國民革命之意
義，始終合作，以竟全功。

中國國民黨中央各省聯席會議

丙、省港罷工委員會轉省港全體罷工工友鑒，自「五
三」、「六二三」本黨所領導之民眾直接向英帝國主
義進攻以後，三十萬罷工工人實為此聯合戰線中最
強固之勁旅。工友在罷工中之犧牲，以引起世界革
命者之同情，帝國主義者之驚懼，中國國民革命之
基礎亦將賴此以益鞏固。本會議經全體一致議決，
以最真誠之敬意，祝罷工工友之成功與健康。

中國國民黨中央各省聯席會議

（二）報告大會致汪精衛同志請其即日銷假視事電

主席朗讀畢並聲明此電已交何香凝同志轉發。

何香凝同志臨時動議，彭澤民同志等附議，本會所
派歡迎汪同志各代表，對於外國文字均未甚熟晻，交際上
殊多困難，請再加派褚民誼同志同往案。

決議：全體通過。

主席詢何香凝同志致汪同志之電是否已拍出。

何同志答尚未拍發。

主席謂應於電文中加入褚民誼同志。

眾無異議全體通過。

原電附列如次：

中央各省聯席會議請汪精衛同志銷假視事電

精衛同志鈞鑒，自公請假離職以來，全黨同志時有徬徨歧路之慨，各地黨部迭來函，電請公銷假者不下數百通。本會代表來自各地黨部均銜有同一之使命，本日提出討論，靜江同志亦報告介石同志請公從速銷假，共肩黨國鉅任之電，經全體一致決議，由本會迅電請公即日銷假視事，並於蔣同志派靜江、石曾兩同志歡迎外，由本會另推何香凝、彭澤民、張曙時、簡琴石、褚民誼等五同志，即日前來歡迎，務乞眷念黨國，立即命駕回粵，無任切盼。

　　中央委員各省區各特別市海外各總支部代表聯席會議巧

丁濟美同志詢問主席

　　大旨謂：浙江夏超獨立事已徵實，浙省政局既有變化，浙省黨部自應有相當準備，但中央對此事以前有無接洽，其經過情形如何與現在有無確實消息，均不甚詳，請示大概。

譚主席延闓答復

大旨謂：當初夏超本有代表在北京與北京政治分會接洽，旋北京政治分會派許寶駒同志來粵報告接洽經過甚佳，同時夏超並派馬敘倫代表來粵接洽，表示竭誠附義。國民政府並請予以相當名義後，經政治會議議決，如到相當時機，夏超能毅然舉義，當予以軍長名義。此次獨立即本斯旨，政府方面現已接有浙省黨部及夏超來電報告，並擬組織一臨時委員會處理一切。馬敘倫亦有電邀戴季陶同志等回浙，現已進攻龍華，此事經過情形大概如此。

浙江省黨部來電如下

第三師回浙，夏銑日就職，盧部全退，浙江寧黨務激進，請速電示方針。

浙省黨部銑

主席請提案審查委員會報告審查各提案經過情形

陳委員其瑗出席報告

大旨謂：本會受大會付託第一次審查各提案共十四件，審查結果大概分三類：

1. 關於國民會議及劃分國家與省財政等，可併案討論者如鄂省黨部、廣州市警察特別黨部、彭澤民同志等提出各案是。

2. 應交中央執行委員會及政治會議辦理者，如曾憲浩同志、中央湘鄂聯會、總司令部、特別黨部所

提各案是。

3. 應提出本會討論者，如軍人部提出新成立軍隊工作人員及黨代表條例案，廣州警察特別黨部提出開除沈鴻慈黨籍案，江浩、王積衡等提出增加黨費案等是。

此係大概詳細請參看書面不再贅述。

主席宣布照議程第三項開議。

（三）中央執行委員會提出議案

甲、國民會議召集問題

併案議題

一、湖北省黨部等召集國民會議提議案。

二、彭澤民等「國民會議召集」議題內，應加入華僑一項提議案。

（以上合併討論原案附後）

主席請提案委員會孫委員科說明理由。

孫委員科出席說明

大旨謂：國民會議在二年前為先總理所主張，以之解決一切國是者，尤在遺囑中所殷殷注意之一點，本黨以遵守總理遺囑為惟一天職，而實現遺囑中之國民會議，實負有重大之使命。在二年前雖有國民會議促成會之組織遍於全國，然其力量僅及於宣傳一部，究不甚完備，最近本黨

革命勢力雖積極擴大，而實行召集國民會議之時機尚未成熟，惟一切準備工作亟應積極進行，故本案列舉具體的準備條件，使國內外同志一致進行。俟至相當機會實行召集以解決國是。此起草本案之大旨詳細已有書面油印分配，請各位同志詳加討論。

主席請湖北省黨部代表劉季良同志說明提案理由。
劉季良同志說明

　　大旨謂：提出本案目的無非希望國民會議早日召集，但以時間悤促遺漏實多，遠不如中央提出之周密。極贊成中央提案，本案中之要點就是應有具體的條文時期則以：（一）須黨確能領導全國多數民眾參加國民會議，（二）估計本黨力量確能執行國民會議之議決案為標準，一切反動派絕對不容參加此提出本案之大旨也。

主席請彭澤民同志說明提案理由。
彭澤民同志出席說明

　　大旨謂：國民會議召集議題中既有各團體海外華僑，亦有團體組織，當然具有參加之資格，且僑胞人數在千萬以上，政治上時受外人壓迫，無絲毫自由，即對於祖國尤事事熱心輸將，即國民會議亦極力贊同，曾作種種運動，似應予以政治上的相當地位。況前之國會華僑亦曾選派議員列席，援照此例亦斷無完全拒卻之理，提出本案理由大意如此，請各位同志加以討論。

主席以大體付討論。

眾略有討論，全場通過，大體成立。

主席逐條付討論。

一、本黨應繼續主張開國民會議以此號召全國（湖北省
　　黨部提案併入討論）。

決議：通過。

二、召集國民會議之預備方法，須先發起人民團體之聯
　　合會，此聯合會須包含農工、商、教職員、學生、
　　自由職業者及軍隊之代表。

決議：將何香凝同志提議，附議鄧穎超、簡琴石、張曙
　　　時同志等五人以上，加婦女團體代表。原案通
　　　過，文字由決議整理委員整理加入原案。

三、此聯合會須普及分為全國聯合會、省聯合會、縣及
　　市聯合會等（彭澤民同志等提案併入討論）。

決議一：將彭澤民同志等提議，及侯紹裘、陳其瑗、鄧
　　　　文煇同志等五人以上修正提議「加海外各地華
　　　　僑聯合會」一項加入，原案通過，文字由決議
　　　　整委員整理加入原案。

決議二：凡下文應加關於海外各地華僑者，概由決議整
　　　　理委員整理加入。

四、各聯合會應由黨部發起並組織之。

決議：通過。

五、聯合會之政綱應包含左列各點：

　　（1）謀縣或市安寧幸福之綱領；

　　（2）謀省安寧幸福之綱領；

　　（3）謀全國安寧幸福之綱領；

　　（4）國民會議之綱領。

決議：照陳其瑗同志等提議加「謀海外各地華僑安寧幸
　　　福之綱領」一項原案通過。

六、各縣市聯合會有常常聯合而開一省聯合會，其政綱
　　應包含左列三點：

　　（1）謀全省安寧幸福之綱領；

　　（2）謀全國安寧幸福之綱領；

　　（3）關於國民會議之綱領。

決議：通過。

七、縣市聯合會將來為召集國民會議選舉之基礎，縣市
　　聯合會應立即預備將來選舉代表至國民會議。

決議：通過。

八、中央黨部須委派一委員會負管理各聯合會工作之
　　責，地方黨部須委派一委員會負管理縣市聯合會工
　　作之責。縣市黨部現不甚完備，可由省黨部委派縣
　　市黨部數人，並委派以外數人合組一委員會。

決議：照于樹德同志提議將「管理」二字改為「指導」
　　　二字，照主席提議陳其瑗同志等附議「縣市聯合
　　　會」改「地方聯合會」，原案通過。

九、縣市聯合會之綱領應由省黨部批准。

決議：通過。

十、省聯合會綱領應由省黨部起草經中央黨部批准。

決議：通過。

十一、全國聯合會綱領應由聯席會議決定。

決議：通過。

十二、本黨黨部應努力使本黨所主張之綱領在各聯合會通過。

決議：通過。

十三、在各聯合會中國國民黨黨員應組織黨團，以此方法集中黨之勢力及宣傳黨之綱領而成為一有力之指導者。

決議：照曾憲浩同志等提議「國民黨」改「本黨」，原案通過。

十四、關於國民會議之宣言應將所決定之綱領包括在內。

決議：通過。

十五、各聯合會應注意黨政府對內、對外政策用為議決或其他宣傳方法，使其意見可以表示。

決議：照曾憲浩同志等提議「黨政府」改「本黨政府」，原案通過。

主席宣告本案全案通過，文字由決議整理委員整理報告大會。

甘乃光同志提議，侯紹裘同志等附議，本案八項至十五項應守秘密。

決議：不必秘密。

孫科同志臨時提議（附議在五人以上），全國聯合會綱領

由大會委託中央提案委員會起草。

決議：通過。

散會。

徐　　謙

譚延闓

張人傑

國民會議召集問題決議案

一、本黨應繼續主張開國民會議，以此號召全國。

二、召集國民會議之預備方法，須先發起人民團體之聯合會，此聯合會須包含農工商教職員學生自由職業者軍隊及婦女團體之代表。

三、此聯合會須普及分為全國聯合會、省聯合會、縣及市聯合會及海外各地華僑聯合會等。

四、各聯合會應由黨部發起並組織之。

五、聯合會之政綱應包含左列各點：

　　（1）謀縣或市安寧幸福之綱領；

　　（2）謀省安寧幸福之綱領；

　　（3）謀全國安寧幸福之綱領；

　　（4）謀海外各地華僑安寧幸福之綱領；

　　（5）國民會議之綱領。

六、各縣市聯合會可常常聯合而開一省聯合會，其政綱應包含左列三點：

（1）謀全國安寧幸福之綱領；

（2）謀全國安寧幸福之綱領；

（3）關於國民會議之綱領。

七、縣市聯合會將來為召集國民會議選舉之基礎，縣市聯合會應立即預備將來選舉代表至國民會議。

八、中央黨部須委派一委員會負指導各聯合會工作之責，地方黨部須委派一委員會負責指導地方聯合會工作之責。縣市黨部現不甚完備，可由省黨部委派縣市黨部數人並委派以外數人合組一委員會。

九、縣市聯合會之綱領應由省黨部批准。

十、省聯合會綱領應由省黨部起草，海外各地華僑聯合會綱領應由海外各地總支部起草，經中央黨部批准。

十一、全國聯合會綱領應由聯席會議決定。

十二、本黨黨部應努力使本黨所主張之綱領在各聯合會通過。

十三、在各聯合會中本黨黨員應組織黨團，以此方法集中黨之勢力及宣傳黨之綱領而成為一有力之指導者。

十四、關於國民會議之宣言應將所決定之綱領包括在內。

十五、各聯合會應注意黨政府對內對外政策，用為議決或其他宣傳方式使其意見可以表示。

決議整理委員

徐　謙　于樹德　張曙時　陳其瑗

召集國民會議提議案

　　召集國民會議以解決國是，為吾國被壓迫民眾惟一之出路。故先總理於北上之日，即以之相號召，及其病危之際，復在其遺囑上詔示吾黨同志，誠以國民會議之召集關係吾民族之解放至深且切。蓋此會議之重要職責，自其對外言之，則在廢除不平等條約，自其對內言之，則在使吾黨之政綱及主義透過國民會議而為實際上之新建設。

　　自總理逝世後，吾黨同志秉承總理之遺志作長期之宣傳，多數民眾已曉然於國民會議之意義，與能際此革命勢力已達長江南北，而吾黨對於國民會議之運動，尤宜竭其力之所至，使國民會議之宣傳與組織得普遍的深入於民眾。在此預備期間，竊以為中央黨部最急要之工作有二：

　　（一）中央黨部應通告各省市及海外黨部領導各地民眾組織國民會議促成會。

　　（二）中央黨部應組織國民會議條例起草委員會，製定國民會議條例，宣示民眾必有所遵循。

至其召集之時期則以下列之條件為標準：

　　（一）須本黨確能領導全國多數民眾參加國民會議。

　　（二）須估計本黨力量確能執行國民會議之議決案。

僅作建議，敬候公決。

提議者

中國國民黨湖北省黨部代表

劉季良　羅貢華　張朗軒

中國國民黨漢口特別市黨部代表

劉一華　張素吾

連署者

河南省黨部代表

高警宇　張曙時　周以栗　陳嘉祐　宣中華　董方城

「國民會議召集議題」內應加入華僑一項

（理由）吾華旅外之民幾無國不有，雖無可靠統計可核，然據各種調查所載莫不謂在數百萬以上，吾人欲求國民會議早成與會議中所得結果完美，對此廣大民眾絕不應不與聞問，置諸度外。蓋各地僑民不受當地土人排擠，即遭居留政府苛待，因此對於祖國革命運動皆予以熱烈援助，政治設施亦加關心。如總理召集國民會議時，海外各地莫不有國民會議促成會之設立，不但令當地華僑得知有國民會議召集之必要，即當地土人亦知中國國是非國民會議將無由解決，此種宣傳於國際間，確得益非淺也。因而該議題似應修改如下：

（三）項應改為：

三、此聯合須普及分為全國聯合會、省聯合會、海外聯合會「或某國華僑聯合會」，並及市聯合會等等。

（五）項之（2）條項改為：

（2）謀海外華僑幸福之綱領，原有之（2）改為（3），
（3）改為（4），（4）改為（5）。

（六）項應改為：

六、各縣市聯合會及各地華僑聯合會可常常聯合而開一省
　　聯合會或某一國華僑聯合會，其政綱應含左列四點：

　　（1）仍舊；

　　（2）謀某國華僑安寧幸福之綱領；

　　（3）謀全國安寧幸福之綱領；

　　（4）關於國民會議之綱領。

（七）項應改為：

七、縣市聯合會及各地華僑聯合會將來為召集國民會議選
　　舉之基礎，縣市聯合會及各地華僑聯合會應立即預備
　　將來選舉代表至國民會議。

（八）項應改為：

八、中央黨部須委派一委員會負責管理各聯合會工作之
　　責，地方黨部須委派一委員會管理縣市聯合會工作之
　　責，海外總支部須委派一委員會管理當地華僑聯合會
　　工作之責。

（九）項應改為：

九、縣市聯合會及各地華僑聯合會之綱領，應由省黨部及
　　總支部批准。

（十）項應改為：

十、省聯合會綱領及旅某國華僑聯合會綱領，應由省黨部
　　及總支部起草經中央黨部批准。

提議者

　彭澤民　董方城　周啟剛　陳希豪

副署者

　王步文　賴國航　光　昇　陳任一　許魃魂　王　斧

　曾憲浩　陳漢子　王建海　廖錫五　余焯禮　蔣道日

　林伯岐　楊燿焜　區邦侯　甄香泉　歐漢英　黃馥生

議事日程　第五日第五號

十五年十月二十日　上午九時至十二時

主席恭讀總理遺囑──全體肅立。

（一）**決議整理委員報告**

（二）**中央執行委員會提出議案**

甲、省政府與地方政府及省民會議、縣民會議問題。

乙、省政府對國民政府之關係問題。

丙、省黨部與省政府之關係問題。

丁、國民黨的最近政綱問題。

國民黨對外宣傳報章

Kuomintang Publicity Department, Information Service

A Weekly Bulletin on Current Events, Social Movements in Progress, and Domestic And Foreign Policies of The Nationalist Government

Vol. 1 No. 1 September 10, 1926

CONTENTS

The Anti-Militarists' Expedition

    Strength of The National Revolutionary Army

    Sun Chuan-fang Hostile

    Sun Chuan-fang's Strength

    The Army and The People

Against Imperialism

    The Strike and Boycott Against Hongkong

    Striker's Week

    Peasants' Enlarged Executive

    Party Progress

    The Northwestern Army Joins the Kuomintang

Issued by the FOREIGN SECTION of the Kuomintang

Publicity Department

30 Dah Tung Road, Canton

The Anti-Militarist Expedition
CAPTURE OF THE WU-HUN CITIES

The great industrial center on the Yangtsze is in the hands of the Nationalist forces. Of the three cities, Hanyang was taken first on September 7th, and commanding as it did the others across the river, Hankow fell on the same days. Thus the immediate object of the expedition was attained in a little more than a fortnight after the capture of Yochow in Northern Hunan on August 22nd. Wu Pei-fu himself took command in Wuchang and stubbornly resisted the attack by the Revolutionary Army, but was deserted by one of his generals and gave up the fight.

The Revolutionary Army is proud that it depends greatly on its appeal to the hearts of soldiers and people. Wherever the principles of Sun Yat-sen are preached they win enthusiastic support of the people. This accession of Gen. Liu Tsao-lung to the Nationalist cause shows clearly what strength lies in this appeal.

Other generals accompanied Wu Pei-fu in his hurried retreat through Hupeh toward Honan province. Even through Shantung troops should be sent to aid him and Wu attempt a stand at the border, the backbone of the anti-Nationalist forces is broken.

Order was quickly established in the Wu-Han cities by

their new rulers, and the suffering of the people as a results of the struggle has been slight. Not only is the Revolutionary Army pushing forward with its big task of freeing the population of the Yangtsze from the tranny of the Militarists but the greatest care is being taken to protect the people's immediate safety.

STRENGTH OF THE NATIONAL REVOLUTIONARY ARMY

The military, fiscal and civil administrations of the Nationalist Government were unified a year ago. Its military strength has since been increasing daily. At the beginning of the mobilization for the Northern Expedition there were eight Armies. When the troops entered Hunan, their strength was increased by three more. As generals have one after another offered their submission to the Nationalist Government, the number of the Armies has risen to fourteen.

The following is a list of the Corps Commanders of the different Armies:

1st Army	Ho Yin-chin
2nd	Ten Yen-kai
3rd	Chu Pei-teh
4th	Li chi-chen
5th	Li Fu-ling
6th	Chen Chien

7th	Li Chung-jen
8th	Tang Sheng-chih
9th	Pen Han-chang
10th	Wong Tien-pei
11th	Fang Peng-jen
12th	(to be appointed)
13th	(to be appointed)
14th	Lai Shih-huang

For efficiency in conducting the different operations, the Government has appointed three field commanders besides the Commander-in-Chief. General Tang Sheng-chih has been appointed to direct the operations in the centre with 4th, 5th, 7th, and 8th Armies under his command. General Yuan Tso-ming has taken the command of the 9th and 10th Armies on the left frank, while General Chu Pei-teh has been entrusted with the command of the 2nd, 3rd, 6th, and 14th Armies advancing on the right frank.

SUN CHUAN-FANG HOSTILE

Sun Chuan-fang, the tupan of Kiangsu and the self-styled Protector of the Five Eastern Provinces, is a cunning opportunist. Unfortunately, he made a bad guess this time. Before the evacuation of the Kuominchun from Nankow, Sun always maintained an obscure attitude, trying to make good terms with all parties. He supplied Wu Pei-fu with ammunition in his campaign against the Kuominchun, and at the same time he sent delegates to Canton. But the Nationalist Government has never felt any confidence in him, and has not neglected to take precautions, the outcome proves its wisdom. As soon as Nankow fell into the hands of the Allied Armies, Sun Chuan-fang immediately and openly sided with Wu Pei-fu, and bitterly denounced the Nationalist Government. He started mobilization and has been continually dispatching troops from Chekiang, Kiangsu, and Anhui to Kiangsi. Moreover, he closed the labour unions and the Kuomintang branch in Shanghai, and also suppressed the provincial Kuomintang of Chekiang.

He declared that his action is purely in self-defense. "I shall not attack others if I am not attacked" he said. Nevertheless, he sent several divisions of his troops to reinforce Wu Pei-fu in Wuchang.

Contrary to his expectation, however, the National Revolutionary Army quickly captured Yochow and without giving the enemy time to breathe, again took Wu-Han in seventeen days. Seeing the marvelous discipline of the Revolutionary troops and fearing a rear attack by Chang Chung-chong from Shantung, he is again making overtures to the Nationalist Government. He has dispatched a delegate named Chen Chi-tsai to Canton and asked for peace. This is, of course, a vain attempt.

An order for a general attack on Kiangsi was issued on the 5th inst. by the Headquarters of the Revolutionary Commander-in-Chief. According to the latest report, our troops under the command of General Lai Shih-huang captured Kanchow, an important district south of Nanchang, in the morning of the 6th inst. and is proceeding towards Wah-An. Other Revolutionary troops will enter Kiangsi from Chaling, Guhsien, attack Nanchang from all directions. A certain portion of the 3rd and 4th Army will join the attack from Pingshiang, the 4 Armies which have been stationed hitherto in Nanyung and Shiuchow will also cross Tayuling and enter Kiangsi.

SUN CHUAN-FANG'S STRENGTH

Now if the Revolutionary Army has a clash with Sun Chuan-fang, what force can he oppose to the Nationalists? It is interesting to give the view of a paper always hostile to this government.

The North China Herald of Aug. 28 stated as follows:

"Marshal Sun's position is very weak. In fact, it is far from secure. At least half a dozen recalcitrant generals and the Chekiang Provincial troops are far from being loyal to him, so he can only depend on the support of his leaders, Gens. Lu

Hsiang-ting, Tupan of Chekiang, and Meng Chao-yuet, Commissioner of Defense at Nanking, whose forces together with his own, are comparatively small.

"According to Chinese information the Tupans of Fukien (General Chow Yin-jen), Anhui (Chen Tao-yuen) and Kiangsi (Gen. Tang Yu-tso), have not but one desire, and that is to retain their positions, regardless of the fact that they owe these to Marshal Sun Chuan-fang. Of course, it is possible that Tupan Chow of Fukien will support Sun, but the same cannot be said of the two others."

THE ARMY AND THE PEOPLE

"The Revolutionary Army is the people's Army." They deserve this phrase as one of the Hunan vernacular papers remark a few days ago. Our soldiers are so well trained that they win a friendly welcome wherever they go and whenever they get in touch with the people. When the troops first entered Hunan, ignorant peasants were generally skeptical, fearing a red terror would take place, thanks to the propaganda of the militarists. But as soon as they came in contact with the soldiers, they changed their attitude. Instead of avoiding the troops they went to their help. From many private reports we learn that the people praise the Revolutionary soldiers for no others who have come from other parts of the country have behaved as these do.

Moreover, the skillful propaganda of the Political Bureau of General Headquarters and the excellent morale of the troops have helped the people to appreciate the aim of the Expedition so that a large number of them have volunteered to help the military operations. Some have served as guides or detectives, others have helped in the transportation services.

This is the third time that the National Revolutionary Army has quickly defeated an enemy force of greater numbers. As will be remembered, the first was the campaign against Chen Chiung-ming in the East River and the second that against the Yunnan militarists in Canton. Are these facts not enough to prove the morale and the strength of the Revolutionary troops?

Against Imperialism

THE STRIKE AND BOYCOTT AGAINST HONGKONG

The British, it is said, are a people of common sense. But their handling of the strike and boycott against Hongkong have shown their utter lack of this quality. After the strike has completely paralyzed the economic life of this colony of theirs for more than a year, rendering its shipping and trade a negligible quantity, lowering its land values by fifty per cert, and making the once busy and prosperous business concession of Shameen overgrown with weeds, any one in their position would have deemed it high time to stop and think. But it seems that they have not learned the necessary object lesson yet.

During the year several conferences were held with a view to settling the strike, but each time we have failed to reach a settlement due to the lack of sincerity on the part of the Hongkong authorities. If they had had any real desire for a settlement, they would not have allowed any in word or action by them wo cause the two parties to drift further apart. For, while the last conference was under adjournment, the Hongkong authorities, instead of trying their best to conciliate a people toward whom they have committed acts of great injustice, have actually pursued a course calculated to further strain the already overstrained relationship between the two parties. We shall mention only two things, the speech of the Governor of Hongkong, and the landing of armed British sailors on the jetties in the city of Canton.

Recently on the occasion of the opening of a British department store in Hongkong, (a purely social function) the Governor of the Colony thought it wise to attack the Strikers and Nationalist Government in Canton. He referred to the Strikers as "organised bandits and pirates, miscalled a Strike

Committee," and took upon himself the task of lecturing the Nationalist Government in the following words. "Canton has not realized that the first duty of a Government is to maintain law and order instead of conniving with organized piracy and brigandage...." Remarks of this nature cannot fail to produce their effect. Meetings of protest were held throughout the city of Canton and the cry to extend the Strike and Boycott throughout China was voiced. This effect was perhaps just the thing desired by the Hongkong authorities, or perhaps they were disappointed in their hope to create incidents to disturb the rear of the victorious Northern Expedition. What motive can we possibly assign to remarks of this nature except to offend, to provoke, and thereby eventually to disorganize the Nationalist Government while it is busy elsewhere.

This line of interpreting the action of the Hongkong authorities seems to be substantiated by the event that came upon the heels of the Governor's speech. Finding that the speech did not produce the desired disturbance, the English gunboat, always ready at hand, was brought into action. On Sept. 4, British warships landed a number of armed sailors on the jetties in the West Bund of Canton, with their guns trained on the busiest part of the city without any provocation on our part or any shadow of excuse. Had it not been for the promptness of the Nationalist Government in controlling the incensed people, the policy of the British Navy to provoke a bloody massacre would have achieved its purpose. Although the people had in view the greater aim of the victory of the Army in the field, therefore bending all their efforts to avoid trouble with the English at this juncture, it is not to be supposed that they cannot eventually use effective means of retaliation to show the English their proper place. We shall append here the official protest of the Nationalist Government, dated Sept. 5, as it contains a clear summary of the facts and the law involved in the case.

"I have the honour to protest against the forcible landing yesterday of armed British naval forces on the jetties in the West Bund of Canton - within a stone-throw of the scene of the murders of June 23, 1925. This action is not only a violation of the Law of Nations but, in the actual circumstances of the moment, it is an act of material and moral aggression that is calculated to lead to another British massacre of Chinese in this City. The guns of your warships are trained on the busiest section of Canton's great roadway. There, also, are the quarters of the Strike Pickets and a center of activities of people who have been incensed by the notorious "bandit and pirate" speech of the Governor of Hongkong.

"The latter's outburst, it is well-known, instantly aroused the intensest indignation here because it was at once a misrepresentation of the objective facts of the situation and a signal affront to a Government whose accredited representatives were still members (together with the official representatives of Government of Hongkong) of a Conference formally under adjournment and not at an end.

"The Hongkong Governor's exercise in vituperation was left officially unanswered because the reply it invited might have exacerbated public-feeling and rendered impossible any further search for a new solution of the strike and boycott movement in this territory. And it is within your personal knowledge that, during the past week, I have been seriously considering an alternative solution which might bring about a speedy settlement on terms acceptable to both sides.

"It is in these circumstances that the British naval authorities have through fit to intervene. Neither in law nor on the facts have they any right to do so. The jetties in question, besides being on Chinese territory, are Chinese public property which have only been leased to the Hongkong, Canton and Macao Steamboat Company. They have not been used by the Company for more than a year. They are constructed of iron and concreate and are admittedly in no danger of destruction. Nor is the Company under any risk of losing its property or leasing rights in them. No British lives are or have been in jeopardy or peril in connexion with them. And the proper

Chinese authorities have been notified or asked to afford protection to the same.

"These are the facts of the case. But independently of these facts, I have to remind you that there is no principle or rule of International Law nor is there any provision in any of the treaties between China and Great British or any of the other treaty-Power which can possibly justify or excuse the flagrant invasion of Chinese territorial sovereignty committed by the British naval forces. Not only do your ships of war ride at anchor in our waters as if Canton were some British colonial port under coercion, but the British naval forces have gone about their job in a manner fifly designed to goad an indignant and inflamed public to retaliatory action and to create an "incident" that would infallibly disable the Nationalist Government from effectively prosecuting its present victorious campaign in Central China against Wu Pei-fu, who is widely reported to be supported by the British.

"The creation of such an incident being, it is believed, the political objective of the British naval operation, the Nationalist Government is determined not to be drawn into it. Once, recently, at Wuchow the Nationalist Government had to protest against the attempt to create a similar incident, planned (it is significant to note) by the same British naval forces. It may be - it is - a grievous humiliation that Nationalist China is unable to repel by force of arms such British naval acts of wars. But there is a powerful section of Chinese Nationalist opinion that believes in the application, on a nation-wide scale, of the economic weapon of the strike and boycott in retaliation for the humiliations and insulting blows which England's Gunboat Policy is heaping on Nationalist China.

"If the extension and national adoption of this view is immaterial to British policy in China, then the rough-neck method of the technique of the statesmen in British's dealings with this country. But if it is true that England's foreign trade is her very life-blood, it is clear that a real and fundamental change must take place in British policy in order to prevent the British Navy from severing the jugular vein of British trade and commerce in Nationalist China. It is a distinguished Englishman who has warned men in high places that a nation must learn or perish. Have the seminal events since May 30 at Shanghai and June 23 off the Shameen taught the governing mind of England nothing?

"Besides entering an energetic and indignant protest against the action of British naval forces and reserving the right of my Government to claim indemnities, I have the honour to demand (a) the immediate withdrawal of the armed British detachment on the jetties, (b) the instant ces-

sation of all interference with small craft traffic on the River
by the British naval forces, and (c) the retirement of the
British gunboats now moored along the jetties to their usual
anchorage off Shameen."

STRIKERS' WEEK

"Shall we forget our dead and surrender unconditionally,
or shall we not only surrender but also accept the so-called
industrial loan offered by the British, or shall we keep on fight-
ing wo the finish? These are the three questions the Striker's
Committee put before the public after the failure of the Gov-
ernment to reach a peaceful settlement with the Hongkong
Government. In a special meeting called for dealing with the
question of Negotiation, over five hundred delegates present,
representing 116 organizations of all classes, unanimously ac-
claimed "We will keep on fighting" in order to give a clearer
view of its position to the general public, the meeting decided
to hold a "Strikers' Week." From the 25th to the 31st of Au-
gust last, huge manifestations were held everywhere in the city.
No less than thirty thousand people participated every day.
Speeches were held given by the representatives and leaders of
all organizations and classes in different meetings. Besides
these, sympathetic telegrams and encouragements poured in
from all parts of the province and also from Kwangsi, Hupeh

and other places. The great success of the "Strikers' Week" washed away the calumnies of the British, who allege that the strike was formed, organized and imposed by a minority of agitators upon the majority of the people. It signified also the hopeful and promising situation for the outcome of the Strike and the future of the National Revolution. Troubled by real facts and short of other ways to save their habitual strategy-menace! False reports and gunboats are their only means to defend their dignity! Is it not a shame?

Peasants' Enlarged Executive

The peasant movement in the Canton Province started only two years ago. But with the encouragement and under the guidance of the Kuomintang, it has made great progress. In the Second All Provincial Delegates' Congress of last May, it was shown that the membership had grown from 180,000 to 800,000 Since then within three months the roll of the membership have again been increased by more than forty thousand. In order to review the past work and

consider a further comprehensive plan for the movement in the future, a Peasant's Enlargement Executive Conference was held from August 17th, to Aug 24th. It was attended by 80 delegates from 38 district Peasant Organizations. Besides many important discussions on the internal policies of the movement, resolutions supporting the Northern Expedition, the Kuomintang Labor and Peasant Policy and the anti-imperialist Strike were adopted. Moreover, the following immediate demands were passed:

1. For the tenants - 25% rent reduction from the present original rate.

2. For the small owner - Abolition of all extra and heavy taxes (local and national) and unlawful levies (made by the village militia corps and other nonofficial organizations), fixation of import duties.

3. Prohibition of usury - Interests on loans limited to 20%.

4. Provision of agricultural credit by the Government.

5. Prohibition of mercantilism and monopolization, and public support for peasant cooperative associations.

6. Development of irrigation. Relief for victims of catastrophes.

7. Unification of weights and measures.

8. Abolition of unequal contracts between the landlords and the tenants, such as those obliging tenants to give presents, etc.

9. Betterment of the conditions of the farmhands, the women and child workers of the field.

10. Abolition of judicial corruption. Prohibition of demands for bribes by the lower officials. The Peasant Organization has the right to represent its members in judicial trials.

POLITIGAL

(1) The chief of each village to be elected by the villagers.

(2) Finances of the village should unfailingly be made public, and the treasurer must be elected by the villagers.

(3) The judicial affairs of the village should be handled by an Arbitration Board elected by the villagers.

(4) District government be by the Committee system (five members). The mayor ultimately to be elected by the people, but appointed by the Government during the transition period with the condition that people can demand his recall.

(5) Where there is a peasant militia no other armed organization to be allowed.

(6) Anyone without occupation must not be allowed to join the villagers' meeting which will decide the VC budget.

(7) Armed organization such as the Peasants' Militia and the VC can be united under the direction of a committee appointed by the Provincial Government.

(8) The Peasant Organization to have the right to represent the peasants in all judicial affairs.

EDUCATIONAL

1. Free and obligatory education.

2. 50% of local budget must be devoted to educational purposes.

3. The District PO can send a certain number of peasant chil-

dren to district school without payment of fees.

[To be continued]

A Correction

The article on the Peasant's Enlarged Executive appeared on the first issue was already completed. The insertion "To be continued" was mistake made by the printer.

Kuomintang Publicity Department, Information Service

A Weekly Bulletin on Current Events, Social Movements in Progress, and Domestic And Foreign Policies of The Nationalist Government

Vol. 1 No. 2 September 17, 1926

CONTENTS

The Anti-Militarist Expedition

Military Drive in Kiangsi

Delegate Again Sent By Sun Chung-fang

Northwestern Army Moving Southward

The Wanhsien Affair

Hunan Political Reconstruction

Progress of Labour And Peasant Movement in China

Party Activities

Issued by the FOREIGN SECTION of the Kuomintang Publicity Department

30 Dah Tung Road, Canton

The Anti-Militarist Expedition

MILITARY DRIVE IN KIANGSI

The Revolutionary Army has long been active in Kiangsi, but a general attack has been launched only recently. Having largely pacified the Hupeh Province, General Chiang Kai-shih entrusted General Tang Sheng-chih with the work clearing out the enemy and returned a few days ago to Pinghsiang in western Kiangsi. There he took personal command of the troops on the Kiangsi front. The National Revolutionary Army now numbering 90,000, has been ordered to attack Nanchang from four directions:

1. From Pinghsiang towards Yuanchow,

2. From Yousui and Chaling towards Lienhwa,

3. From Kanchow towards Kian,

4. From Chungyang, Hupeh Province towards Hsiusui.

On these sectors they have attacked the enemy simultaneously with the provincial capital Nanchang as their goal. According to the latest report rapid progress has been made on all sides. In the Northwest our forces have advanced up to Hoinsui, while in the South Yuanchow and Kian have already fallen into our hands. If Sun Chuan-fang does not send large reinforcements, Nanchang will be captured in a short time.

DELEGATE AGAIN SENT BY SUN CHUAN-FANG

Sun Chan-fang, as will be remembered, sent his personal delegate Mr. Chen Chi-tsai a fortnight ago to approach the Nationalist Government. Since then he has mobilized all his forces, in the hope of preventing the advance of our revolutionary forces. His efforts have so far failed. The National Revolutionary Army has not only driven Wu Pei-fu out of Wushenkuan, but in Kiangsi has continuously occupied key-cities. Tupan Sun never counted on this. However, a still greater danger threatens him.

Chang Chung-chong, militarist ruler of Shantung, has a larger army in readiness and is only too willing to render service to Sun Chung-fang. As reported, he has decided to send 16,000 men to help him on the boarders of Shantung and Honan. This makes Sun Chung-fang even more nervous, for Chang was beaten out of the province by Sun a year ago. Now Chang has the appetite of a hungry wolf and will certainly not fight without compensation. Realizing that he might lose all, Sun again turned to the Nationalist Government. His second delegate by the name of Hsiang arrived yesterday. It is said Mr, Hsiang has been given full authority to arrange peace with Canton. Besides, Sun Chuan-fang has directed a group of so-called people's delegates to come down and appeal to the Nationalist Government for cessation of war. Whether the Nationalist Government will accede to his request is not yet known. But if Sun Chuan-fang should succeed in winning over our authorities it is very possible that he will be asked as security to withdraw all his troops from Kiangsi and Hupeh, release all our comrades imprisoned by him and restore all the properties of the trade unions which he has confiscated.

NORTHWESTERN ARMY MOVING SOUTHWARD

While the National Revolutionary troops are driving the enemy northward, the Northwestern Army, recently concentrated in Paotauchen, is moving southward for the purpose of making a tang. The whole Army consists of 60,000 men with General Lu Chung-ling as commander-in-chief and General Teng Pao-shan, a former general of the Second Kuominchun, as field commander. Its plan is to enter the province of Shensi by the way of Yuling, first to clear the enemy from the region around Sianfu and relieve the Kuominchun which has for months been besieged there by Wu Pei-fu's general Liu chen-hwa. When this is achieved the army will next proceed to take Tungkuan, and from there it intends to move forward to join General Fan Chung-shiu in Honan.

It is reported that the Northwestern Army has already succeeded in driving Liu Chen-hwa out of the way and is now dispatching troops eastward toward Tungkuan. In Honan General Fan Chung-shiu who has long been active in the southwestern part of the province is pushing northward along the Peking-Hankow Railway line. Both these forces look toward Chenchow as their meeting place. According to recent reports Wu Pei-fu realized the danger of being cut off from the rear and fled to Paotingfu. Hence it is expected that the joining of the Revolutionary forces will be realized in a short time.

THE WANHSIEN AFFAIR

Amid the war rumours from other parts of China comes the Shocking news of the bombardment of Wanhsien on September 5th by two British gunboats the Widgeon and the Cockchafer. We are as yet not appraised of the precise origin of this grave incident, and will not credit the accounts either of the British or of the Chinese press with reliability or with fairness. However, from a perusal of the English accounts that here appeared in certain British newspapers we can safely gather certain fundamental facts in connection with this tragic event.

Wanhsien is a business city in the Province of Szechuan lying about midway between Chungking and Ichang. On Sept. 5 a British naval detachment went there in S. S. Kiawo, escorted by the two gunboats mentioned above, to bring back the European officers of two British merchant ships which General Yang Sen had taken possession of and which were then lying at anchor in Wanhsien. How these boats came into his hands is precisely the point that is not clear. After having removed these officers, the two British gunboats bombarded the city for a long time. The British alleged that the bombardment was an act of retaliation, the Chinese having fired first. It may be true and it may not - a point which can be easily ascertained by a fair official inquiry.

However, two things can be stated with positiveness. The responsibility ought to rest on the British in so far as they acted abruptly and without tact, thereby provoking such an incident. The officers of the captured merchant ships were not in immediate personal danger. This can be proved by the eye-witnesses'story as appeared in the Hongkong Daily Press of September 14.

"The accounts show that at 5.50 in the afternoon of September 5th, the S. S. Kiawo, manned by a naval detachment, went alongside the steamer Wanhsien. All seemed quiet, the only persons visible being a group of Chinese squatting on the deck. But directly the boarding party went on board several machine guns, which had been hidden, poured forth a leaden hail. Commander Darley and Lieut. Higgins were amongst the first to fall. It is estimated that 400 Chinese soldiers were packed on the S. S. Wanhsien's decks and a hot interchange was kept up for some time, the S. S. Kiawo finally drawing off, having in the meantime rescued the ships' officers."

From the above account it is easily seen that if the Chinese authorities had meant harm to these officers of the merchant ships, they could not have been taken away by the British so easily. A peaceful negotiation, even though it took a few days would have easily secured their release, and proper damages, if any, could have been claimed from the Chinese Government by the British Minister in Peking. Thus, such serious consequences would have been avoided. Unfortunately, the British authorities in their state of extreme nervousness hurried to send a naval detachment armed to the teeth. Could this behavior have any other effort than to infuriate the soldiery?

Secondly the city of Wanhsien is an entirely unfortified town. The people there had done nothing to earn the destruction at the had done nothing to earn the destruction at the hands of the British. The casualties were heavy and the damage very large. The retaliation, if it be so called, visited on the innocent population, was entirely uncalled for. The nature and extent of the casualties and damage can be estimated again from the words of the British. The Hongkong Daily Press, dated Sept. 14, gave the following account.

"A conservative estimate places the Chinese casualties in the neighborhood of 2,000 and in view of the tremendous odds, the British casualties are extremely small."

It is not difficult for investigators to establish the facts and the law of the case. But fair-minded people of the world will overlook the legal technicalities and the people of China will only remember the broad fact of the bombardment of their city. It must also be remembered that this affair has happened in a time when the anti-British sentiment is very strong and the remembrance of the massacre of yesterday is vivid. The British like an incorrigible school boy are piling up points against them that they will called to account for some day. We may hope that the settlement of this particular affair will not be difficult, but what is difficult is to remove the fundamental cause that made this incident possible and that makes the repetition of similar incidents unpreventable in the future. Whatever treaties exacted from China decades ago may allow, Foreign war vessels are out of place in China's inland waters. Many foreign friends of China relies this but not yet their Governments. As long therefore as British gunboats move freely up and down Chinese rivers, there is no assurance that someday some like incident will not lead to very grave consequences - China claims no such privileges in other countries' wastes, but unequal treaties compel her to admit foreign armed vessels to the very heart of her territory, hundreds, even a thousand miles from the sea. Hence to secure the abolition of such treaties has become the cardinal point of China's foreign policy today.

HUNAN POLITICAL RECONSTUCTION

The aim of the anti-Militarist expedition is not merely to occupy more territory. These military operations have a wider and deeper meaning. The mission of the Kuomintang has two phases. (1) To free the oppressed people from the tyranny of the militarists, the yoke of the imperialists, and the merciless squeeze of the compradors, capitalists and landlords, (2) to raise them to higher economic and cultural standard. Therefore, when an area is cleared of the enemy, i.e. when the military purpose is achieved, the political and constructive work must be taken up at once. For this reason, members of the Central Executive and Control Committee of the Central Party and those of the Hunan and Hupeh Provincial Kuomintangs held a joint meeting a fortnight ago in Changsha to consider the political reconstruction of Hunan. A number of resolutions were passed and work was immediately begun. The following is a summary of the programme:

SOCIAL MEASURES

1. The Party should direct and supervise the activities and policies of the Government, seeing whether it employs honest officials and does not hinder the progress of the Party.

2. The Party should rigidly organize itself, paying special attention to forming societies of peasants, workers, youths, and women.

3. Regulations for the various peoples' organisations have already been formulated by the Central Kuomintang, but many are not actually carried out. This is especially true of the Peasant Organisations. So, the Central Kuomintang should be requested to fix a detailed plan for the enforcement of the regulations and carefully protect them heartless exploitation of landlords.

4. In order to fulfil hopes of the suffering people, the Party should direct and supervise the Government to carry out its policies.

PARTY DISCIPLINE

5. The regulations are enacted by the Central Kuomintang in regard to registration of the Party should be carried and trained before being allowed to join the Party. Even old members should be reexamined. The unfaithful ones should be eliminated, so that no opportunists be included.

6. In order to extend the Party influence, the Central Kuomintang should be requested to send organisers to direct the activities and also increase the expenditures of the Kuomintang branches in the unoccupied areas such as Szechuan, Shensi, Honan, Anhui, Kiangsi, Kiangsu, Chekiang, Chihli, and Shantung. This plan can first be discussed by the Central Political Council.

7. The question regarding the removal of the Central Gov-

ernment to Wuchang should be decide by the Central Kuomintang.

8. A political and financial committee to discuss the various problems in finance, politics, economy and diplomatic affairs should be created in the occupied areas in accordance with the Reconstruction plans outlined by the late President Sun and also in the declaration and resolutions of the first and second All. China Delegates' Congresses and the resolutions of the Central Executive Committee of the Central Kuomintang. At the same time special efforts should be directed along the following lines.

(1) Politically, work for the convening of a National Conference.

(2) Diplomatically, work for the cancellation of unequal treaties.

In regard to the overthrow of imperialism, only the British should be opposed with, while others are not to be disturbed for the present.

For the formation of the committee, the Central and the Hunan and Hepeh Kuomintangs are each to elect three members. The Central is represented by Comrades Chiang Kai-shih, Chen Kung-po, and Teng Yen-the; while the Hunan Provincial Kuomintang has elected Hsia His, Li Yung-chih, and Ling Ping; the Hepeh Jian Tah-pei, Liu Tso-lung, and Li

Han-chun as their delegates.

The creation of the Committee should be reported to the Central Kuomintang for registration.

PROGRESS OF LABOUR AND PEASANT MOVEMENT IN CHINA

(1) Analysis of Chinese Trade Union Membership According to Localities, On May 1 1926

Cities or provinces	No. of unions	No. of union members	Remarks
Canton (city)	191	195,009	
Hongkong	119	207,140	
Shanghai	48	149,400	During the Movement started by the events of May 30th, 1925, there were more than 209,000 members
Wuchang & Hankow	48	42,310	
Macao		4,454	
Harbin		503	
Kiukiang		640	
Singapore	20	760	
Honan (province)	24	60,300	
Shansi (province)	5	20,023	
Kwangsi (province)	26	17,530	
Hunan (province)		80,015	
Chihli		103,200	
Shantung		13,940	
Suiyuan	18	3,314	
Anhui		13,340	
Kwangtung (excluding Canton)		111,200	
Total	499	1,022,878	

(2) Statistics in Chinese Peasant Organization up to August, 1926

Province	No. of District Organ.	No. of Section Organ.	No. of Village Organ.	Total No. of Organ.	Total No. of Members
Kwangtung	23	177	4,517	4,717	647,766
Kwangsi	2		34	36	8,144
Honan	4	32	238	27	270,000
Szechuan		16	63	80	6,683
Hunan		44	43	87	2,150
Hupeh		13	25	38	4,120
Shantang			12	12	284
Chihli		6	21	27	1,342
Kiangsi		6	30	36	1,153
Jehol	5			5	2,200
Chahar					600
Shensi			30	30	1,000
Total				5,342	945,442

From the above tables it is noted that the growth of the labour unions has gone along with both industrial and political development, while the progress of the Peasants Organisations is largely due to political promotion. So, in Shanghai even under strong repression by the imperialists and militarists, the Trade Union movement marches on steadily, openly or in secret. The same is true in Chihli. The Peasant movement now flourishes largely in Kwangtung under the protection and encouragement of the Kuomintang. Hunan is rather an unique exception. The peasants of that province have long suffered from bandits and ex-soldiers. They could find no relief except organisation for self-defense. Under the direction of some old revolutionists they formed armed companies under the name of "Red Spears." They helped Wu Pei-fu to defeat the Second Kuominchun last year because of that army's brutal conduct. Later finding that Wu Pei-fu was no better than the Second Kuominchun, they again turned against him. This is why General Kou, the tupan of Honan lent little aid to Wu Pei-fu all through his campaign against the Northwestern Army.

PARTY ACTIVITIES

Several things may be noted in connection with the progress of Party work during the last week. Among these are the plan for the political training of the Northwestern Army, the measures of discipline for Party members, and the proposed joint conference of the Central and Provincial Executive Committees.

POLITCAL TRAINING OF THE NORTHWESTERN ARMY

The Northwestern Army was admitted into Kuomintang recently.

Much has been written in the foreign press about the personal character of the leader of this Army, and various tributes have paid to it for its discipline and fighting capacity.

It needs only be remarked here that prior to the creation of the present Revolutionary Army in Canton, the Northwestern Army was the only army in China which could be called an army of the people. Moreover, during the last two years, the doctrine of Dr. Sun Yat-sen was freely taught to its soldiers. For a time it was the only army in North China in whose camps preaching and discussion of the People's Principles was permitted and carried on with enthusiasm. That the addition of this army of no less than 200,000 will increase the fighting strength of the People's Revolution is evident. But in order to make its soldiers true follows of the Party, Kuomintang intends to give the adequate amount of political training to them, so that every soldier will not only be a military fighter but a political fighter as well. This is evidenced by numerous reports of the intense political work that has been carried on by our soldiers in the front. No sooner had they finished with their gun in the field, than they mounted the "soap box" on the way side to harangue the country folks and the people of the city, to make them understand the aims of the Party and of the present Northwestern Punitive Expedition. Following the same principle of making the soldiers the army of the people, the Central Executive Committee has decided to send one leading man and twenty subordinate Party workers to the Northwestern Army to take charge of the political training of that army.

When this is accomplished, it will mean an addition of two hundred thousand armed men well trained in the purpose and principles of Kuomintang.

MEASURES OF PARTY DISCIPLINE

The work of Kuomintang since its reorganization has been directed along the two lines, extension and consolidation. The latter of the two is as important as the former. Seeing its defects in former days and the necessity of united strength, the Central Executive Committee of the Kuomintang has adopted the following measures for the discipline of its members:

a. Knomintang members breaking their oath or committing unlawful acts will be dealt with according to circumstances in their cases, with one higher degree of punishment than that laid down in the penal code for ordinary offenders. (Those assuming posts as officials without having taken the oath, will be treated as having done so.)

b. Members who plan a counter-revolution or incite internal strife, however little they may accomplish, will be uniformly sentenced to death.

c. Members using their official authority to control the currency exchange for the benefit of themselves or others, will be sentenced to death and their property confiscated.

d. Members committing malpractices and squeezing funds of

the Government Treasury in amounts of $1,000 or more will be sentenced to death and their property confiscated.

e. For violating the principles of Kuomintang and committing crimes the name of the guilty member will be struck out forever from the list of Kuomintang members.

f. Members knowing of the crimes of others and not making a report will be treated as accessory criminals.

g. Offenders accused of crimes for which the penalty is death will be tried by a Court of Justice provisionally organized by the C. E. C. of Kuomintang.

PROPOSED JOINT CONFERENCE OF THE CENTRAL AND PROVINCIAL EXECUTIVE COMMITTEES

Owing to the many tasks of importance that have presented themselves during the recent political developments, the Central Executive Committee of the Kuomintang has decided to call a joint conference of the Central and Provincial Executive Committees to be held in Canton beginning on October 15. The object of this conference is to consider certain fundamental problems that confront the Kuomintang today. They may be grouped under the following headings:

1. The calling of a National Conference.

2. The programme of political reconstruction in China appli-

cable in the immediate future.

3. The relationship between the Central and Provincial Governments.

The rapid success of the Anti-Militarist Expedition has presented the Kuomintang with gigantic tasks of reconstruction and reorganisation in the big territories that are now occupied. There are now already four provinces under the complete control of the Kuomintang, namely Kwangsi, Kwangtung, Hupeh, and Hunan. One other province, Kiangsi, is expected to be entirely secured in a few days. The political and financial reconstruction of the newly conquered provinces in keeping with principles of the Kuomintang presents a difficult problem. Furthermore, the scope of the Kuomintang is national and it must take in the whole nation in its calculations. In order to have every part of the nation represented in this work of national construction, this joint conference has been decided upon.

The first question to come before the conference will be to consider the problem of calling a great national conference. This was the unrealised object of the dead chief of the Party, Dr. Sun Yat-sen. On his death-bed he enjoined his followers to assemble such a national conference at the earilest date possible. In this connection it may be noted that the centre of activity of the Kuomintang may be shifted elsewhere very soon by the removal of the Nationalist Government from Canton to Wuchang. This proposal is already under consideration.

議事錄　第五日第五號

日　　期：十五年十月二十日

時　　間：上午九時

主席團：譚延闓　張人傑　徐　謙　宋慶齡　吳玉章

出席者：

中央委員二十八人

吳玉章	張人傑	朱季恂	陳嘉祐	惲代英	陳樹人
徐　謙	丁超五	甘乃光	李濟深	楊匏安	毛澤東
于樹德	謝　晉	譚延闓	孫　科	何香凝	鄧澤如
彭澤民	鄧穎超	宋慶齡	褚民誼	顧孟餘	許甦魂
郭春濤	丁惟汾	陳友仁	陳其瑗		

各地代表五十人

劉一華	侯紹裘	張曙時	韓覺民	王　斧	賀楚強
董海平	陳希豪	蔣道日	余焯禮	高叔英	董方城
梁六度	林伯岐	裴邦燾	鄧文輝	張素吾	曾憲浩
何履亨	羅貢華	周松甫	朱霽青	陳任一	簡琴石
林頌堯	光明甫	李毓堯	周以栗	黃馥生	陳孚木
陳漢子	黎樾廷	范予遂	苗培成	王子壯	王積衡
劉季良	王步文	區邦侯	丁濟美	宣中華	賴國航
楊燿焜	江　浩	烏文献	王健海	雲　霖	高警宇
廖錫五	禙恪公				

共七十八人

主　　席：譚延闓

記　錄：葛建時　張光祖

主席恭讀總理遺囑——全體肅立。

主席宣布照本日議事日程開議。

（一）決議整理委員報告

主席請徐委員謙報告。

徐委謙報告整理國民會議召集問題決議案

　　大旨謂：承大會委託整理「國民會議召集問題」決議案一件，為求明瞭而有秩序起見，仍照原來各條列舉，並以大會決定之「婦女」及「海外各地華僑聯合會」二項分別加入第二、第三兩條內其第十三條內，「國民黨黨員」改「本黨黨員」字樣亦經改正。惟「黨政府」昨日會議改「本黨政府」，其實黨政府三字已為習用之名詞，且亦無他黨政府，故擬仍用「黨政府」三字。茲將整理文字朗讀之（整理文見後從略），倘有錯誤請更正。

陳希豪同志提起修正

　　大旨謂：本文大體無誤，惟第六條內應加「謀海外華僑之安寧幸福」一項。

　　徐謙同志謂：請主席注意此項提議是變更昨日大會決議，並非修正文字，已溢出範圍之外，請查看議事錄本項之決議先以應否。

變更決議付表決後再討論（眾附議請付表決）。

主席宣讀議事錄，本項原案決議通過，現以贊成變更決議付表決贊成者舉手。

決議：少數否決。

決議案全文附列如次：

國民會議召集問題決議案全文

一、本黨應繼續主張開國民會議以此號召全國。

二、召集國民會議之預備方法，須先發起人民團體之聯合會須包含農、工、商、教職員、學生、自由職業者軍隊及婦女團體之代表。

三、此聯合會須普及分為全國聯合會、省聯合會、縣及市聯合會及海外各地華僑聯合會等。

四、各聯合會應由黨部發起並組織之。

五、聯合會之政綱應包含左列各點：

（1）謀縣或市安寧幸福之綱領；

（2）謀省安寧幸福之綱領；

（3）謀全國安寧幸福之綱領；

（4）謀海外各地華僑安寧幸福之綱領；

（5）國民會議之綱領。

六、各縣市聯合會可常常聯合而開一省聯合會，其政綱應包含左列三點：

（1）謀全省安寧幸福之綱領；

（2）謀全國安寧幸福之綱領；

（3）關於國民會議之綱領。

七、縣市聯合會將來為召集國民會議選舉之基礎，縣市聯合會應立即預備將來選舉代表至國民會議。

八、中央黨部須委派一委員會負指導各聯合會工作之責，地方黨部須委派一委員會負指導地方聯合會工作之責。縣市黨部現不甚完備，可由省黨部委派縣市黨部數人，並委派以外數人合組一委員會。

九、縣市聯合會之綱領應由省黨部批准。

十、省聯合會綱領應由省黨部起草海外，各地華僑聯合會綱領應由海外各地總支部起草經中央黨部批准。

十一、全國聯合會綱領應由聯席會議決定。

十二、本黨黨部應努力使本黨所主張之綱領在各聯合會通過。

十三、在各聯合會中本黨黨員應組織黨團，以此方法集中黨之勢力及宣傳黨之綱領而成為一有力之指導者。

十四、關於國民會議之宣言，應將所決定之綱領包括在內。

十五、各聯合會應注意黨政府對內對外政策用為議決或其他宣傳方式，使其意見可以表示。

（二）中央執行委員會提出議案

甲、省政府與地方政府及省民會議與縣民會議問題

主席請甘委員乃光說明。

甘委員乃光出席說明（先讀原文）

　　大旨謂：本案省政府與地方政府組織較諸現行的制度微有不同，現制如廣東以各廳長組織之是為廳長制，本案以委員組織之現制之地方政府取獨裁制，並以保護地方治安及保障人民利益起見，省政府故又增設軍事、司法兩廳，其他農、工、實業、土地各廳亦得於事實需要時增設之。其地方中之土地局一項，為求實現本黨平均地權主張起見，故有此規定，但亦須視事實之需要程度如何而定。至第四項之省民會議與縣民會議和省聯合會、縣聯合會，在表面看來似乎有相似混合之弊，在性質上分別起來確是不同。聯合會的主要工作在準備召集國民會議的基礎，省民會議與縣民會議在訓練民眾的政治能力，以為將來參政之豫備，就是表示政府與人民有切實聯合之關係，也就是訓政時期第一步的策略，提出本案之意義大旨如此，請討論。

陳其瑗同志臨時動議，請將與本案有關各提案併入討論。

主席以下列各案逐一朗讀：

　　1. 湖北省黨部等召集省民會議、縣民會議提議案。

　　2. 李毓堯同志等省民會議修正案。

　　3. 丁濟美同志等修正省政府與地方政府案第三項案。

讀畢請各提案人說明。

各提案人均謂如書面，無說明（原案附後）。

主席以大體付討論。

眾謂無討論，全體通過，大體成立。

主席逐案付討論。

一、省政府之形式採用委員制組織，省政府委員會委員
　　數額由七人至十一人，其中有兼廳者有不兼廳者（與
　　現行廳長制不同），產生之法由中央執行委員會指
　　定數人會同省執行委員會組織省政府。

決議：通過。

二、省政府下設民政、財政、建設、軍事、司法、教育
　　各廳，於必要時得增設農、工、實業、土地等廳。

（討論）孫科同志提議於必要時得設公益廳，眾贊成。

決議：土地下加公益二字，餘照原案通過。

三、地方政府之組織亦採用委員制，委員五人，分掌教
　　育、公路、公安、財政、土地各局，由省政府指定
　　一人為委員長。

丁濟美同志提案附入討論。

（一）羅貢華同志等提議「地方政府」改「縣市政府」。

（二）孫科同志提議於「採用委員制」下改「由政府任命
　　　委員若干人，分掌教育、公路、公安、財政各局，
　　　於必要時設農、工、實業、土地等局，由省政府指
　　　定一人為委員長，但特別市組織另定之」。

（三）惲代英、甘乃光同志提議刪去委員人數。

（四）曾憲浩同志提議加設衛生局。

決議：縣市政府之組織採用委員制，由省政府任命委員

　　　　若干人分掌教育、公路、公安、財政。各局於必
　　　　要時得設農、工、實業、土地等局，由省政府指
　　　　定一人為委員長，但特別市之組織另定之。

四、省民會議、縣民會議用職業選舉法選舉代表，其組
　　織法另定之。
　　　省民會議、縣民會議皆為諮詢機關，省民會議每年
　召集一次，以兩星期為限，縣民會議每年召集兩次，每次
　一星期。
　　　劉季良同志等提案，李毓堯同志等提議修正案，併
　入討論。
討論
（一）李毓堯、周以栗同志提議加鄉民會議，會期每年
　　　召集四次，諮詢機關應該為參政機關。
（二）毛澤東同志提議「省民會議、縣民會議用職業選
　　　舉法選舉代表，其性質及組織法由省黨部起草，
　　　呈由中央黨部組織之」。
（三）甘乃光同志提議不用原文之諮詢機關，或李毓
　　　堯、周以栗同志等提議之參政機關，刪去原文「省
　　　民會議、縣民會議皆為諮詢機關」字樣。
決議：省民會議、縣民會議、鄉民會議用職業選舉法選
　　　舉代表，其性質及組織法由省黨部起草，呈由中
　　　央黨部決定之。
　　　省民會議每年召集一次，開會以兩星期為限，縣民

會議每年召集兩次，開會一星期鄉民會議每年召集四次。

　　主席宣布本案已全體決議，是否再交決議整理委員整理文字。

眾謂不必。

散會。

吳玉章

譚延闓

徐　謙

國民會議召集問題決議案

一、本黨應繼續主張開國民會議以此號召全國。

二、召集國民會議之預備方法須先發起人民團體之聯合會，此聯合會須包含農、工、商、教職員、學生、自由職業者、軍隊及婦女團體之代表。

三、此聯合會須普及分為全國聯合會、省聯合會縣及市聯合會，及海外各地華僑聯合會等。

四、各聯合會應由黨部發起並組織之。

五、聯合會之政綱應包含左列各點：

　　（1）謀縣或市安寧幸福之綱領；

　　（2）謀省安寧幸福之綱領；

　　（3）謀全國安寧幸福之綱領；

　　（4）謀海外各地華僑安寧幸福之綱領；

　　（5）國民會議之綱領。

六、各縣市聯合會可常常聯合而開一省聯合會，其政綱
　　應包含左列三點：

　　（1）謀全省安寧幸福之綱領；

　　（2）謀全國安寧幸福之綱領；

　　（3）關於國民會議之綱領。

七、縣市聯合會將來為召集國民會議選舉之基礎，縣市
　　聯合會應立即預備將來選舉代表至國民會議。

八、中央黨部須委派一委員會，負指導各聯合會工作之
　　責，地方黨部須委派一委員會負指導地方聯合會工
　　作之責。縣市黨部現不甚完備，可由省黨部委派縣
　　市黨部數人，並委派以外數人合組一委員會。

九、縣市聯合會之綱領應由省黨部批准。

十、省聯合會綱領應由省黨部起草，海外各地華僑聯合
　　會綱領應由海外各地總支部起草經中央黨部批准。

十一、全國聯合會綱領應由聯席會議決定。

十二、本黨黨部應努力使本黨所主張之綱領在各聯合會
　　　通過。

十三、在各聯合會中本黨黨員應組織黨團，以此方法集
　　　中黨之勢力及宣傳黨之綱領而成為一有力之指
　　　導者。

十四、關於國民會議之宣言應將所決定之綱領包括在內。

十五、各聯合會應注意黨政府對內、對外政策用為議決或
　　　其他宣傳方式使其意見可以表示。

決議整理委員

徐　謙　于樹德　張曙時　陳其瑗

省政府對國民政府之關係問題決議案

議案

（一）凡關於一省之事歸省政府辦理。

（二）凡兩省議上有關係之事或全國有關係之事歸國民
　　　政府辦理。

（三）省政府組織法另定之。

（四）外交之事歸國民政府辦理。

（五）國民政府與省政府之財政須劃分明白之界限。

（六）財政劃分後，省財政歸省政府管理，國家財政歸
　　　國民政府管理。

（七）省軍隊與國家軍隊須劃分之，省軍隊為維持省法
　　　及秩序（治安）而設，但亦可由國民政府調遣為
　　　國防之用，省軍隊之數額須由國民政府核定，以
　　　不超過建設和平、維持治安必要之數為準，縣政
　　　府不得用任何名義組織軍隊。國民政府得按照政
　　　治、外交、軍事及戰略上之需要設立國家軍隊，
　　　並決定其數量質量及駐防地點。

（八）省政部之廳須受國民政府性質相同之部之監督
　　　指揮。

（九）地方司法劃歸省政府辦理，但省高級法院仍隸屬
　　　於國民政府司法部。

（十）省立監獄歸省政府司法廳管理，但國民政府司法
　　　部得因必要在省之地方設國立監獄。

（十一）大理分院得由國民政府司法部酌定，各省適當
　　　　地點設立之。

（十二）省內國立大學歸國民政府辦理，省之小學、
　　　　中學、大學皆歸省政府管理，但教育方針由
　　　　中央定之。

（十三）國民政府監察院得在各省設立監察分院。

省黨部與省政府之關係議決案

議案

一、各省情形不同可分為三種辦法：

　　（1）省政部在省黨部指導之下；

　　（2）省政府在中央特派政治委員及省黨部指導之下；

　　（3）省政部與省黨部合作，某省應用某種辦法由中
　　　　央執行委員會決定之。

二、由省黨部與省政府合辦一黨校，以訓練地方行政人
　　才，先訓練行政與財政人員，再依其次重要訓練其
　　他人員。

決議整理委員

　　孫　科　甘乃光　陳其瑗　江　浩　周松甫

國民政府發展問題決議案

一、國民政府應視其主要工作所在之地而決定之，現在
　　國民政府之主要工作在鞏固各省革命勢力之基礎，
　　而此種主要工作以首先由廣東省實施最為適宜，故
　　國民政府仍暫設於廣州。

二、國民政府按照現在發展之情況應擴張其組織如下：
　　甲、國民政府委員會中須有在國民政府統治下各省
　　　　之人員充任委員。
　　乙、國民政府應添設軍事、交通、司法三部，原有
　　　　之軍事委員會仍應存在。

決議整理委員

　　徐　謙　于樹德　陳其瑗　張曙時　陳果夫

議事錄　第六日第六號

日　　期：十五年十月二十一日

時　　間：上午九時

主席團：譚延闓　張人傑　徐　謙　吳玉章

出席者：

中央委員　二十七人

陳嘉祐	吳玉章	彭澤民	周啟剛	譚延闓	陳樹人
甘乃光	陳果夫	鄧穎超	張人傑	丁超五	楊匏安
于樹德	謝　晉	孫　科	許甦魂	丁惟汾	徐　謙
褚民誼	毛澤東	鄧澤如	何香凝	郭春濤	黃　寔
顧孟餘	惲代英	李濟深			

各地代表　五十二人

張曙時	曾憲浩	王　斧	何履亨	賀楚強	光明甫
周松甫	高警宇	張素吾	劉一華	林伯岐	高叔英
雲　霖	鄧文輝	余焯禮	林頌堯	蔣道日	韓覺民
苗培成	董海平	王子壯	烏文献	范予遂	陳任一
宣中華	陳孚木	丁濟美	陳希豪	王積衡	黃馥生
羅貢華	董方城	劉季良	黎樾廷	王健海	楊燿焜
歐漢英	梁六度	裴邦燾	陳漢子	區邦侯	江　浩
周以栗	甄香泉	賴國航	王步文	簡琴石	朱霽青
李毓堯	褟恪公	廖錫五	陳其瑗		

共七十九人

主　　席：吳玉章

記　　錄：葛建時　張光祖

主席恭讀總理遺囑── 全體肅立。
主席宣布照本日議事日程開議。

（一）報告顧孟餘、于樹德同志起草二電

1. 致各級黨部電。
2. 致蔣介石同志電。
主席謂右列二電稿已油印分配，省去朗讀，請各位閱後再討論文字修正。
眾謂無修正，即照稿發表，惟日期以發電日為準。
（原電另附）

（二）中央執行委員會提出議案

甲、省政府對國民政府之關係問題

主題請起草委員孫科同志說明理由。
孫科同志出席說明（先朗讀原文）
　　略謂：本案意義係劃清省政府與國民政府之職權，其劃分標準以政務之性質與範圍而定，如外交及關於兩省以上與全國的政務是整個的不可分的，自應劃歸國民政府辦理，如財政、教育、軍隊等在事實上具有劃分之可能與必要，故本案為之列舉劃分清楚。惟省之各廳應仍受中央各部之指揮監督，而國軍、省軍亦有相當之制限，縣政府不能組織任何軍隊，所以避免一省軍政之紊亂，及縣長狐假

虎威擾害鄉民之弊。但就廣東的近狀觀察各縣盜賊如毛，焚殺劫掠時有所聞，省政府之兵力尚未充分預備，目前應准縣設警察以維持之。關於司法一節，民國延前清舊例而歸中央統一管理，現在如完全由省管理，恐有許多窒礙，故本案擬定二說（如原文），以為省與中央劃分之界線，任擇其一均可運用。至大理院則為絕對不可分的，故擇各省要地或數省之要地設分院，以便利人民之訴訟，提出本案意義大旨如此，請討論。

主席報告山西、山東代表等提議聯席會議應有宣言，提案委員會已在起草，日內即可提出討論。

何香凝同志請將廣東省黨部關於劃分廣東省財政提議案併入討論，並請求報告。

主席請何香凝同志出席報告。

何香凝同志報告

　　略謂：今天討論到省政府問題，覺得有許多感想，廣東是革命的策源地，又是現在國民政府及中央黨部所在地方，照理論上說在這革命政府統治下的民眾自然是享有特別的利益和幸福，但就事實來看，卻是不然。自民國成立以來，十五年中以廣東舉行的革命工作為最多，廣東人民的負擔為尤重，所受痛苦亦較他省人民為甚。就是此次北伐常常聽到民眾說：「無論打勝仗、敗仗，廣東人總是不了」，我聽了這話很奇怪，就去探問他們的理由，他們──民眾──說：「打了勝仗廣東人的負擔要一天加重一

天，打了敗仗恐怕又要如楊、劉等軍閥來摧殘蹂躪」。這些話真是廣東人民痛苦的一幅寫照，尤其是廣東民窮財盡的象徵。現在革命政府對於廣東的革命策源地假使不切切實實照總理的建國大綱和訓政策略來統治和訓練廣東人民，鞏固國民政府及中央黨部的根據地，那來革命前途是非常危險的。譬如一株樹必定要根本堅實，才能枝葉茂盛有成蔭的希望，前面所述民眾的一段話是我親聽到的特提出來報告，各位務請各位一致請革命政府注意這點，按照總理遺訓，謀人民真正的幸福，來鞏固我們革命的策源地，鞏固我們國民政府和中央黨部的根據地。

主席謂廣東省黨部提案已油印分送，凡與本案有關者可以合併討論，現在先討論本案。

主席以本案逐條付討論。

一、凡關於一省之事歸省政府辦理。

決議：通過。

二、凡兩省以上有關係之事或全國有關係之事歸國民政府辦理。

決議：通過。

三、省政府組織法另定之。

決議：通過。

四、外交之事歸國民政府辦理。

決議：通過。

五、國民政府與省政府之財政須劃分明白之界限。

決議：通過。

六、財政劃分後省財政歸省政府管理，國家財政歸國民
　　政府管理。

決議：通過。

七、省軍隊與國家軍隊須劃分之，省軍隊為維持省法及
　　秩序治安而設，但亦可由國民政府調遣為國防之
　　用，省軍隊之數額不可超過建設和平、維持治安必
　　要之數，縣政府不得用任何名義組織軍隊，國民政
　　府得按照政治、外交、軍事及戰略上之需要設立國
　　家軍隊，並決定其數量質量及駐防地點。

（討論）于樹德同志主張增加「省軍隊數額由中央決定」。
孫科同志提出文字修正「省軍隊之數額須由國民政府核
定，以不超過建設和平、維持治安必要之數為準」。

決議：照改，餘照原案通過。

八、省政府之廳須受中央性質相同之部之監督指揮。

（討論）韓覺民同志主張「中央」改「國民政府」。

決議：照改，餘照原案通過。

九、分二說：

1. 地方司法劃歸省政府辦理，但省高級法院仍隸屬於國
　 民政府司法部。

2. 地方司法概歸省政府辦理，但受國民政府之監督指揮。

（2 說在原則上亦贊成 1 說，但過渡時代與省發展之機會
稍多）。

主席請徐委員謙再說明旨趣。

徐委員謙出席說明

　　略謂：本案在憲法上乃重要問題，但原案只因時勢之要求臚列數點至第九條，即其中之一點，此點分二說以觀大會之趨嚮。惟第一說既與省以發展之機會又合本黨政策統一集中之旨，且實際上亦易辦到。至第二說之宗旨亦無不同，不過與省發展機會更多耳，司法制度，現必須根本改造，將反革命之制度一概剷除，此可由中央組織之改造司法委員會詳議，惟聯席會議只定劃分之原則，報告大略如此。

主席謂：徐委員說明已很詳盡，有無討論。

眾謂無討論，請付表決。

主席謂：現在先以第一說付表決。

決議：大多數通過。

主席宣布本案第一說已大多數通過，第二說可不用表決，現在繼續討論第十項。

十、省監獄歸省政府司法廳管理，但國民政府司法部得因必要在省之地方設國立監獄。

陳其瑗同志提議，省監獄改省立監獄，經表決多數贊成。

決議：「省監獄」改省立監獄，餘照原案通過。

十一、大理分院得由國民政府司法部酌定各省適當地點設立之。

決議：通過。

十二、省內國立大學歸國民政府辦理，省之小學、中學、大學皆歸省政府辦理，但教育方針由中央定之。

孫科、甘乃光同志提議，歸省政府辦理之辦字改管字，經表決對數贊成。

決議：歸省政府辦理之辦字改管字，餘照原案通過。

陳孚木同志提議各省設省監察分院案

主席請陳同志說明。

陳同志說明

略謂：國民政府於去年成立後，即設立國民政府監察院，其時只廣東一省尚無困難發生，今國民政府之地域既已擴大，監察院高高在上，應將一切貪官汙吏肅清淨盡，但區域廣大，監察院頗有鞭長莫及之慮。例如廣西常有控告縣知事之案，本院經偵察證據充足正欲令行查辦，但已免職他去，為補救此項困難起見，故有各省添設監察分院之提議。

孫科同志附議，並說提案委員會亦曾提議及此，但未列入議案，應於十二項下另加十三項其條文為「國民政府監察院得在各省設立監察分院」，經表決大多數贊成。

決議：加十三項，國民政府監察院得在各省設立監察
分院。

主席宣告本案大體已定，應交決議整理委員整理後報告大會。

乙、省黨部與省政府之關係議題

主席請甘乃光同志說明。

甘同志說明（先朗讀原文）

略謂：本黨主張以黨治國，在國民政府與中央黨部之間設一政治會議（以前為政治委員會），決定本黨政府一切重要政治問題為以黨治國之方法，本案所提辦法為以黨治省之辦法，所說以黨治省不是黨員做了官便算是以黨治省，是要使省黨部的力量能夠指揮省政府，使政府能實行黨的主義與政策，做了官不過是黨的政策之實行者，同座其他黨的工作人員在黨的地位上完全一樣。以現在情形而論，省黨部常與省政府不一致，就是省黨部的力量還不能指導省政府，因為各省情形不同，所以根據事實規定以下三種辦法：

一、省政府在省黨部指導之下。

二、省政府在中央特派政治委員指導之下。

三、省政府與省黨部合作。

健全的省黨部可用第一法，如有黨部成立未久或成立雖久而力量不很充足，則用第二、第三法，如湖北省由中央派人會同省黨部組織政治會議，即為第二法，照這種辦事實行一定能使省黨部弄好。

因為沒有一省願意做第三種的，做了第三種當然希望做第二種，做了第二種當然希望做第一種，所以大家便不能不努力。

其次現在感覺到地方行政人員非常缺乏，所以規定由省黨部和省政府合辦黨校以訓練此種人才，例如廣東現

在辦一個農工行政人員講習所，預備將來出來做各縣農工局長就是這個意思。

討論第一項：

一、各省情形不同可分為三種辦法：

（1）省政府在省黨部指導之下；

（2）省政府在中央特派政治委員指導之下；

（3）省政府與省黨部合作，某省應用何種辦法由中央執行委員會決定之。

于樹德同志問：據甘同志說明第二種權力比第三種大，但照原文第二項「省政府在中央特派政治委員指導之下」並未提起省黨部第三項政府與省黨部合作，照文字看來似第二種權力未必比第三種大。

甘乃光同志答：原意第二種權力比第三種大。

孫科同志謂：第二項文字不清楚，原意與省黨部有關係，似應於「在中央特派政治委員」下加「及省黨部」四字。

主席逐條付表決，除第二項照孫科同志提議，加「及省黨部」四字外，一、三兩條照原案通過。

決議：

一、各省情形不同可分為三種辦法：

（1）省政府在省黨部指導之下；

（2）省政府在中央特派政治委員及省黨部指導之下；

（3）省政府與省黨部合作某省應用某種辦法由中央執行委員會決定之。

繼續討論第二項，原文如下：

二、由省黨部與省政府合辦一黨校，以訓練地方行政人才，先訓練行政與財政人員，再依其次重要訓練其他人員。

決議：照原文通過。

陳委員其瑗提案審查報告

略謂：昨日開第二次審查委員會，各處提案甚多，照審查委員會之意見，中央執行委員會提案比較重要，應將該項提案議完再及其他提案。昨日審查之提案可歸納為二類：第一類應交中央執行委員會及政治會議辦理者，如西藏秦世昌提議請派人至西藏組織黨部，可交中央執行委員會辦理。第二類可併入中央提案討論者，如廣東省黨部提議整頓省內財政案，應歸併中央提案第四案討論事。

賀楚強同志問：

（1）省政府委員可否兼任國民政府委員。

（2）省黨部執行委員可否兼省政府委員或省政府下各廳長。

以上二項條文並無規定，請主席團答覆。

譚主席答覆：均可兼，惟在事實上無兼之必要，亦無必不可兼之理由，故條文尚不加規定。

于樹德同志請主席團另行指定決議整理委員。

由主席團指定江浩、孫科、甘乃光、陳其瑗、周松甫五同志為決議整理委員。

陳孚木同志請議整論廣東省內財政一案。

主席答：今日時間不早，應與中央提案第六案同時討論。

韓覺民同志謂：各代表所有提案應於明日以前提出。

甘乃光同志謂：可催各代表從速提出，但不必限於明日。

眾贊成。

主席宣布散會。

吳玉章

徐　謙

致各級黨部電

各級黨部鑒，汪精衛同志因病請假，各級黨部曾屢電促其銷假復職，蔣介石同志江電復懇切陳詞，諄諄以責任道義為言，並請張靜江、李石曾二同志前往勸駕速歸共肩艱鉅等語。今北伐之軍事既獲勝利，本黨之勢力日益擴展，建設之事業亟需進行統籌國家大計，非集本黨忠實努力之領導者合作奮鬥無以竟總理之遺志而成革命之全功。蔣介石同志督師前方，黨務政治任務繁重，汪同志亟宜銷假共同負責。聯席會議為革命之利益念黨國之前途，察同志之仰望，因於本月十八日一致決議請汪同志銷假復職，除電達汪同志外，並推何香凝、彭澤民、張曙時、簡琴石、褚民誼五同志前往敦促，想汪同志定能念風雨同舟之誼，即日銷假以副中央及各級黨部之渴望也。特電佈達希即轉告全

體同志為盼。

中央委員各省各特別區市海外各總支部代表聯席會議馬

致蔣介石同志電

江西總部行營蔣介石同志鑒，此次繼承總理遺志出師北伐，黨旗所指軍閥崩潰，克復武漢進窺東南，革命勢力日益擴展，復民眾之自由求國家之獨立，實革命之勝利而黨國之光榮也，執事運籌有方，指揮若定，轉戰千里，備極辛勞。聯席會議全體同志深敬執事之忠實努力，念黨國之前途為革命之利益，誓以一致之精神竭誠信任執事，並因工作之擴大籌劃之需人，特決議促汪精衛同志銷假與執事共負黨政重責，中原未靖尚待澄清，南方粗平亟需建設，繼續努力責在吾人，凡我同志均應親愛精誠合作奮鬥，以竟總理之遺志成革命之全功，特電慰勞，敬祝努力。

中央委員各省各特別區市海外各總支部代表聯席會議馬

議事錄　第七日第七號

日　期：十五年十月廿二日

時　間：上午九時

主席團：譚延闓　張人傑　徐　謙　宋慶齡　吳玉章

中央委員　二十六人

周啟剛	吳玉章	丁超五	李濟深	陳果夫	楊匏安
丁惟汾	彭澤民	惲代英	譚延闓	陳嘉祐	褚民誼
謝　晉	張人傑	徐　謙	鄧穎超	宋子文	于樹德
毛澤東	孫　科	鄧澤如	郭春濤	甘乃光	許甦魂
宋慶齡	陳友仁				

各地代表　五十二人

陳漢子	高叔英	賀楚強	王　斧	林伯岐	侯紹裘
張曙時	裴邦燾	高警宇	區邦侯	梁六度	劉季良
何履亨	歐漢英	董海平	余焯禮	范予遂	王子壯
苗培成	陳任一	林頌堯	陳希豪	烏文獻	劉一華
韓覺民	光明甫	周松甫	鄧文輝	楊燿焜	董方城
王步文	黎樾廷	曾憲浩	廖錫五	張素吾	李毓堯
周以栗	羅貢華	王健海	黃馥生	江　浩	雲　霖
朱霽青	褟恪公	陳孚木	簡琴石	丁濟美	王積衡
宣中華	賴國航	甄香泉	陳其瑗		

共七十八人

主　席：徐　謙

記　錄：張光祖　葛建時

主席恭讀總理遺囑——全體肅立。

主席宣告今日開會時間較晚，應將時間補足。

（一）決議整理委員孫科報告

　　略謂：昨日由本席與甘乃光、陳其瑗、江浩、周松甫同志等整理決議案，凡兩案：一、省政府對國民政府之關係問題；決議案二、省黨部與省政府之關係問題決議案依照昨日決議修正。茲朗讀一遍略加說明。

決議案原文附列如左（原文另印附後）。

（二）臨時報告

A. 國民政府委員會函

　　略謂：「接武昌鄧主任演達篠電，武昌下後無線電局已修理完竣，乞每日將會議消息及閩方情況示知等語，並已分電尊處希即查照，將議案隨時電告」云。

B. 澳洲總支部來電

（一）（原文照錄）

決議案（全）

省政府對國民政府之關係問題決議案

（一）凡關於一省之事歸省政府辦理。

（二）凡兩省以上有關係之事，或全國有關係之事，歸　　　國民政府辦理。

（三）省政府組織法另定之。

（四）外交之事歸國民政府辦理。

（五）國民政府與省政府之財政須劃分明白之界限。

（六）財政劃分後，省財政歸省政府管理，國家財政歸國民政府管理。

（七）省軍隊與國家軍隊須劃分之，省軍隊為維持省法及秩序（治安）而設，但亦可由國民政府調遣為國防之用，省軍隊之數額須由國民政府核定，以不超過建設和平、維持治安必要之數為準。縣政府不得用任何名義組織軍隊，國民政府得按照政治、外交、軍事及戰略上之需要設立國家軍隊，並決定其數量質量及駐防地點。

（八）省政府之廳須受國民政府性質相同之部之監督指揮。

（九）地方司法劃歸省政府辦理，但省高級法院仍隸屬於國民政府司法部。

（十）省立監獄歸省政府司法廳管理，但國民政府司法部得因必要在省之地方設國立監獄。

（十一）大理分院得由國民政府司法部酌定各省適當地點設立之。

（十二）省內國立大學歸國民政府辦理，省之小學、中學、大學皆歸省政府管理，但教育方針由中央定之。

（十三）國民政府監察院得在各省設立監察分院。

省黨部與省政府之關係問題議決案

一、各省情形不同可分為三種辦法：

（1）省政府在省黨部指導之下；

（2）省政府在中央特派政治委員及省黨部指導之下；

（3）省政部與省黨部合作，某省應用某種辦法由中央執行委員會決定之。

二、由省黨部與省政府合辦一黨校，以訓練地方行政人才。先訓練行政與財政人員，再依其次重要訓練其他人員。

決議整理委員

　　孫　科　甘乃光　陳其瑗　江　浩　周松甫

澳洲總支部來電

十、廿一、早到

（一）轉中聯會諸代表鑒，願促現先總理主張，使革命目的早達，謹祝。

（二）轉蔣總司令暨前敵諸將士鑒，我軍為黨國奮鬥欽佩無極，迭聞捷報，尤快遠懷，願繼續努力，以竟全功，胞等願為後盾。

（三）轉罷工委員會全國各工會鑒，帝國主義者之砲艦政策，未更吾人之奇恥未雪，請擴大杯葛運動，一決最後勝利，胞等誓為後盾。

（四）轉國民政府蔣總司令全國各界各團體各報館均

鑒，昨西報電稱我國駐外各使聯電，滬上商會請
任調和了爭，但吾國官僚買辦皆為帝國主義工
具，今見國民革命成功在即，遂有此舉，乞嚴拒
以慰民望。

C. 陳委員果夫報告

略謂：茲有一重要案件報告，昨日政治會議接監察
院密電，呈稱現充中央各省聯席會議代表之蔣道日，本年
一月曾經汪主席交院查辦，查得此人藉金運動縣長有據，
久緝未獲，今竟出為代表又將接充東莞縣長，應否仍由該
院勒傳到案，並令廣東省政府撤銷其東莞縣長之委任狀，
請核奪示遵由一件，由政治會議議決交本席與丁委員惟汾
審查。查蔣道日為此次會議古巴總支部代表，古巴總支部
曾來電反對，惟來電並無藉金運動之語，故未撤銷其代表
資格，今查得此人以前確有以五萬元運動新會縣長一事，
應將其代表資格撤銷，交監察院查辦請公決。

主席宣布，蔣道日犯行賄嫌疑確鑒有據，並再將監察院原
函宣布一遍。
主席以蔣道日犯行賄嫌疑，應撤銷其代表資格，交監察院
查辦付表決。
決議：全體通過。

（勘誤）

　　陳委員果夫報告蔣道日案，有古巴來電反對，惟未撤銷代表等語，查古巴總支部原派吳偉荊、蔣道日二人為代表，十二分部聯電反對吳偉荊，未反對蔣道日，故審查時只撤銷吳偉荊之代表資格，特為改正於此。

（三）國民黨的最近政綱

主席宣布逐條討論

（一）一般的

（政治）

（1）實現全國政治上經濟上之統一。

決議：通過。

（2）廢除督軍、督辦制，建設一民主政府。

（討論）

一、陳其瑗同志提議在督軍、督辦制下加一「等」字。

二、孫科同志提議改「廢除軍閥制度」。

三、于樹德同志提議改「廢除督軍、督辦等軍閥制度」。

四、褚民誼同志提議在「建設一民主政府」下加「定名曰國民政府」。

五、陳果夫同志提議「建設一民主政府」之「一」字刪去。

決議：修正為「廢除督軍、督辦等軍閥制度，建設民主政府」。

（3）保障人民集會結社、言論出版等之完全自由。

（討論）

一、孫科同志提議在「言論出版」下加「居住信仰」四字。

二、鄧文輝同志贊成有居住自由，但反對信仰自由。

三、江浩、吳玉章同志等主張維持原案。

四、鄧文輝同志提議於「完全自由」下加「但不得有反革命行動」。

六、裴邦燾同志提議加「罷工自由」。

決議：照原案通過。

（4）國內各小民族應有自決權利。

（討論）

一、惲代英同志提議刪去「應」字。

二、于樹德同志提議刪去「利」字。

決議：照原案通過。

（討論）

一、王積衡同志提議在第四項下加「嚴懲貪官汙吏廓清政治」。

二、甘乃光提議改為「嚴懲貪官汙吏建設廉潔政府」。

決議：在第四項下加第五項「嚴懲貪官汙吏建設廉潔政府」。

（外交）

（5）廢除一切不平等條約（取消領事裁判權）。

決議：通過。

（6）重締結尊重中國主權之新條約。

決議：通過。

（7）規定外人投資中國之普通條件（外資非用殖民地政
　　　策剝削中國者）。

決議：通過。

（經濟）

（8）關稅自主。

決議：通過。

（9）廢除厘金。

決議：通過。

（10）訂定新稅則，廢除苛捐雜稅。

決議：通過。

（11）統一全國財政。

決議：通過。

（12）建築鐵路，特別注重粵漢路之完成。

決議：通過。

（13）修築道路。

決議：通過。

孫科同志提議在（13）項下加「修治河道」一項。

決議：通過

（14）建築新港口。

孫科同志提議於「建築新港口」下加「特別注重黃埔商港
之完成」。

決議：通過。

（15）切實與有計劃的剿匪。

決議：通過，眾主張以本項移入行政類。

（16）統一幣制，劃一度量衡。

甘乃光同志提議本案應分作二條，以統一幣制為一條，以劃一度量衡為一條。

決議：照原案分二條通過。

（17）設立國家銀行，以最低利息借款開發農工商業。

決議：通過。

（18）徵收累進所得稅。

決議：通過。

（19）改良地稅。

決議：通過。

曾憲浩同志臨時動議應增加「禁止販賣及種植鴉片與一切賭博」一條。

譚延闓同志提出修正改為「限期禁止吸食販賣及種植鴉片」，禁賭另條均歸入行政類。

決議：在行政類加入「限期禁止吸食販賣及種植鴉片」
　　　　一條。

曾憲浩同志請再以「禁止一切賭博」付討論。

甘乃光同志謂，曾同志提案本席贊成，但須另案由本會函請廣東省政府辦理，不必列入行政類。

曾憲浩同志贊成甘同志說。

主席以甘說既為原動議人所同意，應俟後另議，至政綱內

無庸討論。

眾無異議。

（教育）

（20）改良教育。

決議：通過。

（21）指定教育經費。

決議：通過。

（22）一切教會及外人私立學校須經教育部登記。

（討論）

一、孫科同志提起修正改「教育部」為「教行政機關」。

二、陳其瑗同志提議「登記」改「立案」。

決議：照改正文通過。

（23）普及強迫義務教育及提倡職業教育。

決議：通過。

（24）勵行平民識字運動。

決議：通過。

（行政）

（25）實行戶口調查及生育死亡婚姻等登記。

決議：通過。

（26）實行土地測量及土地登記。

決議：通過。

（27）各省應有特別市與普通市之設立（各省省會通商大埠及人口在二十萬以上之都市設特別市）。

決議：通過。

（28）實行鄉村自治。

決議：通過。

甘乃光同志臨時動議，時間只有十分鐘，下面議題甚多可延至明日再討論，請主席宣布散會。

吳玉章同志報告：明天討論軍事政策案，所有前天分配之黨代表案例案等，請各位帶來。

主席報告：現各代表提案甚多，請提案審查委員各同志於本日下午四時開第三次審查會。

散會。

徐　謙

吳玉章

議事錄　第八日第八號

日　　期：十五年十月廿三日
時　　間：上午九時
主席團：譚延闓　張人傑　徐　謙　宋慶齡　吳玉章
出席者：

中央委員　二十七人

周啟剛	吳玉章	譚延闓	陳嘉祐	丁惟汾	黃　實
張人傑	陳果夫	彭澤民	毛澤東	丁超五	楊匏安
許甦魂	甘乃光	褚民誼	宋慶齡	于樹德	鄧穎超
惲代英	李濟深	郭春濤	陳樹人	謝　晉	孫　科
何香凝	顧孟餘	鄧澤如			

各地代表　五十人

韓覺民	林頌堯	張曙時	侯紹裘	高警宇	高叔英
黃馥生	李毓堯	周以栗	張素吾	劉一華	董海平
王　斧	林伯岐	梁六度	丁濟美	余焯禮	陳希豪
烏文獻	劉季良	裴邦燾	陳任一	何履亨	江　浩
范予遂	雲　霖	王子壯	王步文	苗培成	朱霽青
董方城	黎樾廷	陳漢子	楊燿焜	光明甫	周松甫
賀楚強	曾憲浩	王積衡	王健海	羅貢華	鄧文輝
賴國航	甄香泉	廖錫五	禤恪公	簡琴石	區邦侯
陳其瑗	宣中華				

共七十七人
主　席：譚延闓

記　錄：張光祖　葛建時

主席恭讀總理遺囑──全體肅立。

（一）提案審查委員會侯委員紹裘報告

　　略謂：昨開第三次審查委員會，到本席及韓覺民、董方城、徐謙、吳玉章同志等五人，審查提案凡十六案具詳書面，茲朗讀一遍並逐案加以說明。

吳玉章同志臨時報告，軍人部提出黨代表條例，應否先交審查再行提出討論。

韓覺民同志謂：該案已付審查，由審查會決定提出大會討論。

張曙時同志主張該案應提首案討論。

眾贊成列入議事日程首案討論。

（二）中央執行委員會提出議案

甲、國民黨的最近政綱問題（續第七號議程）

（軍事）

（29）黨代表制必須實行，凡軍、師、旅、團部必須派有黨代表。

決議：通過。

（30）黨代表人才須設一學校訓練之。

決議：通過。

（31）凡黨員有服兵役之義務。

決議：通過。

（32）由總司令部擬一方案規定黨員服兵役之法。

徐季龍同志提議併入前條改為「其服兵法另定之」。

決議：照改通過。

（33）軍事政治學校除黃埔外，可於其他各省地方設
　　　立之。

決議：通過。

（34）設立一中央軍事政治大學。

決議：通過。

（35）設軍事委員會及軍事部，其委員會與部之關係，由
　　　政治會議決定之。

（討論）

江浩同志提議軍事委員會及軍事部，上文已有規定委員會
與部之間當然有關係，但似無規定明文之必要，主張刪去
此條。

主席請李濟深同志說明。

李濟深同志說明

　　　略謂：軍事委員會以前早有設立，現決定仍應存在，
此會中應容納全國有軍事學識之分子，以決定軍事上之重
要問題及計畫，至常務則由軍人部辦理，二者性質上之異
點大略如此。

徐季龍、韓覺民、于樹德同志都主張維持原案。

江浩同志自願撤銷提案。

主席以維持原案付表決。

決議：照原案通過。

（36）軍政、民政應劃分權限，軍政不得以任何方式干
涉民政，但在戰爭時期中於戒嚴地帶民政方收軍
政之指揮。

決議：通過。

（37）國防軍及省軍之預算應詳細嚴格規定，以不侵中
央政府及省政府之行政需要為宜。

決議：通過。

（38）中央黨部規定革命勳章授予革命軍有功將領及兵
士，不分等級。

決議：通過。

主席報告：昨日提案委員會決定於軍事項中再加二條：

1. 普及國民之軍事教育。

2. 發展軍事航空事業。

決議：通過。

褚民誼同志等提議增加實行提高士兵生活一案。

主席報告：另有提案提出可合併討論，繼續討論原案。

（婦女）

（39）婦女有選舉權及一切在法律上、政治上之同等
權利。

（討論）

1. 鄧穎超同志提議在原文「政治上」下加「經濟上、職業
上」字樣。

2. 陳希豪同志提議本案改為「婦女在法律上、政治上、
   經濟上、教育上及社會上一切地位與男子有同等之
   權利」。

3. 鄧穎超同志自願撤銷提議。

決議：照陳希豪同志提議修改通過。

鄧穎超同志提議增加一條其條文為：凡服務各機關之婦女
在生育期間，應給予兩個月休養，並照發薪金。

決議：通過。

（二）關於工業家者

1. 力求實行海關保護稅政策。

決議：通過。

2. 政府公用品應儘先向本國工廠定購。

決議：通過。

3. 政府須幫助新工業之組織。

（討論）王子壯同志提議「組織」改「發展」。

決議：照修正文通過。

4. 政府對於本國工業應給以稅則上的優越權利。

決議：通過。

5. 設立工業協會（於最短時間內召集全國工業大會及國貨
   展覽會於廣州或武漢）。

（討論）孫科同志提議刪去括弧，於「設立工業協會」下
加一「並」字以聯綴原括弧內文字成為一條。

決議：照改通過。

6. 取消在中國之外國工業之特殊權利，此等權利使中國工業立於競爭不利之地位。

（討論）

1. 陳希豪同志提議自此等以下一段文字應全刪。

2. 孫科同志提議自此等以下一般文字應加括弧，表示一種說明性質。

決議：照原案，自此等以下一段加括弧通過。

7. 設立工業學校。

決議：通過。

（三）關於商人者

1. 政府應保護交通之安全及保衛商旅。

決議：通過。

2. 禁止徵收不法附加稅。

（討論）光昇同志提議「不法」二字應改為「不正當」三字。

決議：照改通過。

3. 力除低價紙幣。

（討論）苗培成同志提議「力除」二字應改為「整理」二字。

決議：照原案通過。

鄧穎超同志臨時動議本案應增加「修改商會法」一條（附議十人以上）。

（討論）

徐謙同志主張改為「規定能適合於小商人要求之商會法」。

毛澤東同志主張改為「重訂適合一般商人利益之商會法」。

郭春濤同志主張改為「規定適合於一般商人平均發展之商會法」。

決議：照毛澤東同志修正文通過。

陳果夫同志臨時提議本案應再增加「禁止奸商壟斷商業」一案（附議十人以上）。

（討論）

1. 孫科同志謂壟斷二字意義不明，請陳同志加以說明。

2. 陳果夫答：壟斷二字即包辦操縱之意。

3. 毛澤東同志主張不必加入。

4. 陳希豪同志主張加入。

5. 孫科同志提出修正改為「禁止奸商操縱金融、壟斷糧食」。

決議：加一條，照孫科同志修正文通過。

（四）關於教員者

（討論）

1. 鄧穎超同志提議本案標題應改為「關於教職員者」。

2. 惲代英同志提議本案標題應改為「關於學校教職員者」。

決議：本案標題改為「關於學校教職員者」。

1. 提高教員薪金標準

（討論）侯紹裘同志提議在「薪金標準」下，增加「特別注重提高等小學教職員薪金」字樣。

決議：照加通過。

何香凝同志臨時動議：本席對於小學教員，曾有提案一件送達，惟尚未見有審查報告，請併入討論。本席提案旨趣，以廣州市內各小學教員大多尚未明瞭本黨主義，故所有小學生對於本黨主義亦莫明其妙，在革命政府下有此怪象，豈非笑話。所以本席主張黨與政府應合辦一訓練教員班，養成一般有主義之小學教員，以為黨化教育之。

陳其瑗同志謂：本黨政綱是對外的，此條原意極好，但不必規定於政綱。

甘乃光同志主張辦暑期訓練班。

主席謂：此案既有提案，可另案討論，繼續討論本案。

韓覺民同志臨時動議：應增加「教職員薪金須按月發給不得拖欠」一條，以資保障（附議十人以上）。

決議：照加通過。

2. 每年有一、兩個月假期，假期中仍受薪金。

（討論）

1. 丁濟美同志主張「假期」二字應改為「寒假、暑假、春假」。

2. 陳果夫同志主張假字上加一「例」以包括之。

3. 陳其瑗同志主張改為「每年例假、病假期中仍受薪金」。

決議：陳其瑗同志修正文通過。

4. 政府規定教職員疾病死亡保險及養老年金。

（討論）謝晉同志主張刪去「政府」二字。

決議：刪政府二字，餘照原案通過。

（五）關於政府職員及雇員者

（討論）

　　1. 張曙時同志主張刪去，因似有獎勵做官之意。

　　2. 陳其瑗同志主張維持原案，因有此案足以表示政府
　　　職員雇員與普通工人處於同等地位。

　　3. 吳玉章同志主張「政府」二字改為「各機關」三字。

孫科同志說明提出本案旨趣略謂：起草委員會提出本案原
意與陳其瑗同志所說大旨相同，理由如次：

　　1. 粵漢鐵路工人提出要求，因疾病死亡恤金千元，政
　　　府已答應，今政府職員無此等規定，從前建設廳公
　　　路局有一位職員出差病死，依照其薪金三個月給以
　　　撫恤，可見政府職員所受待遇遠不如工人之優厚。

　　2. 政府職員之地位因未特別提高加以確實保障，故常
　　　有種種作弊情事，長此以往於造成廉潔政府前途很
　　　有影響。

　　3. 政府職員之薪金並無增加之例，月薪三十元者數年中
　　　始終是三十元，反不如路工等有年功加薪之規定，於
　　　養成廉潔方面，亦大有關係。總之政府職員與一般職
　　　工立於同等地位，在理論上事實上，均有享受同等待

遇之權利，此係提出本案之大旨請討論。

　4. 甘乃光同志主張維持原案，以職員係事務官非政務官，雖有不肖者亦無能為力，且可隨時防止。

決議：「政府」二字改「各機關」三字，餘照原文通過。

1. 規定與增加政府職員及雇員薪金。

（討論）

　1. 陳果夫同志謂：規定二字似不妥。

　2. 陳其瑗同志謂：規定二字可用，因現制未統一，故尚須規定。

　3. 江浩同志主張維持原案。

　4. 于樹德同志主張用「規定」二字以求各機關之統一，但刪去「增加」二字

　5. 陳希豪同志主張保留增加二字以增加係含有年功加薪主義。

決議：刪去「與增加」三字，餘照原文通過。

2. 薪水按月發給不得積欠。

決議：通過。

3. 規定疾病死亡之保險。

決議：通過。

4. 服務過一定年限得收養老年金。

決議：通過。

5. 一年應有半個月之休假，假期內仍受薪金。

決議：通過。

主席宣告：時間已到，是否延長。

眾謂不延長。

主席報告：中華全國總工會省港罷工委員會等團體來函，謂明日（廿四日）下午三時假座中華全國總工會二樓，歡迎本會各代表等語，請各位代表明日準時前赴歡迎會。

吳玉章同志報告：今天提案審查委員報告四川提案中控字係提字之誤，合行更正。

主席問明日（廿四日）星期是否休會。

決議：休會。

散會。

譚延闓

徐　謙

國民黨的最近政綱決議案

（一）一般

甲、政治

（1）實現全國政治上經濟上之統一。

（2）廢除督軍、督辦等軍閥制度，建設民主政府。

（3）保障人民集會結社、言論出版等之完全自由。

（4）國內各小民族有自決權。

（5）嚴懲貪官汙吏，屬行廉潔政治。

乙、外交

（6）廢除不平等條約。

（7）重新締結尊重中國主權之新條約。

（8）　規定外人投資中國之普通條件（外資非用殖民地政策剝削中國者）。

丙、經濟

（9）關稅自主。

（10）廢除釐金。

（11）訂定新稅則，廢除苛捐雜稅。

（12）統一全國財政。

（13）建築鐵路特別注重粵漢鐵路之完成。

（14）修築鐵路。

（15）修治河道。

（16）建築新港口特別注重黃埔商港之完成。

（17）統一幣制。

（18）劃一度量衡。

（19）設立國家銀行以最低利息借款開發農工商業。

（20）徵收累進所得稅。

（21）改良地稅。

丁、教育

（22）改良教育。

（23）指定教育經費。

（24）一切教會及外人私立學校須向教育行政機關立案。

（25）強迫及普及義務教育及提倡職業教育。

（26）勵行平民識字運動。

戊、行政

（27）實行戶口調查及生育死亡婚姻等登記。

（28）實行土地測量及土地登記。

（29）各省應有特別市與普通市之設立（各省省會通商大埠及人口在二十萬以上之都市設特別市）。

（30）實行鄉村自治。

（31）切實與有計畫的剿匪。

（32）限期禁止吸食販賣及種植鴉片。

己、軍事

（33）黨代表制必須實行，凡軍、師、旅、團部須派有黨代表。

（34）黨代表人才須設一學校訓練之。

（35）凡黨員有服兵役之義務其服兵役法另訂之。

（36）軍事政治學校除黃埔外，可於其他各省地方設立之。

（37）設立一中央軍事政治大學。

（38）設軍事委員會及軍事部，其關係由政治會議決定之。

（39）軍政、民政應劃分權限，軍政不得以任何方式干涉民政，但在戰爭時期於戒嚴地帶民政方受軍政之指揮。

（40）國防軍及省軍之預算應詳細嚴格規定，以不侵中央政府及省政府之行政需要為宜。

（41）中央黨部規定革命勛章授予革命軍有功將領及兵士，不分等級。

（42）普及國民之軍事教育。

（43）發展軍事航空事業。

庚、婦女

（44）婦女在法律上政治上、經濟上、教育上、社會上與男子有同等權利。

（45）凡服務各機關之婦女，在生育期間應給與兩個月休假，在假期內照發薪金。

（二）關於工業家者

（46）力求實行海關保護稅政策。

（47）政府公用品應儘先向本國工廠定購。

（48）政府須幫助新工業之發展。

（49）政府對於本國工業應給以稅則上的優越權利。

（50）設立工業協會，並於最短期間內召集本國工業大會及國貨展覽會於廣州或武漢。

（51）取消在中國之外國工業之特殊權利（此等權利使中國工業立於競爭不利之地位）。

（52）設立工業學校。

（三）關於商人者

（53）政府應保障交通之安全及保衛商旅。

（54）禁止徵收不正當附加稅。

（55）力除低價紙幣。

（56）重訂適合於一般商人利益之商會法。

（57）禁止奸商操縱金融、壟斷糧食。

（四）關於學校教職員者

（58）提高教職員薪金標準，特別提高小學教職員薪金。

（59）教職員薪金按月發給不得拖欠。

（60）例假及病假期中照發薪金。

（61）規定教職員疾病死亡保險及養老年金。

（五）關於各機關職員及僱員者

（62）規定各機關職員及僱員薪金。

（63）薪金按月發給不得積欠。

（64）規定疾病死亡之保險。

（65）服務過一定年限應受養老年金。

（66）一年應有半個月之休假在假期內照發薪金。

（六）關於農民者

（67）減輕佃農田租百分之二十五。

（68）統一土地稅則廢除苛例。

（69）遇飢荒時免付田租並禁止先期收租。

（70）改良水利。

（71）保護森林並限期令各省童山、荒山造成森林。

（72）改良鄉村教育。

（73）設立省縣農民銀行以年利百分之五借款與農民。

（74）省公有之地由省政府撥歸農民銀行作基金。

（75）某地屬省政府應依定章以分配與貧苦農民。

（76）禁止重利盤剝，最高利率年利不得超過百分之
二十。

（77）政府應幫助組織及發展墾殖事業。

（78）政府應設法救濟荒災及防止荒災之發生。

（79）不得預徵錢糧。

（80）政府應組織特種委員會，由農民協會代表參加以
考察，農民對抗不正當租稅及其他不滿意事。

（81）禁止租契及抵押契約等之不平等條件。

（82）鄉村成年人民公舉一委員會處理鄉村自治事宜。

（83）農民有設立農民協會之自由。

（84）保障農民協會之權利。

（85）農民協會有組織農民自衛軍之自由。

（86）禁止對農民武裝襲擊。

（87）禁止包佃制。

（七）關於工人者

因中國工業（非外人所辦者）現狀之落後及發展之
遲緩，由於中國在半殖民地狀況及大多數人之經濟落後，
所以就現在工業之可能範圍內應施行下列各條：

（88）制定勞動法，以保障工人之組織自由及罷工自由，並取締雇主過甚之剝削，特別注意女工、童工之保護。

　關於兵工廠及其他政府軍用事業，並於軍事有關之交通，須另訂勞工待遇條例，以不妨國民革命運動為標準。

（89）制定工會法、改善工會之組織，免除工會間之衝突。

（90）制限工作時間每星期不得超過五十四小時。

（91）廢除包工制。

（92）制定勞動保險法，並設工人失業保疾病保險及死亡保險機關。

（93）設勞資仲裁會，以調處雇主與雇工間之衝突，務求滿足工人之正當要求，特別注重規定適合之工資。

（94）改良工人住居並注重其衛生。

（95）設立勞工補助學校及工人子弟學校以增進工人之普通智識及職業技能。

（96）獎勵及扶助工人消費合作事業。

（八）關於軍人者

（97）屬行本黨第二次全國代表大會決議案提高及改良士兵生活。

（98）制定退伍軍人待遇條例。

（99）制定殘廢軍人待遇條例。

（100）從優規定陣亡將士之家族撫卹金。

（101）在兵營中應授與職業教育，俾退伍後得資以謀生。

（102）按月十足發給下級官長與士兵薪餉，軍官之侵蝕
　　　　拖欠兵餉者，應嚴懲之。

（九）關於華僑者

（103）設法使華僑在居留地得受平等待遇。

（104）華僑子弟歸國求學須予以相當便利。

（105）華僑回國興辦實業務須予以特別保護。

整理委員

　　孫　科　陳其瑗　甘乃光

議事錄　第九日第九號

日　　期：十五年十月廿五日

時　　間：上午九時

主席團：譚延闓　張人傑　徐　謙　吳玉章

出席者：

中央委員　二十七人

于樹德	譚延闓	陳嘉祐	周啟剛	謝　晉	惲代英
許甦魂	褚民誼	吳玉章	丁惟汾	郭春濤	經亨頤
徐　謙	楊匏安	李濟深	黃　實	丁超五	鄧穎超
陳其瑗	毛澤東	彭澤民	孫　科	張人傑	陳果夫
甘乃光	鄧澤如	陳樹人			

各省代表　四十九人

林頌堯	高叔英	江　浩	侯紹裘	韓覺民	張曙時
王積衡	高警宇	范予遂	王子壯	苗培成	董海平
賀楚強	丁濟美	宣中華	朱霽青	李毓堯	周以栗
光明甫	周松甫	曾憲浩	張素吾	王　斧	劉一華
王步文	董方城	陳希豪	黎樾廷	何履亨	陳漢子
劉季良	羅貢華	黃馥生	烏文献	裴邦燾	梁六度
余焯禮	陳任一	楊耀焜	林伯岐	雲　霖	王健海
禠恪公	區邦侯	陳孚木	甄香泉	廖錫五	簡琴石
賴國航					

共七十六人

主　　席：吳玉章

記　錄：萬建時　張光祖

舉行總理紀念週。

1. 向國旗、黨旗及總理遺像行三鞠躬禮。
2. 恭讀總理遺囑全體循聲朗誦。
3. 默念三分鐘。
4. 禮成。

主席宣佈開會。

臨時報告

1. 荷支部祝本會開幕電（原電附後）。
2. 蔣中正同志報告不克參加大會及江西戰事情形電（原電附後）。
3. 暹羅總支部及滬、蘇、浙、皖黨部請汪主席銷假電（原電附後）。
4. 馮玉祥同志就職後發表一電，已載今日報端，各位代表想已見到，遲日本會當有此項電文接到，本會應去電慰勉。

眾鼓掌贊成。

主席報告：此電即由主席團起草後報告。

5. 彭澤民、周啟剛同志等提議於政綱內增加華僑一項計三條，可入本日議程政綱後討論（原案附後）。
6. 曾憲浩、褚民誼同志等提議於農民項下加保護森林一

條，可入本日議程農民項下討論（原案附後）。

主席宣佈照本日議程開議。

（一）中央執行委員會提出議案
甲、國民黨最近的政綱
（六）關於農民者

1. 減輕佃農田租百分之二十五。

決議：通過。

2. 統一土地稅則廢除苛例。

決議：通過。

3. 遇飢荒時免附田租。

決議：通過。

4. 改良水利。

（討論）朱霽青同志提議「水利」下加「籽種」二字。

決議：照原案通過。

曾憲浩、褚民誼同志等提議增加保護森林一條條文為
「（5）保護森林並限期令各省童山、荒山造成森林」。

決議：通過。

5. 改良鄉村教育。

決議：通過。

6. 設立省縣農民銀行，以年利百分之五借款與農民。

決議：通過。

7. 公有之地屬省政府，撥歸農民銀行作基金。

（討論）

　　1. 丁濟美同志謂：公有之地屬省政府，其界限未清，如果各縣之公地統歸省政府，則各縣公地原已指有用途者，必致發生動搖及無限糾紛，請各位注意。

　　2. 譚延闓同志主張「公有之地」上加一「省」字。

　　3. 褚民誼同志主張「屬」字改「由」。

決議：照譚、褚二同志修正通過。

8. 荒地屬省政府，應依定章以分派與貧苦農民。

決議：通過。

9. 禁止重利盤剝，最高利率年利不得超過百分之二十。

決議：通過。

（10）政府應幫助組織墾殖事業。

（討論）

　　一、陳其瑗同志主張「組織」下加「發展」二字。

　　二、周松甫同志主張「組織」下加「及發展」三字。

決議：照加通過。

于樹德同志臨時動議（10）項下增加「政府應幫助農民組織各種農民合作社」一條（附議十人以上）。

決議：照加。

（11）政府應幫助救濟荒災。

（討論）陳希豪同志主張以（12）項「政府應防止荒災之發生」，改為「及防止荒災之發生」併入（11）項，作為一案。

決議：照陳同志主張通過。

（13）不得預徵錢糧。

決議：通過。

（14）政府應組織特種委員會，由農民協會代表參加，以考察農民對抗不正當租稅及其他不滿意事。

決議：通過。

（15）禁止租契及抵押契約等之不平等條件。

決議：通過。

（16）鄉村成年人民會舉一委員會處理鄉村自治事宜。

決議：通過。

（17）設立農民協會之自由。

（討論）

　　一、甘乃光、毛澤東同志等主張上加「農民有」三字。

　　二、于樹德、陳其瑗同志等主張刪「之自由」三字。

　　三、徐謙同志主張於「設立」下加「普遍」二字，並刪去「之自由」三字。

決議：照第一說甘同志等增加通過。

張曙時同志等臨時動議增加「保障農民協會之權力」一條（附議十人以上）。

決議：照加通過。

高警宇同志等臨時動議增加「農民協會有組織農民自衛軍之自由」一條（附議十人以上）。

決議：照加通過。

（18）禁止對農民武裝襲擊。

（討論）

1. 李毓堯同志主張下加「解散摧殘農會之民團或團防局」一條。

2. 彭澤民同志贊成李同志之主張，但須另案。

3. 陳其瑗同志修正為「解散摧殘農民一切不法之武力」（否決）。

4. 徐謙同志主張維持原案。

5. 譚延闓同志主張不增加，因所要增加的是政策不是政綱，且提案委員會對於此點已詳細審慎，如明定反多不便。

6. 張曙時同志主張將民團完全取消。

7. 徐謙同志說明：提案委員會之用意與譚延闓同志相同，並鄭重聲明所有各位提出增加之處，已包含於原案之中，儘可不必加入。

8. 董方城同志提議凡摧殘農民之民團及團防局與其他武力，政府須嚴行取締或解散之（否決）。

9. 陳希豪同志提議剷除一切摧殘農民之惡武力（否決）。

決議：照案通過。

毛澤東同志提議：關於解散摧殘農民之民團或團防局一案，應作一建議案，另行提出討論，眾贊成。

江浩同志臨時動議本日已通過之第三項覺得不甚圓滿，其原文下應再增加「並禁止先期收租」一句（附議十人以上）。

決議：照加通過。

張素吾同志等提議增加「禁止包佃制」一案。

主席請張同志說明。

張素吾同志說明

　　略謂：包佃制與包工制相同，即是向大地主包出田若干，再分租與佃農以剝削佃農之利益者。

（討論）

　　1. 陳其瑗同志謂：本條與（1）佃農恐有衝突。

　　2. 孫科同志謂：本案與（1）佃農並無衝突理由，如張同志所說。

　　3. 甘乃光同志等主張維持提案。

決議：照加通過。

（七）關於工人者

　　因中國工業（非外人所辦者）現狀之落後及發展之遲緩，由於中國在半殖民地狀況及多數人之經濟落後，所以就現在工業之可能範圍內應施行下列各條。

決議：通過。

（1）制定勞動法，以保障工人之組織自由及罷工自由，並取締僱主過甚之剝削，特別注意女工、童工之保護。

　　關於兵工廠及其他政府軍用事業，並於軍事有關之交通，須另定勞工待遇，條例以不妨國民革命運動為標準。

決議：通過。

（2）修正工會法，改善工會之組織免除工會間之衝突。

（討論）

　一、周松甫同志提議「修正」改「實行」。

　二、譚延闓同志提議「修正」改「制定」。

決議：照譚延闓同志修改通過。

（3）制限工作時間每星期不超過五十四小時。

決議：通過。

（4）廢除包工制。

決議：通過。

（5）制定勞動保險法並設工人失業保險疾病保險及死亡
　　　保險機關。

決議：通過。

（6）設勞資仲裁會以調處僱主與僱工間之衝突，務求滿
　　　足工人之正當要求，特別注重規定適合之工資。

決議：通過。

（7）改良工人住居並注重其衛生。

決議：通過。

（8）設立勞工補習學校及工人子弟學校，以增進工人之
　　　普通智識及職業技能。

決議：通過。

孫科同志提議另加一條「獎勵工人消費合作社」。

陳其瑗同志附議並提出修正獎勵下加「及扶助」三字。

決議：加一條照修正文通過。

苗培成同志提議另加一條「例假休息照給工資」。

決議：通過，加在第三項下。

周以栗同志提議：勞動法、勞工待遇條例、勞動保險法須組織委員會制定之，其委員會之組織政府委員二人、中華全國總工會代表二人、農民協會代表二人。

孫科同志主張此事已由政治會議議決，即將組織一勞工法討論會，其中包括許多工會本會議，似可不加討論。

陳其瑗同志主張另作議決案不必加入政綱。

于樹德同志主張該會已將召集不必討論。

眾贊成不討論。

（八）關於軍人者

主席聲明：下面增加一般的軍事類兩條業已通過，今日不必討論。

（1）實行第二次全國代表決議案，提高及改良士兵生活。

主席聲明：代表下脫去大會二字。

（討論）

　一、甘乃光同志提議「第二次」上加「本黨」二字。

　二、周松甫同志提議「實行」改「屬行」。

決議：照改通過。

（2）優定退伍軍人待遇。

（討論）

　一、于樹德同志謂：「退伍軍人」之字如何解釋請加
　　　說明。

　二、李濟深同志說明

　　略謂：兵士年老不能當兵，又不能從事他種職業，

國家應有優待之法，惟中國今日尚無退伍期限之規定。

　　三、陳其瑗同志主張改為「制定優待退伍軍人條例」。

　　四、周松甫主張改為「制定優待退伍軍人法」。

　　五、于樹德同志主張「制定退伍軍人待遇條例」。

決議：照于樹德同志修正文通過。

（3）優定待遇殘廢軍人。

（討論）周松甫同志主張改為「制定殘廢軍人待遇條例」。

決議：照改正文通過。

（4）從優規定陣亡將士之家族撫卹金。

（討論）

　　一、甘乃光同志主張刪「金」字。

　　二、陳其瑗同志主張加「條例」二字。

　　三、光昇同志主張刪「從優」二字。

　　四、韓覺民同志主張維持原案。

決議：照原案通過。

（5）在兵營中應授與職業教育，俾退伍後得資以謀生。

決議：通過。

惲代英提議加下列一條：

按月十足發給下級官長與士兵薪餉，軍官之侵蝕拖欠兵餉者，應嚴懲之（附議十人以上）。

決議：通過。

彭澤民、周啟剛同志等八人提議加關於華僑者一項共三案。

眾贊成加入，主席提出逐案討論。

（一）設法使華僑在居留地得與其他國人受同等待遇。

（討論）彭澤民同志提議「得與其他國人受同等待遇」，改為「得受平等待遇」。

決議：照改正文通過。

（二）華僑子弟歸國求學須予以特殊優待，以引起其內向之心。

（討論）

一、彭澤民同志主張「子弟」改「子女」。

二、陳其瑗同志主張刪去「以引起其內向之心」。

三、惲代英同志主張刪去「特殊」二字。

四、孫科同志主張「須予以特殊優待」改為「須予以相當便利」。

決議：修改為「華僑子女歸國求學者須予以相當便利」。

（三）華僑回國興辦實業須予以特別保護並加以指導。

（討論）惲代英同志主張刪去「並加以指導」一句。

決議：照改通過。

李毓堯同志臨時提議明日有大規模之示威大會，本會議應發表宣言。

主席提出苗培成臨時提議，原文為：

明日上午十二時廣東各界舉行反抗英帝國主義屠殺萬縣同胞及援助韓國獨立運動示威大會，本會應：（一）全體參加，（二）發表宣言或告民眾書。

（討論）

一、江浩同志謂：不必全體參加，可派代表。

二、譚延闓同志謂：援助韓國獨立運動一事關係對日
外交政策，黨內向主張不願引起，同時促成兩國
聯合，請注意此點。

三、于樹德同志謂：本黨對萬縣案宣言已發表，明日
可即以此宣言為代。

四、譚延闓同志謂：黨的政策與行動應一致，黨內外
交政策向決定不對於兩國同時反對，現在既失手
指導，不能再去盲從的參加。

五、徐謙同志主張民眾運動應受本黨指導，由本黨通
知延期一、二天。

六、侯紹裘同志主張明日仍開會，但只用反對萬縣案
字樣，勿提援韓一事。

主席宣布：本案決定：一、明日大會只為反對英國砲擊
萬縣一事，至援助韓國獨立一事，以外交上政策關係，
應另行舉行，由中央秘書處通知濟難會及統一會。二、
宣言用已發表之本黨為萬縣慘案宣言。三、不用本會議
名義參加。

眾無異議。

鄧文煇同志提議：本會議提案甚多，提議延長會期，及每
日開會時間應開足四小時。

（討論）

 一、江浩同志主張二事應分開討論。

 二、陳其瑗同志主張每日開足四小時。

 三、甘乃光同志主張每日開足三小時。

 四、江浩同志主張開會時間由下午一時起。

 五、譚延闓同志主張會議規則上已有規定，不必討論。

表決：每日開會四小時一案否決。

韓覺民同志臨時提議今日開會時間應延長至下午一時。

表決：否決。

散會。

         吳玉章

         譚延闓

         徐　謙

電文摘要

報告

中華民國十五年廿一日收字第9779號

寄者姓名或機關：荷支部臨時代表大會

事由摘要：恭祝聯會開幕電。

擬覆要點：送聯會主席。

荷屬支部電

中央黨部，廣州

轉中央及各省執行委員聯席會鈞鑒，欣悉貴會刪（十五）

日開幕，融合一冶振圖結元精神，闡三民主義之真諦，佳
固基戳大戰線，完成革命指日可期。

荷屬支部臨時代表大會印

電文摘要

報告

中華民國十五年十月廿二日收字第七號

寄者姓名或機關：蔣中正

事由摘要：電告不克參加大會及江西尚未克復各情形。

擬覆要點：送聯會主席團。

蔣中正致聯席會議電

中央執行委員會省黨部聯席會議諸同志公鑒，中正遠在
前方不克參加大會躬領教誨，但有神馳響往而已。武昌
雖克，江西未平，吳逆□跡豫中，孫賊猶據江東，革命
前途尚多障礙，破壞建設，亟宜並進。此次大會為本黨
根本大計之所關，尚祈諸同志戮力共濟，肩茲重任，繼
承總理未竟之志，完成本黨革命使命。中正出師三月，
北伐無效，對黨對國，罪累彌身，此後惟有服從黨令，
向前奮鬥，鞠躬盡瘁，以報總理者，報本黨與諸同志者
也。臨電無任慚惶之至。

蔣中正叩刪（十五）

暹羅總支部來電

十、廿二、早到

乞轉汪先生，聞公銷假薄海騰歡，總理在天當大欣慰，敬
祝汪先生萬歲，國民政府萬歲，中國國民黨萬萬歲。

　　　　　　　　　　暹總支部暨旅暹全體黨員全叩

「此電剛到的，請公佈」，並新列入案目佈告各項。

中央執行委員會致聯席會議主席團函

逕啟者茲據滬、蘇、浙、皖等省黨部銑日來電，一致贊同
汪主席銷假等情，相應檢同原電送達，查照辦理。此致
聯席會議主席團
計附原電一件

　　　　　　　　　　　　中央執行委員會秘書處
　　　　　　　　　　　　中華民國十五年十月廿一日

電報摘要

中華民國十五年十月十八日收字第9638號
寄者姓名或機關：滬蘇浙皖黨部
事由摘要：電稱此次中央擴大會議蔣同志，電請貴會一致
敦促汪同志銷假職部等一致贊同由。
擬覆要點：送聯會主席團。
各地黨部促汪精衛主席銷假電
中央黨部擴大會議蔣同志電，請貴會一致敦促汪主席銷
假，職部等一致贊同。

　　　　　　　　　　　　滬蘇浙皖銑（十七）

關於農民者第四條之下應加入森林一條，其條文如下：

（5）保護森林，並限期令各省童山、荒山造成森林。

提議者

　　曾憲浩　　褚民誼　　陳果夫　　雲　霖　　簡琴石　　黎樾廷

議事錄　第十日第十號

日　　期：十五年十月廿六日

時　　間：上午九時五十分

主席團：譚延闓　張人傑　徐　謙　宋慶齡　吳玉章

出席者：

中央委員　二十五人

丁超五	譚延闓	陳嘉祐	于樹德	鄧穎超	張人傑
經亨頤	彭澤民	宋慶齡	孫　科	周啟剛	吳玉章
郭春濤	惲代英	徐　謙	褚民誼	陳果夫	楊匏安
許甦魂	謝　晉	顧孟餘	李濟深	黃　實	甘乃光
丁惟汾					

各地代表　四十九人

林頌堯	苗培成	王子壯	甄香泉	朱霽青	范予遂
陳希豪	張曙時	裴邦燾	梁六度	林伯岐	王　斧
賀楚強	陳漢子	江　浩	陳孚木	廖錫五	宣中華
丁濟美	周松甫	王積衡	楊燿焜	韓覺民	烏文獻
何履亨	劉一華	羅貢華	劉季良	李毓堯	余焯禮
侯紹裘	鄧文輝	陳任一	光明甫	董海平	王步文
董方城	黎樾廷	區邦侯	禤恪公	張素吾	歐漢英
陳其瑗	簡琴石	曾憲浩	黃馥生	王健海	雲　霖
賴國航					

共七十四人

主　席：徐　謙

記　錄：張光祖　葛建時

（一）主席臨時報告

A. 關於今日示威運動大會之事

1. 中央秘書處致統一會、濟難會函

　　略謂：「頃准中央各省聯席會議議決，關於明日示威運動大會事宜，只用反對英國砲擊萬縣字樣，至援助韓國獨立運動一事，以外交上政策關係，應另行舉行，相應函達至希查照」云云。

2. 廣東各界反抗英帝國主義者屠殺萬縣同胞及援助韓國獨立運動示威大會籌備處來函

　　略謂：昨接統一廣東各界……！

原文：敬啟者「昨接統一廣東各界代表大會函稱，頃奉貴會秘書處函開頃准中央各省聯席會議議決，關於明日示威大會事宜，只用反對英國砲擊萬縣字樣，至援助韓國獨立運動一事，以外交上政策關係應另行舉行等由，敝會準此業經開會一致議決照辦矣，相應函達敬希查照為荷。此致中央各省聯席會議秘書處」。

B. 致馮玉祥同志電

原文如下：

「西北國民革命軍聯軍總司令馮煥章同志鑒，國民軍素抱救國救民之宗旨。自辛亥以來累次參加革命，尤以廊房起義撲滅張勳之功為全國所矜重。迨至民國十三年實行首都

革命，剷除帝制之根株，打倒曹吳與帝國主義奮鬥，國民軍遂成為北方之偉大革命勢力，同人深致景仰。茲因集會中央，正擬馳電慰勞，乃光得篠日就西北國民革命軍聯軍總司令職致中央黨部電文，標明黨義奮鬥無畏之精神，求澈底之解決，同人一致表最誠懇之敬意，祝賀國民革命勝利，並願竭全力以為援助。

中央委員各省各特別區市海外各總支部代表聯席會議」。

（分做兩份，一份由此電武昌鄧演達，之後用無線電拍送致馮，一份交鮑顧問處）

眾鼓掌贊成。

主席說如無異議即照發。

眾無異議。

C.主席報告今日，為會議第十日，即最後一日，但尚有議案甚多，不及議完，現由主席團商議展期一天。

眾無異議。

主席宣布照議事日程開議。

（二）中央執行委員會提出議案

甲、本會議宣言

主席請甘乃光同志說明。

甘乃光同志說明

　　略謂：此項宣言由主席團起草，委託本席報告：

宣言可分為六大段，第一段講帝國主義相互間的衝突，一

天天向崩潰的路上走，例如帝國主義時代的首段工業，煤鐵有日就衰落的傾向，其最顯著的現象即世界帝國主義的大本營英國帝國主義的衰落，煤礦大罷工，維不幸失敗，然英國帝國主義已發生了根本上的動搖，世界帝國主義因他相互間的衝突及殖民地的解放運動而日益衰敗，一方面更因蘇俄之日益強盛及其與各國被壓迫民族之親密關係更給帝國主義一個猛烈的打擊。第二段講帝國主義在華勢力之衰落，他們在中國之衝突愈烈，其勢力亦日益衰弱，雖然竭力進行他們的反赤運動，但是他們的成功不足以補償他們的損失，最近他們認為非親自出馬不可，於是有英人砲擊萬縣及強佔廣州碼頭之事。但是因為這樣一方面反觸起了中國民眾反帝國主義運動的高潮，一方面又觸起了帝國主義間的嫉忌，適足以促其勢力之衰亡。第三段講國內軍閥的衰敗，一方面因為中國反帝國主義運動的高起及民眾勢力之澎漲，一方面因為受了中國革命潮流及本黨宣傳的影響，中國軍閥已完全腐化，不堪一擊。第四段講本黨國民政府及北伐軍最近的成功，這個成功的原因由於得民眾的贊助，使本黨益信總理主義之實現，必須依靠民眾，因為總理的主義即為民眾的主義，要實現民眾的主義，必須依靠民眾自己。第五段講中國人民所受之壓迫與痛苦，這個原因由於帝國主義的鎖鏈依然存在，軍閥尚未完全打倒，一般工人農民教育界及其他知識份子所過的生活，都是最可憐的生活。第六段講本黨的責任在解除民眾痛苦，一方面力圖滿足統治下人民目前的要求，一方面更努力以

求中國政治上、經濟上之完全統一及完全脫離帝國主義軍閥及一切封建制度之壓迫與剝削。本黨要聲明：本黨將以全力保障人民之一切自由及扶助民眾組織起來，使民眾能建立自己的勢力，更向全國人民宣言，本黨將繼續遵照總理的主義與本黨第一、二次全國代表大會之決議，依照總理遺囑及其政策，聯合國內革命份子及世界上以平等待我之民族與帝國主義軍閥及一切反革命勢力奮鬥，達到完成國民革命之目的——廢除一切不平等條約，建立統一的廉潔的政府及解除人民一切痛苦，使人民進於福利之道路。最後提出三個口號：一、農工商學兵大聯合萬歲；二、中國國民革命成功萬歲；三、中國國民黨萬歲。宣言之大概如此。

主席以宣言付討論。

（討論）

　　一、甘乃光同志主張宣言大體無討論，應由大會推舉數人為文字上之修正。

　　二、張曙時同志主張宣言大致不差，惟全文甚長，應交主席團修正。

　　三、甘乃光同志主張由主席團指定數人。

主席團指定甘乃光、惲代英、朱霽青、鄧文煇、劉季良五人為宣言整理委員。

乙、黨及其他問題

（一）最近外交政策

（1）聯席會議對於第一次、第二次全國代表大會所議決
之外交政策應繼續進行，此政策之實現在得中國之
完全自由及取消一切不平等條約，而重新訂立雙方
利益互尊主權之條約。外交政策之完全實現時期，
本黨認為當在中國統一及建立一國民會議所產生之
全國國民政府之後。

（討論）

一、惲代英同志主張刪去「聯席會議對於」六字。

二、甘乃光同志主張將「聯席會議對於」六字改為「本
黨」二字。

三、于樹德同志主張刪去自「外交政策之完全實現時
期」以下一段。

決議：照甘、于二同志修改通過。

（2）本黨外交政策之成功全賴本黨黨員之團結黨與軍隊
之團結，及在本黨黨旗領導下之革命勢力與廣大群
眾之聯合。

（討論）

張曙時同志主張刪去「黨與軍隊之團結一句」，因此句似
表示軍隊與黨有對立之意，其實此句可包括於「黨員之團
結」一句以內。

決議：照改通過。

（3）在為中國謀統一而建立民主政治，及為從半殖民地
　　地位解放鬥爭之過程中，國民政府對於各帝國主義
　　者，可以有不同之應付方法，其目的在達到增加或
　　促進各帝國主義間之衝突，及防止其聯合實行武裝
　　干涉中國，並防止其採取他種侵略形式及贊助軍閥
　　之行。

（討論）

　一、光昇同志主張刪去「及防止其聯合實行武裝干涉
　　　中國」一句。

　二、周松甫同志主張自「其目的在達到」以下之文字
　　　完全刪去。

　三、孫科同志說明本案原意係對內而非對外，係對黨
　　　員說話而非對外人說話，故主張不必刪去。

　四、陳其瑗同志主張維持原案。

決議：照原案通過。

（4）本黨黨員及民眾，對於黨政府此種政策不可誤解為
　　對於解放中國於半殖民地之外交政策有所修改，或
　　根本變更。

（討論）

于樹德同志主張本條改為：本黨此種政策並非對於解放中
國於半殖民地之外交政策有所修改或根本變更。

決議：照改通過。

（5）因免除黨員及人民之誤解起見，此次聯席會議認為
　　本黨外交政策應於中央執行委員會政治會議指導之

下一致主張，並應由外交部專責辦理。對於辦理外交及指導外交政策之職權，不能授予其他任何機關及個人行使之。此外無論何人及黨與政府機關，如有與任何帝國主義者直接或間接之協商，其結果只能使外交政策損失效力，且反為帝國主義者所利用，而不能達到本黨政府利用外交政策促進各帝國主義間之衝突，以謀中國解放之目的。

現在正當本黨從宣傳時期，進入全國實際政治時期，本黨黨員如微有破壞此政策之處，應以違背黨紀論。（討論）

一、孫科同志謂：此條為全案最重要之文字，本黨黨員主張常有不能一致之弊，或以個人名義，或以政府機關名義與外國人接洽，外國人以我外交政策不一致，得以根據離間手段破壞我們，以後對於政府所用外交政策，黨員應一致擁護，以促外交政策之成功故主張維持原案。

二、陳其瑗同志提出文字修正刪去「此次聯席會議認為」數字。

三、惲代英同志主張刪去「因免除黨員及人民之誤解起見此次聯席會議認為本黨」一句改為「本黨黨員對於」數字。其條文為：「本黨黨員對於外交政策，應於中央執行委員會政治會議之下」。

決議：照惲代英同志修正通過。

丙、黨員服兵役法

甘乃光同志請先行說明。

主席請李濟深同志說明。

李濟深同志出席說明

略謂：查歐美各國對於人民服兵役一項，俱採用徵兵制。人民均有服兵役之義務，中國人口繁多，並無確實戶口調查，且財力困難，設亦採用徵兵制，事實上不易辦到，故先從本黨黨員作起，使「黨員武裝起來」。提案委員會提出本案即本斯旨，餘詳本案各條，請討論。

主席以大體付討論。

（討論）

一、張曙時同志謂：黨員不願服兵役者如何處置。

二、陳果夫同志謂：黨員有要職不能離去者如何處置。

三、甘乃光同志謂：尚有女黨員問題如何解決。

四、侯紹裘同志謂：黨員不願去服兵役，可於第七條內加「規避服役」四字以制裁之。

五、孫科同志謂：本案年其等規定應稍寬，過嚴恐辦不到。

六、某某同志謂：「服兵役」三字意義尚請說明。

七、李濟深同志表達：凡在軍事範圍各機關服務者，無論前方後方均得謂之為服兵役，即女同志亦儘可參加於紅十字會救傷隊等工作。

八、侯紹裘同志主張將本案標題改為「黨員須受軍事訓練以備於必要時得隨時徵發案」。

九、惲代英同志主張標題改為「黨員軍事訓練法」。

主席謂：請各位注意政綱內軍事項下有「黨員有服兵役之義務其服兵役法另定之」一條，請注意前天的決議案。

眾無異議，大體通過。

主席逐條付討論。

標題：黨員服兵役法。

決議：通過。

第一條　本黨黨員由二十歲起至滿四十歲止均有服兵役之義務。

（討論）

　一、侯紹裘同志主張改為「四十五歲」。

　二、彭澤民同志長張改「五十歲」。

　三、陳希豪同志主張改「十八歲至四十歲」。

付表決均少數。

決議：照原案通過。

第二條　服兵役年限一年至二年，但在戰時或際事，變得延長之。又本人志願延長者亦得酌量允許。

（討論）

　一、褚民誼同志謂：黨員在服兵役期間內，凡原有職業上之收入必受影響，家庭生計勢將發生問題，如何補救，應於此處注意及之。

　二、李濟深同志謂：此一、二年之期間為現役期，尚有常備後備期，當於召募細則中詳細規定。

　三、陳其瑗同志謂：「服兵役」下加「現役」二字

（可決）。

四、孫科李濟深同志主張期限六個月（否決）。

五、陳其瑗同志主張期限一年（否決）。

決議：服兵役下加「現役」二字，餘照原案通過。

第三條　軀幹未滿定尺及病中或病後不堪勞役者，得延其
　　　　開始服役期，但傷病永不堪服役者得免其兵役。

決議：通過。

第四條　黨員之體格及學術程度，由黨部調查彙送軍事部
　　　　備案。

決議：通過。

第五條　招募用抽籤法行之，其陸海空軍之分配，由軍事
　　　　部規定，各軍中各科之分配，由各該當局者依個
　　　　人志願酌定。

（討論）甘乃光同志主張刪去「招募用抽籤法行之」一句
（否決）。

決議：照原案通過。

第六條　招募細則另定之。

決議：通過。

第七條　服役中逃亡或犯罪革除兵役者，革除其黨籍。

（討論）

　一、侯紹裘同志主張起首增加「規避服役」四字。

　二、陳其瑗同志主張「革除其黨籍」上加「永遠」
　　　二字。

決議：照侯、陳二同志修正通過。

（三）提案審查委員會決定提出之討論案

甲、軍人部擬黨代表任免條例及治軍工作特派員條例案

主席先以黨代表任免條例大體付討論。

譚延闓同志謂：本案係中央軍人部提出，經提案審查委員會提出討論，從前已有國民革命軍黨代表條例。

苗培成同志謂：本案第一、第二兩條內容與標題頗不相符，應與黨代表條例併案修正。

主席宣讀國民革命軍黨代表條例之第三章（任命）全章。

于樹德同志主張與黨代表條例第三章併案修正。

甘乃光、褚民誼同志等附議，並主張先推定修正起草員，整理後明日再行討論。

鄧穎超同志謂：軍人部所提各軍功作特派員條例中，亦關涉到黨代表問題，故主張將此案一併交起草委員修正再行討論。

甘乃光同贊成鄧同志主張。

主席詢問大會認黨代表任免條例案應否成立。

眾答：不成立。

主席再詢問大會認各軍工作特派員條例案應否成立。

眾答：不成立。

主席以修正國民革命軍黨代表條例付討論。

眾謂無討論，請主席團指定修正起草員。

主席指定顧孟餘、陳果夫、惲代英、李濟深、于樹德等五同志為宣言修正起草員。

乙、湖北省黨部漢口特別市黨部請從速成立湖北正式省政府案（原案附後）

（照印原案）

主席請提案人說明。

羅貢華同志出席說明

　　略謂：湖北省黨部漢口特別市黨部提出本案有幾種原因：

1. 三、五年來鄂省人民受軍閥之痛苦已深，自吳逆佩孚來鄂後尤其厲害，人民希望革命軍來解除痛苦之念因之倍切。

2. 現在革命軍雖已到鄂，由總司令部委陳公博同志為財務委員會主任，接管一切財政，委鄧演達同志為政治委員會主任，指揮一切政務，但事實上還是不能活動，所以有財政上之一切前例仍然存在，政務上亦未臻十分完善。中央雖有鑒於此，另委政治委員數人以處理之，但終非久長之計。

3. 自革命軍到鄂後，一般反動份子又極其逢迎手段，大肆活動，設不以政治實權完全交諸革命民眾之手，則惡勢力必日形澎漲，於革命前途非常危險。基上理由所以有本案之提出，請討論。

（討論）韓覺民同志謂：本案無甚討論，只有請中央從速限期成立湖北正式省政府便可。

主席謂：湖北省政府組織究竟採用何種方式，請討論。

劉季良同志謂：採用何種方式應由中央執行委員會決定，

本案係請求中央順民眾之要求，於最短期間成立湖北正式省政府，決議後即電告湖北省黨部。

主席以贊成「湖北正式省政府須於最短期間內成立」付表決。

決議：通過，並電告湖北省黨部。

譚主席報告：全國聯合會之綱領，前天本決議由主席團起草，現政綱已決定，此項綱領似應再推起草員若干人會同起草。

眾贊成起草員由主席團指定。

主席團指定徐季龍、陳其瑗、裴邦燾、韓覺民、張曙時、江浩、毛澤東等七人為起草員，主席團亦參加。

主席報告：黨費增加案，應請推舉審查員若干人詳細審查以便提出討論。

眾請主席團指定。

主席團指定鄧文輝、高警宇、侯紹裘、彭澤民、江浩、王子壯、李毓堯等七人為審查員，主席團及中央財政委員一併參加。

主席報告：各起草委員、各審查員須於本日下午四時齊集中央秘書處，分頭辦理各案。

主席宣告散會（下午一時零五十八分）。

徐　謙
譚延闓

從速成立湖北正式省政府提議案

　　湖北人民歷年即踐踏在直系軍閥馬蹄之下，其所受之摧殘與榨取，至為嚴酷。試就一般人所感受之痛苦言之，如發行軍需匯兌券架票、勒捐徵收改現、紅契復驗、牙帖、短期鹽斤加價、官票倒閉、鑄造輕質銅元……皆為一般人之所痛心切齒而莫可如何者。次就革命民眾所感受之痛苦言之，則因直系軍閥屬行治安警察法之結果，通緝、監禁、槍殺之殘酷現象，幾至無日無之，人民受壓迫愈深則其待解放之心愈切，而其所望於革命軍者亦愈奢，此乃必然之趨勢。故當革命軍進攻湖北之際，一般民眾莫不齊集黨部指導之下，簞食壺漿以迎黨軍，意謂黨軍所到之地，一方面必能驅逐萬惡之軍閥，以解除其痛苦，一方面必可建設廉潔之省政府而為之謀福利也。惟彼時吳逆雖敗，全省軍事尚未結束，政治上之惡勢力亦未剷除淨盡，故暫由總司令部組織湖北政務委員會及財務委員會，以為過渡之機關。凡關於湖北政務事項由政務委員負責處理之，凡關於湖北財政事項由財務委員會負責處理之。此外又由中央黨部指揮成立一湖北臨時政治委員會，以決定湖北之政治方針，而為政務、財務兩委員會之指導。凡此皆屬臨時之設施。至於現在武昌既經攻下，鄂西、鄂北之逆軍不久必有正當之解決，則湖北正式省政府之成立，似應於最短期間促其實現，並應於正式成立之時，頒布適應湖北民眾要求之特殊政綱，以慰人民之渴望，而奠定革命勢力之基礎。是否有當，務希公決。

提議者

湖北省黨部代表	劉季良	羅貢華	張朗軒
漢口特別市黨部代表	劉一華	張素吾	
連署人河南省黨部代表	高警宇	張曙時	烏文献
	周以栗	陳嘉祐	宣中華
	董方城	韓覺民	

創辦漢蒙文合璧黨報提議案

　　三特別區民族情形與各省不同，南部則漢多蒙寡，宣傳本黨主義較易，因語言、文化、政治、經濟各情稍有一致；北部則蒙多漢寡；極北部則係純蒙。因各種情形不同，而於工作上實感困難。近數年來三特區為各軍閥之爭逐場所，而軍閥受帝國主義者指導役使王公，王公作軍閥之工具，壓迫平民而且挑撥漢蒙兩民族的感情，時演流血之劇。數百萬蒙古平民輾轉於軍閥之鋒刃，呻吟於王公之專制，處此雙氣管宰割之下，居萬劫不復之地位，莫知所由。而平民的惟一需要即是革王公軍閥之命，但蒙族大多數不懂漢語漢文，直接去宣傳本黨革命主義則不能接受，發生效力，即有稍數識漢字的蒙民，而對本黨的宣傳品亦不澈底明瞭，本先總理以前的主張創辦漢蒙合璧黨報，普遍的宣傳，使蒙族一讀便知本黨一切主義，可以喚醒漢蒙兩族互相親愛團結，不但革命勢力鞏固，於三特別區更能反抗日帝國主義者侵略內蒙之陰謀政策。舉實例證明日本在大連租界秘密設立日蒙學校，專收蒙古青年授以教育

「日日蒙親等造就蒙古人才援助獨立」等口號，請大會議
決從速創辦，庶使數百萬落後民族有徹底覺悟，不受帝國
主義軍閥王公利用而引入革命正軌，得以解放，茲將具體
計畫列明於左：

（1）購買蒙文鉛字及漢文鉛字並機器，但本國無蒙文
　　　鉛印字，毋若在日本購買1、2、3三種鉛字，須
　　　大洋六千餘元之譜，運費在內，若令商務印書館
　　　製造共需大洋四千元之譜，在商務印書館製造較
　　　在日購為好。

（2）經理一人、漢文主筆一人、蒙文翻譯二人、長於美
　　　術者一人，薪金由中央規定。

（3）印刷工人臨時酌量用之，數目不能確定。

（4）採用何種體材由中央指定範圍。

（5）三特別區交通不便，出日報運輸困難，一週出版一
　　　巨冊或二巨冊，附載各種畫圖形容軍閥王公狀態。

（6）地點暫在上海、廣州二處均可，將來隨政局的變更
　　　遷移。

　　總結以上開辦費及購機器鉛印等費，共需大洋六千
餘元（若在日本購鉛字不敷用）。

　　總結以上每月經常費，共需大洋一千七、八元之譜。

提議人

　熱河特別區代表　烏文献
　察哈爾出席代表　雲　霖

| 副署人 | 何履亨 | 王步文 | 賴國航 | 賀楚強 |
| | 張曙時 | 范予遂 | 苗培成 | 于樹德 |

緬甸總支部黨務報告

一五，十，一五

　　緬甸位於中國之南陲，向為中國之保護國，北與雲南之密支那地接壤，西與滇之孟拱、孟養、昆鄰，南與之八募、孟密分界，人口約一千二百萬，全緬男女皆迷信佛教，崇拜偶像，物產以米、木、玉石、珠寶為最大宗，其次為椰子、檳榔與茶、黃豆、菸葉、紫梗、辣椒等土產。自清光緒十二年緬甸被英國滅亡後，英帝國主義者不斷的向雲南邊界侵略，昔以清政府當日之衰敗無能，持其寧贈友邦勿予家奴政策，金者密支部、孟拱、孟養、八募、孟密等一帶，大好國土斷送無餘，已非復雲南所有矣。英人更築一鐵路由仰光直達到八募、密支那等處，以謀併吞雲南腹地之張本，又常播弄土人與華人間的惡感，而使其排華，其立心何等陰險。查緬甸華僑人數約在十三萬以上，其中華僑自辦學校不下百間，中學一間，規模較大，商務方面首推印度人，次華人，再其他各色人。茲將緬甸近年黨務活動狀況略誌如左：

（一）總支部所屬各支分部概況

　　緬甸總支部設於仰光，以歷二十一年的黨史，自第一、第二兩次全國代表大會之後，黨務進行更形活躍，故本年六月一日開第一次全緬甸代表大會，一連六日討論一

切重要及議決問題，計以前成立支部者有仰光、勃生、勃握三支部，現在瓦城、摩洛棉二分部改為支部正式成立，合計支部五、個分部二十二個，黨員總額三千四百五十五人。黨務比前雖有進步，惟因緬甸地方遼闊，華僑散居各地，仍未能使華界盡量加入，故本部現已擴大組織，徵求黨員，因此加入本黨者甚眾，然尚未結束，未得確數前月奉到。

（二）宣傳機關

　　「仰光覺民日報」為本黨純粹唯一機關報，成立已屆十三周年，緬甸黨務之所以能發展與團結，全賴該報鼓吹努力之功。又有「緬甸新報」，雖非純粹黨人所辦，但其言論記載多能與黨報一致主張。至於學校方面，除黨立仰光模範學校外，茲又發起「緬甸華僑中山大學」。總理不朽之革命事業，經各籌備員之熱烈進行，又得同樂社同志襄助為理，發起未及半載，已募集五、六萬金，將來成績大有可觀。此外仁安姜、高佬、比勃、臥勃生等處，亦紛紛成立中山小學校，各地支分部均設有書報社以供黨員瀏覽。

（三）本總支部對於青年運動更注意，除介紹各學校教職員學生入黨後，並指揮其在各學校工作。至社會方面有中華工黨、青年團、教育研究會等，對於本黨頗表示好感，亦有本黨同志在內當職員，又有民友的同樂社，乃同志所組織，贊助本黨非常熱烈。當去年總理北上之時，本部號召一百餘個團體聯合組織國民會議促定會，以為聲援，現

後組織北伐後援會，認購飛機，進行非常高興。

（四）反動勢力之消滅

　　緬甸前有保皇妖黨反陳逆炯明叛黨，四出煽惑，因被本黨激烈痛鬥，已完全消滅。惟去年有著名騙棍陳起森、唐小藏等至緬甸，假設國民協濟會勾結駐仰光偽領事沈艾蓀向僑界騙錢，經黨報揭其黑幕，彼被老羞後怒，在地政府構陷控黨報總理黃壬戌編輯、陳愚仙兩同志，本部因即通告各支分部聲起而討之，並聯合商店三百餘家聯電北京偽政府，請撤退辱國害僑偽領事沈艾蓀，又有章太炎等反動派不時發放謠言亦經本部痛斥，蓋僑眾心理大多趨向本黨，若輩總狡卒不能施其技也。故最近緬甸一般反動惡勢力可算已歸消滅也，僅報告於聯席會議代表褚同志公鑒。緬甸總支部代表黃馥生。

議事錄　第十一日第十一號

日　期：十五年十月廿七日

時　間：上午九時五十分

主席團：譚延闓　張人傑　徐　謙　宋慶齡　吳玉章

出席者：

中央委員　二十六人

彭澤民	吳玉章	戴季陶	張人傑	毛澤東	周啟剛
譚延闓	陳嘉祐	宋子文	甘乃光	謝　晉	丁超五
丁惟汾	褚民誼	郭春濤	李濟深	孫　科	鄧穎超
楊匏安	許甦魂	于樹德	陳果夫	鄧澤如	黃　實
宋慶齡	徐　謙				

各地代表　五十一人

林頌堯	甄香泉	高警宇	侯紹裘	朱霽青	張曙時
林伯岐	王積衡	何履亨	陳希豪	鄧文輝	范予遂
梁六度	黎樾廷	苗培成	王子壯	王　斧	韓覺民
光明甫	周松甫	烏文献	劉一華	高叔英	陳任一
簡琴石	余焯禮	董海平	楊燿焜	陳孚木	賀楚強
雲　霖	王步文	丁濟美	歐漢英	陳漢子	江　浩
宣中華	羅貢華	李毓堯	周以栗	劉季良	張素吾
禠恪公	董方城	區邦侯	黃馥生	王健海	曾憲浩
賴國航	廖錫五	陳其瑗			

共七十七人

主　席：譚延闓

記　錄：張光祖　葛建時

（一）決議整理委員報告

1. 本會議宣言

主席請甘乃光同志說明。

甘乃光同志出席說明

　　略謂：宣言已由本席及惲代英、劉季良、鄧文輝、朱霽青同志等五人加以修正，另印修正表一紙，請諸位參閱不必詳細報告。

主席以宣言付討論。

（討論）

一、吳玉章同志主張第二頁第六行「運動」上加「民族解放」四字。

二、褚民誼同志主張第二頁第六行「最近的運動」改「最近的革命運動」。

三、褚民誼同志主張第五頁第九行「國民軍」改「西北國民革命軍」。

四、徐季龍同志謂：原文尚有誤字，如第七頁第十行「所比不能享之特權」，「比」字為「斷」字之誤，又表中第十一行劇烈之「烈」字誤為「列」字。

五、甘乃光同志聲明此宣言本交整理委員及主席團共同修正，但昨日主席團因事未能參加，應交主席團看過再發。

眾贊成。

主席宣布宣言修正之點，均已通過，再交主席團負責看過，再行發出。

眾無異議。

甘乃光同志問：昨日議決之外交政策可否發表。

一、郭春濤同志主張可以發表。

二、陳其瑗同志主張如須發表應將應秘密之處刪去。

三、孫科同志謂：外交政策有一種特別作用，一宣布則失去作用，故主張不必發表。

四、于樹德同志謂：昨日議決之外交政策，簡單一句話，即離間帝國主義之聯合，惟帝國主義之所以不能聯合，必因利害衝突，決不因我們宣布而他們能格外聯合，故主張可以發表，但既為外交政策，可先由主席團一問外交家再行決定。

主席宣告外交政策之發表與否，先與外交家商議後再行決定。

眾無異議。

2. 國民黨最近的政綱決議案

（討論）

一、侯紹裘同志主張標題「國民黨」上應加「中國」二字。

二、彭澤民同志謂：關於華僑者一項有誤字，如「平等」誤為「平時」，「子女」誤為「子弟」。

三、陳其瑗同志謂：（一）一般的「的」字脫去。

四、侯紹裘同志謂：第七項重字下脫一「行」字，第

二十四項「外人」下應加「所設」二字，第七十五項「荒地」誤「某地」。

五、主席謂：第三項「集會」誤「集合」。

六、苗培成同志謂：關於工人者第三項下脫去「例假休息照給工資」一項應加入。

七、鄧穎超同志主張第四十五項中「生育期間」應改「生育前後」。

八、徐謙同志主張第二十四項「向」字應仍用「經」字。

九、光昇同志主張庚項婦女下應加「待遇」二字（可決）。

十、周松甫同志主張第四十四項「婦女在法律上、政治上、經濟上、教育上、社會上與男子有同等之權利」原文本為「婦女在法律上、政治上、經濟上、教育上及社會上一切地位與男子有同等權利」，似宜仍照原文。

十一、宋子文同志問：第七十九項有「不得預徵錢糧」之規定，查政治會議一月前議決廣東預徵一年錢糧已頒發明令，有無問題，應請大會加以解釋。

A. 孫科同志謂：聯席會議議決不能取消向廣東預徵一年錢糧一事，亦已由政治會議議決，擬由本會議決定，以後不得預徵，以前可置不問。

B. 江浩同志主張不再添加文字。

C. 毛澤東同志謂：我們自己決定，而自己不能實行是很大的衝突，本黨最重要之政策為農民政策，預徵錢糧

足使農民對本黨發生懷疑，不如用公債一法取之於少數有錢人較為可行。

D. 宋子文同志謂：廣東已發過一千五百萬元之公債，是否尚可再發是一問題。預徵錢糧確是壞政策，但在軍事時期農民不能不忍受些痛苦，故贊成孫哲生同志之提議。

E. 陳其瑗同志謂：不得預徵錢糧為此次會議所決定，以前當然不成問題。

F. 李毓堯同志主張已實行者不必追究，以後應切實實行。

G. 甘乃光同志謂：現在一方面要錢，一方面要民眾，所以發生衝突，今先問宋同志預徵錢糧一年之數若干。

H. 宋子文同志答：一年定額四百萬，實收三百餘萬，並聲明此三、四個月內最為吃緊，如用新方法恐緩不濟急，且此次預徵錢糧在議決以前，法律是否能追溯既往。

I. 周以栗同志主張只三百萬元所得者少，而同意預徵錢糧之名不如用公債之法。

J. 曾憲浩同志贊成用公債。

K. 宋子文同志謂：此一、二個能過去最好，否則我們將不能在廣東立足，向大地主要錢自是善法，但需時甚久，不能等待。

L. 陳其瑗同志謂：一種是理想問題，一種是事實問題，此時不易解決，請主席團指定數人與宋部長從長討論，明日報告大會（附議五人以上）。

決議：關於預徵錢糧一事由主席團指定陳其瑗、甘乃

> 光、孫科、毛澤東、曾憲浩、江浩、李毓堯七
> 人，與宋子文同志商議，結果明日報告（今日下
> 午四時在中央黨部集議）。

繼續討論本黨最近政綱。

十二、徐季龍同志謂：第七十七項下脫去「政府應幫助
　　　農民組織各種農民合作社」一項，尚有誤字，如
　　　第五十八項「小學」下脫一「校」字，九十二項
　　　「工人失業保」下脫一「險」字，一百零二項下
　　　「薪餉」誤「薪响」。

主席宣布中國國民黨最近政綱無討論，由主席團詳細校正
及發出。

眾無異議。

主席謂：本日議事日程本有全國聯合會之政綱一案，列入
謄寫時遺漏，茲補入。

（二）起草委員會提出全國聯合會之政綱案

主席請起草委員會說明。

徐委員謙出席說明

　　略謂：昨承大會委託本席等起草本案，本席等會商結
果，咸認全國聯合會之綱領，即是本黨政綱之應用，此種
聯合會確為實現本黨政綱之宣傳機關，故其綱領除本黨政
綱外，絕對不能再加以任何條款，這一點要請各位注意。

本案各條即於本黨最近政綱中摘出，關於全國範圍之各條編列而成，不過稍有合併的地方，於原則上並未變更。茲將全文朗讀並指出差誤之點：

1. 第（3）項集會誤集合。

2. 第（4）項國立之立字係內字之誤。

3. 第（9）項之「改良地稅」應與第（25）項之「統一土地稅則廢除苛例」併為一項。

4. 第（11）項內「實行鄉村自治」應列為第（12）項；「切實與有計畫之剿匪」應列為第（13）項。

讀畢復鄭重聲明本案最緊要的一點，就是要使此種聯合會接受本黨政綱，促其實現完成國民革命之目的，請討論。

主席付討論（全文如次）：

全國聯合會之政綱（全）

1. 實現全國政治上經濟上之統一。

2. 廢除督軍、督辦等軍閥制度，建設民主政府。

3. 保障人民集會結社、言論出版等之完全自由。

4. 國內各小民族有自決權。

5. 劃分軍政、民政之權限。

6. 統一全國財政。

7. 關稅自主，力求實行海關保護稅政策。

8. 廢除釐金，訂定新稅則，廢除苛捐雜稅。

9. 改良地稅。

10. 統一幣制，劃一度量衡。

11. 設立國家銀行，以最低利息開發農工商業，實行鄉村
    自治，切實與有計畫之剿匪。

12. 建築鐵路。

13. 修築道路。

14. 修治河道。

15. 建築新港口。

16. 改良水利。

17. 改良教育。

18. 指定教育經費。

19. 強迫及普及義務教育及提倡職業教育。

20. 勵行平民識字運動。

21. 政府應幫助新工業之發展。

22. 取消在中國之外國工業特殊權利。

23. 政府應保障交通之安全及保衛商旅。

24. 減輕佃農田租百分之二十五。

25. 統一土地稅則廢除苛例。

26. 遇飢荒時得免付田租。

27. 禁止重利盤剝，最高利率年利不得超過百分之二十。

28. 政府應幫助組織及發展墾殖事業。

29. 政府應設法救濟荒災及防止荒災之發生。

30. 不得預徵錢糧。

31. 農民有設立農民協會之自由。

32. 制定勞動法，以保障工人之組織自由及罷工自由，並

　　取締雇主過甚之剝削，特別注重女工、童工之保護

33. 廢除包工制。

34. 制限工作時間每星期不超過五十四小時。

35. 提高及改良兵士生活。

36. 設法使華僑在居留地得收平等待遇。

　　　　　　　　　徐　謙　江　浩　陳其瑗　韓覺民

（討論）

1. 甘乃光、于樹德、陳其瑗同志等主張標題「全國聯合
　　會」應改為「全國人民團體聯合會」（附議十人以上）。

2. 毛澤東同志主張改為「全國國民聯合會」（附議五人
　　以上）。

3. 丁濟美同志主張改為「全國人民聯合會」（附議五人
　　以上）。

決議：照甘同志修正通過。

4. 陳其瑗、鄧穎超同志等主張加入「婦女待遇」二項
　　（無異議）。

5. 孫科同志主張於第（4）項下加入「廢除不平等條約，
　　重行締結尊重中國之主權新條約」一條（無異議）。

6. 于樹德同志主張以第（6）項併入第（1）項改為「統一
　　財政，實現全國政治上、經濟上之統一」（否決）。

7. 徐謙同志主張維持第（6）項原案（無異議）。

8. 孫科同志主張於第（5）項前增加「嚴懲貪官汙吏，
　　屬行廉潔政府」一項（無異議）。

9. 陳希豪同志主張加入「華僑回國興辦實業務須予以特別保護」一項（無異議）。

10. 侯紹裘同志主張增加「嚴禁鴉片」一項（無異議）。

11. 周松甫同志提議標題「政綱」二字改「綱領」二字（無異議）。

主席詢尚有增加及修改否。

眾答無。

主席宣布如無增加及修改，即照前面增加及修正各條與原案一併通過。

眾無異議。

主席謂：尚有提案審查委員會交大會決定之王斧同志提議保存關於歷史美術的產業案一件，審查會意見「此案如可成立則追加在政綱中作為一條」等語，有附議否（附議五人以上）。

主席以大體付討論。

（討論）

1. 江浩同志謂：此案於文化上雖有關係，但革命時期顧不到許多。

2. 于樹德同志贊成江同志意見。

主席以贊成大體成立付表決。

決議：否決（極少數）。

甘乃光同志謂：全國聯合會既定名為「人民團體」，各省縣市鄉聯合會之上亦應統加「人民團體」四字，整理時請主席團注意加入。

主席答：當然加入。

彭澤民同志臨時提議請決定美洲代表大會地點案（原案如次）。

請決定全美代表大會會址

（理由）

美洲各黨部向甚發達感情亦頗融洽，後因陳耀桓、譚贊二人贊助西山會議，發出反動言論，不出席在粵所開之第二次全國代表大會，致釀成美洲各黨部之糾紛。此案當經中央監察委員會決議予譚、陳以警告，限令於三個月內向本黨部聲明與反動派脫離關係，乃陳、譚等回美後發表「回國代表報告書」，語尤謊謬，同時該總支部黨報（少年中國晨報）又任用西山會議及為上海偽第二次全國代表大會之江蘇代表蔣希曾為編輯，發表種種謬論如「南旋絮話」一篇，對西山會議之過去又大肆宣傳，挑撥離間無所不至，因之美洲各黨部益形糾紛，致下級黨部有不服從該總支部之舉，舍路等廿餘個分部，因總支部被盤據，請求中央訓令開全美代表大會以解決一切糾紛。經本部提出中央執行委員會常務會議討論，決議交本部辦理，而紐約等廿五黨部又來電請願全美代表大會在紐約開會，舍路來電（稱係廿一個分部）謂全美代表大會在三藩市開會，各黨部多反對，請中央指定會址，故本部致電該黨部全美代表大會地址由多數黨部決定，今三藩市總支部又來電致中央執行委員會暨監察委員會，堅持在三藩市開會，而紐

約等又不聽其命令，已召集代表大會。本部以全美代表大會在三藩市開既為各黨部所反對，自然無良好效果，且事又急待解決，因特將各該黨部電附上請求大會對於全美代表大會之召集及會址速為決定，是所切盼。

　　　　　　　　　　　　　　　中央海外部

主席朗讀全案並詢有無附議（附議五人以上）。

主席付討論。

（討論）

1. 李毓堯同志主張仍交海外部辦理。

2. 董方城同志主張須決定開會地點以雙方爭持頗列。

3. 曾憲浩同志報告美洲情形，並請對於地點審慎決定。

4. 甘乃光、于樹德同志等主張：以全權交海外部妥辦。

主席以甘乃光等同志主張付表決。

決議：通過。

（三）修正起草委員提出黨代表條例修正案

主席請起草委員說明。

于樹德同志說明

　　略謂：昨承大會委託本席等五人起草本案，草完後想到再有一點意思提出報告，現在先報告修正之處。本案修正處不甚多，即是：

1. 第三條內刪去「青年軍人聯合會、孫文主義學會」等字樣。

2. 第十三條內於帝國主義者下加軍閥等字樣。

3. 第十、第十六、第二十三各條內之政治訓練部改為軍
　　人部。

4. 第十九條內刪去各軍司令部等字樣。

5. 第二十條內各局下加處兵工廠字樣。

6. 第二十二條指揮官改「主管官」。

7. 第三章之任命改為任免。

8. 第廿五、第廿六兩條修正全文與原文頗有出入，而修
　　正之要點亦即在此。

　　起草完後，再翻閱軍人部所擬之新條例十二條及軍
中工作特派員條例，覺得舊條例之修正頗為呆板，不如新
條例之活動。因為現在新成立各軍只委一軍或一師之黨代
表，其下級政治工作都由軍或師黨代表負責派員辦理，有
隨時任免之權，如果照舊條例辦理，第一是人才缺乏，第
二是萬一所委非人，於黨的威信聲譽頗有妨礙。所以本席
等意見本案，仍作一種草案，交中央執行委員會詳審訂定
為妥，究竟如何，請討論。（原案附後）

國民革命軍黨代表條例

第一章　國民革命軍部隊之黨代表

第一條　　為貫輸國民革命之精神，提高戰鬥力，鞏固紀
　　　　　律，發起三民主義之教育起見，於國民革命軍
　　　　　中設置黨代表。

第二條　　黨代表在軍隊中為中國國民黨之代表，關於軍
　　　　　隊中之政治情形及行為，黨代表對黨員負完全
　　　　　責任。關於黨的指導及高級軍事機關之訓令，

相助其實行，輔助該部隊長官鞏固並提高革命的軍紀。

第三條　黨代表為軍隊中黨部之指導人，並施行各種政治文化工作，軍隊中一切普通組織之工作，如俱樂部、體育會等均受其指揮，並指導其所轄各級黨代表及政治部。

第四條　黨代表應深悉所屬部隊中各長官及該部中一切日常生活情形研究，並考查官兵之思想及心理。

第五條　黨代表於工作中應該設法改革其所發現之各種缺點及障礙，如改革此種缺點及障礙不可能時，得報告於其上級黨代表。

第六條　黨代表應推行黨及政治勢力於所屬部隊，並按上級黨代表之意旨指導其政治工作，此項工作黨代表應與其所屬部隊官長協商規定，以免時間上之衝突。

第七條　黨代表為所屬軍隊之長官，其所發命令與指揮官同所屬人員須一律執行之。

第八條　黨代表有會同指揮官審查軍隊行政之權。

第九條　黨代表不干涉指揮官之行政命令，但須副署之。

第十條　黨代表於認為指揮官之命令有危害國民革命時，應即報告上級黨代表，但於發現指揮官分明變亂或叛黨時，黨代表得以自己的意見自動的設法使其命令不得執行，同時應該報告上級黨代表、中央軍人部及軍事委員會主席。

第十一條　在戰爭時黨代表須以自己無畏勇敢的精神感
　　　　　化官兵，為官兵之模範。

第十二條　黨代表應注意該部隊之經濟生活，監察兵士
　　　　　能否按時得到給養，此項給養之性質是否清
　　　　　潔適宜，教導士兵節用國家之物力，並注意
　　　　　報紙雜誌如時達到部隊，以及分配之適當。

第十三條　黨代表於行軍時應隨地注意民眾，毋令其受
　　　　　騷擾，並向士兵解釋革命軍人之目的在解除
　　　　　人民受帝國主義者、軍閥、貪官汙吏、土豪
　　　　　劣紳等之壓迫。

第十四條　凡軍隊所駐之地黨代表須與該地黨部及農工等
　　　　　團體發生密切之關係，務使軍隊與人民接近。

第十五條　黨代表之工作應以黨部為中心，指導黨部施
　　　　　行一切鞏固軍隊之工作。

第十六條　黨代表之意見如與該部隊之黨部有歧異時，有
　　　　　停止該黨部議決之權，但同時應將理由速行報
　　　　　告於上級黨部及上級黨代表及中央軍人部。

第十七條　黨代表須明瞭國民革命軍之一切法規，尤須
　　　　　明瞭對該所屬部隊一切有關係之命令。

第十八條　黨代表須每月至少報告其自己工作於上級黨代
　　　　　表一次，此外於官長及政治工作人員會議上亦
　　　　　得報告其工作及其所屬部隊之政治情形。

第十九條　本章全部規條僅適用於國民革命軍各部隊之
　　　　　黨代表，如團、營、連隊、軍艦等，至國民

革命軍其他各機關黨代表之職權,另於第二章規定之。

第二章　國民革命軍其他各機關之黨代表

第二十條　各司令部、各局處、兵工廠及其他各軍事機關黨代表之權利,與該部局處廠及機關長官所有之權利相等。

第廿一條　黨代表有監督其所屬部局中軍事政治及軍需之權。

第廿二條　黨代表與主管共同聽閱如下級軍官之報告呈文並決議問題,與主管官共同署名一切命令及發出之公函,凡未經黨代表之共同署名者概不發生效力。

第廿三條　黨代表與主管官意見不同時,必須簽署命令並同時報告於上級黨代表,如主管官有違法行動時,黨代表當依第一章第十條辦理。

第三章　黨代表之任免

第廿四條　黨代表以中國國民黨黨員曾經表示忠心於國民革命、政治程度優良及嚴守紀律者為合格。

第廿五條　自營以下及其相當組織之黨代表由軍人部提出,經中央執行委員會任免之,但遇緊急時得由上級黨代表先行派員代理或停職,然後提出於中央執行委員會。

第廿六條　自團以至更高級軍事組織之黨代表由中央執行委員會任免之。

附則

第廿七條　本條例自公佈日施行。

修正黨代表條例起草委員會

　于樹德　李濟深　惲代英　顧孟餘　陳果夫

（討論）

韓覺民同志等主張本案大體成立，照起草員意見辦理。

決議：大體成立作為草案，交中央執行委員會詳審訂定。

主席宣佈時間已到，本日一案未了，明天再延期一天，所有本日議程未議各案移至明日討論。

眾無異議。

主席宣告散會（下午零時五十分鐘）。

譚延闓

徐　謙

議事錄　第十二日第十二號

日　　期：十五年十月二十八日

時　　間：上午九時五十分

主席團：譚延闓　張人傑　徐　謙　吳玉章

出席者：

中央委員　二十二人

丁超五	吳玉章	于樹德	周啟剛	陳嘉祐	經亨頤
張人傑	褚民誼	惲代英	彭澤民	宋子文	甘乃光
徐　謙	朱季恂	楊匏安	鄧穎超	黃　實	孫　科
郭春濤	許甦魂	李濟深	譚延闓		

各地代表　五十人

朱霽青	董海平	何履亨	侯紹裘	張曙時	林頌堯
甄香泉	丁濟美	宣中華	王　斧	陳任一	韓覺民
鄧文煇	王積衡	劉季良	羅貢華	陳希豪	高叔英
范予遂	王子壯	苗培成	廖錫五	余焯禮	光明甫
周松甫	賀楚強	雲　霖	梁六度	李毓堯	周以栗
劉一華	張素吾	江　浩	楊燿焜	陳漢子	王健海
林伯岐	黃馥生	賴國航	丁惟汾	黎樾廷	王步文
褊恪公	區邦侯	簡琴石	董方城	烏文献	歐漢英
高警宇	陳其瑗				

共七十二人

去去主　席：吳玉章

記　　錄：葛建時　張光祖

主席恭讀總理遺囑——全體肅立。

主席報告：潮州海外同志會請汪主席銷假電（原電如次）。
中央黨部海外部轉聯席會議鈞鑒，汪主席黨國中堅，因病
請假，敝會前曾□請銷假在案，現聞□氏銷□欣忻，際此
北伐勝利形式急轉，中樞亟待主持，特再□呈轉請即日銷
假出任艱巨，黨國幸甚。

　　　　　　　　　　　　　　潮州海外同志會叩有印

于樹德同志報告：昨天議事錄內本席報告起草黨代表條例
項下有錯誤之處，茲為更正之：「起草完後再翻閱軍人部
所擬之新條例」，「再翻閱」三字改為「又發現」三字。
「及軍中工作特派員條例覺得舊條例之修正頗為呆板，不
如新條例之活動，因為現在」一段，改為「與原條例出入
甚多，又以新成立軍隊甚多黨代表之委任，不得不慎重將
事，故主張此條例暫不決定。至軍人部所起草之新成立各
軍特派員條例，更須慎重，修正委員等以為依現在辦法
在」等一段，又「如果照舊條例」之「舊」字改為「黨代
表」三字（無異議）。

丁惟汾同志報告：此次聯席會議是特別舉行的，其地位與權能根據本黨總章來說與全國代表大會究竟是否同等。本席敢簡單說一句，是絕對不同等，是在全國代表大會之下，是與中央執行委員會立於同等地位，此次會議也就是中央執行委員會的擴大會議，地位既是與中央執行委員會相同其權，能自然亦與之相同不能超過，有此證明聯席會議即沒有變更或推翻中央執行委員會議決之權能，如有此等錯誤，即是違背總章，違背總章，必定是無效的。本席見到這一點故特提出報告，請各位代表注意，尤其是請主席團注意。

張曙時同志謂：丁同志所說用意何在，莫名其妙，是否要推翻本大會決議，請答復。

丁惟汾同志答：總之中央執行委員會決議，聯席會議是沒有推翻他的權能。

張曙時同志謂：剛才丁同志所說的總章究竟是那一條，請宣讀。

丁惟汾同志答：是總章第二十八條「系統」一條（宣讀條文），並謂照條文看來，我們這聯席會議的地位與權能，究竟能不能高出中央執行委員會，與全國代表大會同等呢。

江浩同志謂：本會開會已十二天，今天是最後的一天，以前丁同志並沒有提到這些話，今忽然提出真奇怪，是否因昨日預徵錢糧案本會有推翻中央執行委員會決議之議，如果如此，簡直是要根本推翻聯席會議的決議了。

　　范予遂同志謂：聯席會議是可以推翻中央執行委員會決議的，其權能自然要超過中央執行委員會，不然中央召集這聯席會議是無意義，是多事了。

　　譚延闓同志謂：本會議之地位與權能在開會已由主席團鄭重聲明，可不必再討論。

　　朱季恂同志謂：修正政綱為全國代表大會之職權，今本會修正政綱似乎不大妥當，應在議決案後聲明因時間匆促不及召集全國代表大會，故由聯席會議議決，交由第三次全國大會追認。

　　徐謙同志謂：本會修正之政綱將來還是要報告第三次全國代表大會，如有不合還可由第三次全國代表大會修正。

　　張曙時同志謂：丁同志所說定有事實可正，請即指出以便討論。

　　李毓堯同志謂：第一次談話會丁同志是主席，已經清清楚楚說明聯席會議是中央擴大會議，今天要閉會了忽然又說些什麼地位、什麼權能，究竟是何用意真是令人不解。

　　陳其瑗同志謂：聯席會議的地位在代表大會與中央執行委員會之間，當然不等於代表大會，亦不等於中央執行委員會，不知議決之政綱宣布與否，如可宣布即為最高機關，當然要比中央執行委員會擴大一些。

　　江浩同志謂：丁同志說的地位與權能簡直不成問題，現在前方戰事緊急，老實說一句，我們後方應該如何辦就如何辦，講什麼許多空話。

　　毛澤東同志謂：聯席會議的性質於開會時譚主席已

說得很清楚,今天丁同志忽然提出疑問,真是怪事,剛才徐謙同志、朱季恂同志說聯席會議決議還是交第三次全國代表大會追認,那末我們聯席會議的決議究竟有無效力卻是一個重大問題。本席以為聯席會議的權能大過中央與否是一個法律問題,聯席會議既由中央召集,如有錯誤,中央自應受第三次全國代表大會之處分。外國報紙說我們這聯席會議是一個非常會議來應付非常之事,說聯席會議沒有地位,何以中央召集這個會議,今天來修正第一次、第二次全國代表大會的決議案,實際上的權能已經超過全國代表大會之上。所有聯席會議的決議,我看是完全有效,而且是不能再有人來加以修正的。

徐謙同志謂:召集聯席會議是中央決定的,丁同志是參預政治會議和常務會議的,並且參預聯席會議已至十二日,丁同志之疑問何以當時不提出,到今日閉會的日子才提出呢。聯席會議對於第三次全國代表大會是不負何等責任的,根據總章第二十八條是中央執行委員會對於第三次全國代表大會負完全責任的,將來第三次全國代表大會對於聯席會議的決議接受或採納與否,自有中央執行委員會出來負責,不必多討論。

韓覺民同志謂:中央積了許多不能解決的事件來召集聯席會議,聯席會議解決了之後,又是要交到第三次全國代表大會追認,這次各地代表幾千里路跑到廣東來,中央又花費了許多錢,這許多不能解決的事件費了十幾天來討論,結果其效力還是等於零,不是做了一個夢嗎。

丁濟美同志謂：聯席會議決議究竟有無效力，此問題不解決，這不是空開會嗎。

陳希豪同志謂：請丁同志到底要指出一個事實來證明才好討論。

主席宣告：討論修正並謂聯席會的決議，現在既以丁同志提出之地位與權能問題發生了有無效力的問題，自應有一解決的方法。本席主張以「聯席會議決議即須切實實行，只有第三次全國代表大會方有修正之權」等文字，用決議的方式來保障本會議的決議案，眾意以為如何。

決議：照主席提出決議案通過。

主席報告：主席團提議本聯席會議現已延長兩日，今日如尚有未議完之案應由大會交中央執行委員會討論，不再延期（眾無異議）。

主席宣布照本日議事日程開議。

（一）討論預徵錢糧委員會報告

主席請討論委員報告。

陳其瑗同志出席報告

（大旨與書面報告無甚出入，茲附列如次）

略謂：昨承大會委託討論廣東預徵錢糧一案，於下午四時開會，列席者有宋子文、陳其瑗、毛澤東、甘乃光、曾憲浩、江浩、李毓堯等七人，首先由宋子文同志報告財

政困難情形，在最近三個月內須籌到三、四百萬方能過去，預徵錢糧命令早已奉政治會議決議發出，如果取消前令另行發行公債，手續甚繁，實是緩不濟急，況公債已發過兩次不能再發，廣州市負擔已重，又不能再加。毛同志主張在陽曆年內不徵錢糧，亦不取消財部命令，只展期兩個月至明年一月一日起徵，以符一年不重徵之意；曾同志等主張以明年錢糧作抵，發行短期公債，派銷於商人、農民或由黨部勸銷；李毓堯同志主張以公債名義預徵錢糧；甘同志說預徵錢糧如農民執政綱來反對，前途甚危險，且陳派土豪劣紳以及民團土匪正可藉此鼓動農民起來反抗，是很不好的。討論許久總沒有想到一找錢的妥當辦法，結果就根據一年不得徵兩年錢糧之原則，除本年錢糧業已徵收外，明年錢糧須至明年一月一日起開始徵收。但是宋部長報告財政情形本年兩月內十分困難非預徵不可，究竟有何善法補救還請大會討論。

（討論）

1. 宋子文同志謂：本案關係重大需款又急，本大會在此倉卒之間恐難想出善法。預徵錢糧一案，本由政治會議在本會未開會前數星期決定令行辦理，本席主張請大會交回政治會議妥籌辦法。

2. 徐謙同志謂：大會決議不得預徵錢糧，係指以後不得預徵，至大會前國民政府已發出預徵之令，大會決議似可不溯及既往而干涉之，至委員與宋同志討論，擬於明年一月一日開徵，正是預徵錢糧無異，自行取消決

議，不如對於以往之事不再溯及，惟對於將來嚴重防
止為宜。

3. 江浩同志：民眾不同我們解釋法律，只論事實，我們議
決一個不得預徵錢糧案，同時又有預徵錢糧的命令，
恐怕人民更懷疑我們的政策罷。

4. 毛澤東同志：昨據宋部長說預徵錢糧，不過僅收得二、
三百萬元。何苦以此區區之數，使數千萬農民或大多
數人民懷疑我們的決議案是不能實行呢！本席仍舊主
張發行三百萬殿實公債向殿實商人募集。

5. 宋子文同志：公債已經發行過了，且恐緩不濟急，本席
主張將本案交回政治會議妥籌辦法。

主席宣告：照宋同志主張辦理（眾無異議）。

（附註）本案討論甚多，大旨均與前列之書面報告無甚出
入，從略。

（二）江浩、王積衡等提議增加黨費以利黨國案（提
案審查委員會提出）

主席請提議人說明。

江浩同志出席說明（大旨與提議案同從略原案附列如次）

增加黨費以利黨國案

（理由）

（一）　本黨既云以黨治國，則黨之發展自為首要，而
　　　　本黨黨費國內外每月總支出僅十一萬元，其實
　　　　際財政收入在廣東一省國省兩政府之收入已達

二千一百七十餘萬，且廣西、兩湖諸省已隸屬國民政府，略加整理其收入當超出廣東一省收入以上，以此鉅額收入而黨費僅此少數，與他項支出比較相差太遠，恐亦未符以黨治國之意也。

（二）現在各地黨務均已發展，而各地工作團於經費之限制在在皆是，是以黨費應依黨之進展而增加，以免坐困而貽誤進行。

（三）此次聯席會議對國民政府發展議題內：一、「現在主要工作在鞏固各省基礎」；二、「鞏固各省基礎之意義乃鞏固革命勢力之基礎」。所謂革命勢力自係指組織民眾、宣傳民眾以發展黨務而言，則黨費自應增加以期實現。

　　據上三項理由黨費，應行增加似無疑意，惟增加若干，乃財政全盤問題請付大會公決。

提議人
　　江　浩　王積衡
連署人
　　朱霽青　董海平　周以栗　于樹德　烏文獻
　　王子壯　謝　晉　楊燿焜　韓覺民

主席付討論。
（討論）
1. 陳其瑗同志主張增加至三十萬元。

主席以增加每月黨費至三十萬元付表決。

決議：大多數通過。

2. 甘乃光同志主張各省黨部經費統由中央黨部核准支給，在國民政府統治下之各省政府應協濟黨費若干，另由政治會議核定，令行各該省政府彙解中央核收分配（無異議）。

主席謂：尚有審查委員會擬定之黨費支配預算草案一件，應併入討論。

主席請審查委員報告。

侯紹裘同志出席報告

　　略謂：本草案係照黨費二十五萬元分配，現既決定增加至卅萬元，其分配數量當然照比例增加，現將本草案加以說明列成一表報告如次：

黨費支配預算草案

說明

（一）本預算姑以總黨費毫洋二十五萬元作標準支配，如或總黨費超過或不足此數時，約可照此比例增減之。

（二）津貼各地之費，係將農民運動費除外者，此農民運動費另由中央農民部照本預算規定範圍支配補助各地，至各地之其餘一切工作費統包含在津貼該地之經費中。

（三）各地津貼多少之支配，係視其地位重要、黨務發展程度及工作努力程度之三標準平均成數等而定。

（四）　此等級一共凡七，每等有五百元之伸縮範圍，再由中央於此範圍內詳細審查其高下而伸縮支配之。

（五）　廣東、廣西、廣州市三處，向由各該省市經費中撥給，故不列入。

（六）　各地前日工作亦有因種種環境關係而停頓者，今但姑就其以往成績列為等第，而支配預算仍當由中央考查其目前狀況，以定發給與否，或酌量發給，一俟其工作恢復即當照數發給。

（七）　本預算應於十一月份起實行

預算表

	項目		經費數目	備註
中央黨部經費（均以毫洋計算）	秘書處各部及監察委員會之薪俸辦公費		一八〇〇〇	
	農民部活動費	補助各地	三五〇〇	由農民部依照各省請求之數，再根據其工作報告而支配之。
		留作本部活動及預備各地請增	一五〇〇	
	宣傳部活動費		三〇〇〇〇	津貼各地黨報、準黨報之特別宣傳費在內。
	軍人部活動費		八〇〇〇	原約有此數，工作已能充分進行，在各部平均發展上講，已無再增之必要。
	組織部活動費		四〇〇〇	
	婦女部活動費		四〇〇〇	
	工人部活動費		三〇〇〇	各地活動費均不在內。
	青年部活動費		三〇〇〇	
	海外部活動費		三〇〇〇	
	商民部活動費		二〇〇〇	
	總預備費		一五〇〇〇	以備各地請求各種臨時費及其他不能歸入各部之特別支出，如代表大會費、被捕同志營救費等等。
	總數		一四〇〇〇〇	

	等第	黨部名		經費範圍		備註
津貼各地經費（均以大洋計算）	1	湖南 四川	湖北 直隸	四二五〇－	四七五〇	中數為四五〇〇，餘類推。
	2	上海 江蘇 山東	北京 河南 漢口	三七五〇－	四二五〇	
	3	浙江 江西	安徽	三二五〇－	三七五〇	
	4	山西	綏遠	二七五〇－	三二五〇	
	5	察哈爾 陝西 甘肅	熱河 福建	二二五〇－	二七五〇	
	6	內蒙 吉林 貴州 歐洲	奉天 雲南 日本 哈爾濱	一七五〇－	二二五〇	
	7	新疆	川邊	一二五〇－	一七五〇	
	總計			八二五〇〇－九七五〇〇		中數為大洋九〇〇〇〇，約合毫洋十一萬元左右。

本表倉促擬定或有不周及不妥之處，尚請各位加以更正。

眾無異議。

主席謂：無異議，本案大體成立，交中央執行委員會做預算表的根據（無異議）。

（三）甘乃光等提出關於民團問題決議草案（原案如次）

「關於民團問題決議草案」

舊有之民團團防局或保衛團等組織，在事實上多屬土豪劣紳及不法地主之武力，此等武力常為帝國主義軍閥及反動派所利用，破壞農民運動，搖動本黨及國民政府之基礎，於黨及政府之前途危險實甚茲。為防制此危險起見大會決議如左：

（一）民團團防局或保衛團之團長或局長，須由鄉民開大會選舉之，禁止劣紳包辦。

（二）民團團防局或保衛團之團丁，須以本鄉有職業之農民充當。

（三）民團團防局或保衛團由黨部派人施行政治訓練。

（四）民團團防局或保衛團之唯一職任在於防禦土匪，除與土匪臨陣交戰外，無對任何人自由殺戮之權。

（五）民團團防局或保衛團不得受理民刑訴訟。

（六）民團團防局或保衛團之經費除由鄉民會議公認外，不得巧立名目擅自抽收。

（七）民團團防局或保衛團之用費須有預算、決算並公開之。

（八）已有農民自衛軍之地方不得重新設立民團團防局或保衛團。

（九）凡摧殘農民之民團團防局或保衛團政府須解散並懲治之。

提議者

　甘乃光　李毓堯

附議者

　毛澤東　周以栗　劉季良　于樹德　高警宇等三十餘人

主席付討論。

（討論）

1. 張曙時同志主張大體成立，可照原案通過（無異議）。

主席謂：無異議，即照張同志主張辦理。

8. 高警宇等提出承認河南省黨部案

主席請高警宇同志說明。

高警宇同志說明

　　略謂：前河南省黨部因首先響應西山會議，由第二次代表大會解散，中央特派于樹德、王樂平、丁惟汾、劉允臣、柏烈武五同志前往改組，因河南政治、軍事之變動，五同志皆未能到豫執行職務，河南省黨部迄未成立。此時正當吳佩孚攻豫，國民二軍失敗之際，河南黨務乏人主持，於是開封、鄭州、信陽、杞果、焦作等五個重要市縣黨部合力組織一黨務維持會，於困苦艱難之中支持危局而擔任指導發展全省黨務之工作（中央曾予以承認，接濟經費）。嗣以五特派員因政治關係終無來豫之可能，省黨部永久虛懸，殊屬有礙於黨的統一及發展，加以北伐軍不久出發，而河南為吳佩孚大本營，河南同志皆急於加緊工作以動搖吳佩孚之基礎。於是由河南各市縣黨部公推開封市黨部負責籌備成立河南省黨部事宜籌備處，於六月初成立後，即向中央報告，並定於七月中旬開河南省第二次代表大會，並請中央派員蒞會指導，嗣以屆期中央委員未到，乃改期於八月一日開會，屆期各市縣代表報到已久，而中央委員仍未到來，以不能再行延期，即於是日開會選舉執行、監察各委員，閉會後亦有報告到中央。八月十七日召

集第一次執行委員會分配職務，成立省黨部，亦有報告呈
報中央，並推定執行委員鄭震宇趕赴中央報告，並呈領經
費。不意中央對於現成立之省黨部尚有懷疑不予承認，乃
派路友于同志前去調查同時，並派五位同志為登記委員前
往登記。查河南在反動軍閥吳佩孚嚴重壓迫之下，黨的一
切活動絲毫不能自由，非絕對的秘密無由工作，於此種情
形之下，河南同志不避艱險，在開封市開第二次全省代表
大會，一日三遷其會場，則此次代表大會開會之困難與河
南同志之努力亦可想見。至於河南與中央之通告，因戰事
之混亂，交通之梗塞，層層之檢查、扣留、抑制在所難
免，以此河南與中央之消息稍形隔閡亦勢所必至，而中央
對於此種困難情形不曲予原諒，否認其成立，在中央或因
不明瞭河南情形而有此決定，但在河南奮鬥中之同志，對
此決定殊形失望。且在此軍事緊急情形，中央派員赴豫調
查，無論其到達困難，即令到達，在各同志秘密工作中亦
無從調查，徒遷延時日，坐失機會而已。是以提出聯席會
議公決承認，以便工作，而免坐失時機，是否有當，即請
公決。

陳果夫同志謂：此事前由河南省黨部派鄭震宇同志來中央
報告，中央以從前該省黨部無開會報告，尚須加以審查，
適因路友于同志北行，順便托其調查，不過審慎從事，並
無不承認之意。

主席問有無討論。

無討論。

陳其瑗同志請以「已經承認無庸討論」付表決（眾贊成）。

主席宣告：本案已經承認，無庸討論。

9. 廣州警察特別黨部轉達各分部建議懲辦沈鴻慈案

主席請丁濟美同志報告。

丁濟美同志報告

　　略謂：此案非浙江省黨部所提，今日所報告者只浙江省黨部與沈鴻慈之關係而已。在本年七月上旬接到自廣州寄來之信，一封信封寫「浙江杭州中國國民黨浙江省執行委員會查交蔣鑑同志收」字樣。查浙江省黨部並無蔣鑑其人，所謂蔣鑑者，乃偽浙江省黨部執行委員，曾由中央通緝，惟來信既有中國國民黨字樣必與黨務有關，當即拆閱，原函中有「我們用幾千枝樹的由廣東大學打到廣州學聯，再由廣州學聯打到全廣州市。現在不用樹的，只用幾千幾萬枝的禿筆，預備從廣州出發，再衝鋒到全省全國去，不特要打殺了假革命的CP，一切帝國主義及其走狗都要送他們到西天去……」等語，下面署名為特羣，並有通訊處廣東大學法科沈鴻慈。當將該信映為照片連同呈文送請中央懲辦。理由一、原函要打殺假革命的CP，顯然違背總理所定之政策。二、原函要用幾千萬枝樹的從廣州打到全國，近來廣州集會時常發生鬥毆的事情，外間不明真相，今觀沈鴻慈一函，可知彼等先動手打人。三、蔣鑑已由中央通緝，沈鴻慈同他通信顯然是勾結。根據這幾種理由所以呈請中央懲辦，後來聽說中央已有辦法，惟不知

其詳，浙江省黨部所知者僅此。

張曙時同志請中央報告。

主席請監察委員報告。

陳果夫同志報告

　　略謂：此案由浙江省黨部送到中央，由中央常務會議送中央監察委員會辦理。查沈鴻慈原函係在三月中發出，其時適當廣州空氣極壞之際，監察委員會以原函用意反對CP之假革命者則有之，並未達到反對本黨之程度，經議決予以警告處分，隨在中央常務會議通過照辦。

（討論）

一、張曙時同志謂：陳同志報告頗為糊塗，聽說孫傳芳收買廣東學生在廣東搗亂，此事必與沈鴻慈案有關，乃中央監察委員會竟謂「反對CP之假革命者則有之，仍未達到反對本黨之程度」，僅予以警告處分，關係本黨紀律頗為重大。二次代表大會宣言曾謂「對於黨員姑息即對於黨為不忠」，廣州為革命根據地，沈鴻慈既有反動事實，應請各位詳細討論。

二、劉一華同志附議。

三、孫科同志報告：廣州學界近來發生一種風潮，即中學以上學生反對校長。日前許崇清先生對本席說，一中校長被樹的黨學生趕走，其他學校亦有同樣之風潮發生，故主張處置沈鴻慈一人尚不夠，應對一般人加以處置。

四、陳果夫同志謂：以前監察委員會不知有此等事實，

　　現既有此等事實，自應從嚴辦理。

五、陳其瑗同志贊成孫科同志主張，並謂監察委員對此事並未辦差，因其時尚冀其悔悟，現在彼等如此行動非反對CP，簡直是反對本黨。

六、簡琴石同志主張嚴辦，不必交政治會議。

七、張曙時同志主張由大會決定辦法，交省政府執行。

八、甘乃光同志主張沈鴻慈由大會定一辦法，交監察委員會通過執行，至學潮事應組織一委員會辦理。

九、孫科同志主張：一、對於沈鴻慈前已有警告，尚不悛改，應予以除名處分。二、對於不良分子由大會交政治會議組織特種委員會辦理。

十、丁濟美同志謂：浙江省黨部意見，沈鴻慈應永遠除名驅逐出境，其餘無意見。

主席以沈鴻慈應永遠開黨籍，驅逐出境付表決。

決議：通過。

主席宣告延長時間。

10. 李毓堯等提出肅清西山會議及孫文主義學會毫無悔悟表示分子案

主席請周以栗同志說明。

周以栗同志說明

　　略謂：上海偽中央派出多人組織臨時省黨部，以清釐黨籍為口號，以致學生、工人、群眾常發生分裂之現象，又孫文主義學會常進行反對宣傳，簡直是反革命，應同樣

肅清云云。

（討論）

一、張曙時同志主張嚴辦。

二、劉一華同志謂：第二次代表大會對於西山會議派石瑛等十二人提出警告，限期兩個月內具覆。中央執行此案至如何程度，請報告。

三、譚主席報告：除葉楚傖、邵元冲有信外，其餘均無表示。

四、王步文同志請將開除陳季博案合併討論。

主席請王步文同志報告。

王步文同志報告

略謂：陳季博係廣東留日學生經理員，常在日本肆其反動之宣傳謂：廣東政府怎樣為CP包圍，陳並受上海偽中央亂命為偽駐日黨部執行委員，容納留東反動派分子，虛報廣東公費生名額，暗中吞沒公款以接濟反動派等種種罪狀，故提出大會請開除其黨籍。

繼續討論。

五、周松甫同志報告：管鵬任上海偽中央工人部，近由江淮宣撫使委以某種名義，請注意。

六、張素吾同志謂：葉邵表示已在限期二個月之後，應否懲處請討論。

七、譚延闓同志謂：代表大會閉會，中央執行委員會為處分機關，葉邵來信已由中央接受，如謂中央處置失當，第三次代表大會開會時可與委員以處分。我

們對於真反對者毫無辦法，獨對於已有悔悟者主張從嚴，恐非第二次代表大會之意。

八、徐季龍同志謂：馮玉祥同志在莫斯科入黨時，曾有意見：一、要使黨的紀律成為鐵的紀律，如有反動份子必須從嚴淘汰。二、黨員應抱犧牲主義。其二姑不論惟其一，乃馮同志所鄭重聲明者，今日大會實行黨的紀律，本席贊成。

九、惲代英同志主張已有表示者應看其將來，無表示者應除名。

十、吳玉章同志報告：四川省黨部報告石青陽在四川反動，請合併討論。

十一、宣中華同志提議：一、第二次代表大會決議警告而未答覆者，永遠開除黨籍，由中央明令宣布；二、凡參與上海偽全國代表大會及各省區孫文主義學會之首領，均開除黨籍，由各省區調查報告，中央接到報告時即明令宣布。

主席以宣中華同志提議付討論。

一、王步文同志主張「各省區」下加「海外總支部」字樣。

二、陳果夫同志主張刪第一條中「永遠」二字。

三、陳其瑗同志主張第二條中「首領」改「主持人物」。

四、毛澤東同志主張「由各該黨部開除黨籍報告中央，由中央通告全國」。

決議：照原案修改通過，其條文為：

一、第二次代表大會決議警告而未答覆者，開除黨籍，
　　由中央明令宣布。

二、凡參與上海偽全國代表大會及各省各特別區市海外各
　　總支部孫文主義學會之主持人物，均開除黨籍，由各
　　該黨部開除後報告中央，由中央通告全國。

　　眾請主席宣告第二次代表大會處分違犯本黨紀律黨
員決議案第三項，上海偽中央人員桂崇基、周佛海、劉啟
明、沈儀彬、劉蘆隱、馬超俊、郎醒石、袁世斌、黃季陸
等九人亦加以警告，限二個月內聲明脫離，否則除名一
案，亦應有同樣之處分。

　　陳其瑗同志謂：沈儀彬同志已有聲明。

　　譚延闓同志謂：徐謙同志有函致中央，內附沈同
志聲明信。

　　徐謙同志謂：當時不但有函聲明，且絕無擔任偽黨
部婦女部長之事。

主席宣告：

一、第二次代表大會譚和西山會議決議案第二項居正、石
　　青陽二人，已由第二次代表大會開除黨籍，其餘石
　　瑛、覃振、傅汝霖、沈定一、茅祖權、林森、張繼、
　　張知本等八人受警告後迄無表示，均開除黨籍。

二、第二次代表大會處分違犯本黨紀律黨員決議案第三
　　項上海偽中央人員桂崇基等，由中央監察委員會查
　　核決定後，通告各級黨部。

三、陳季博應予以除名處分。

四、照李毓堯同志等原提案辦法三條：

    1. 在本黨統治之地域內嚴禁偽黨部及竊用總理名義所組織之孫文主義學會之設立。

    2. 在本黨統治之地域內，不許西山會議派叛黨份子居留。

    3. 各地黨報，應經常不斷力闢西山會議派之謬誤。

五、石青陽事由中央通告四川各級黨部，石青陽早已為本黨開除，種種造謠勿為所惑。

六、據苗培成、孫科兩同志提議：王寵惠受北京偽政府任命，應予以除名處分。

無異議通過。

苗培成同志動議：請中央通告永不到會之中央委員為黨工作和黨發生關係（未討論）。

主席宣告：議事日程中未及議完之議案，由主席團整理悉交中央執行委員會辦理（無異議）。

主席宣告：舉行閉會式。

  一、向國旗、黨旗、總理遺像行三鞠躬禮。

  二、高呼口號：

      打倒帝國主義。

      打倒軍閥。

      建設統一的國民政府。

      國民革命成功萬歲。

　　　　聯席會議萬歲。

　　　　中國國民黨萬歲。

閉會。

　　　　　　　　　　　　　　　　　徐　　謙

　　　　　　　　　　　　　　　　　譚延闓

　　　　　　　　　　　　　　　　　吳玉章

關於民團問題決議案

　　舊有之民團團防局或保衛團等組織，在事實上多屬土豪劣紳及不法地主之武力，此等武力常為帝國主義軍閥及反動派所利用，破壞農民運動，搖動本黨及國民政府之基礎，於黨及政府之前途危險實甚。茲為防制此危險起見，大會決議如左：

（一）民團團防局或保衛團之團長或局長，須由鄉民開
　　　　大會選舉之，禁止劣紳包辦。

（二）民團團防局或保衛團之團丁，須以本鄉有職業之
　　　　農民充當。

（三）民團團防局或保衛團，由黨部派人施行政治訓練。

（四）民團團防局或保衛團之惟一職任，在於防禦土匪除
　　　　與土匪臨陣交戰外，無對任何人自由殺戮之權。

（五）民團團防局或保衛團不得受理民刑訴訟。

（六）民團團防局或保衛團之經費，除由鄉民會議公認
　　　　外，不得巧立名目擅自抽收。

（七）民團團防局或保衛團之用費，須有預算、決算並公開之。

（八）已有農民自衛軍之地方，不得重新設立民團團防局或保衛團。

（九）凡摧殘農民之民團團防局或保衛團，政府須解散並懲治之。

提案者

　　甘乃光　李毓堯

附議者

　　毛澤東　周以栗　劉季良　于樹德　高警宇等三十餘人

聯席會議相關資料

一列		二列	
第一號	宋子文	十三號	王子壯
第二號	于樹德	十四號	李濟深
第三號	惲代英	十五號	陳其瑗
第四號	侯紹裘	十六號	陳樹人
第五號	董海平	十七號	陳希豪
第六號	朱霽青	十八號	江　浩
第七號	雲　霖	十九號	陳友仁
第八號	陳果夫	二十號	孫　科
第九號	褚民誼	二十一號	宣中華
第十號	曾憲浩	二十二號	甘乃光
十一號	簡琴石	二十三號	陳嘉祐
十二號	黎樾庭	二十四號	劉季良

三列		四列	
二十五號	丁超五	三十七號	戴季陶
二十六號	禤恪公	三十八號	王　斧
二十七號	楊匏安	三十九號	朱季恂
二十八號	陳孚木	四十號	韓覺民
二十九號	彭澤民	四十一號	鄧澤如
三十號	周啓剛	四十二號	李福林
三十一號	丁惟汾	四十三號	許甦魂
三十二號	陳任一	四十五號	黃馥生
三十三號	何香凝	四十六號	郭春濤
三十四號	鄧穎超	四十七號	高叔英
三十五號	顧孟餘	四十八號	毛澤東
三十六號	苗培成	四十九號	范予遂

五列		六列	
五十號	經亨頤	六十二號	梁六度
五十一號	謝　晉	六十三號	楊燿焜
五十二號	王積衡	六十四號	蔣道日
五十三號	區邦侯	六十五號	高警宇
五十四號	鄧文煇	六十六號	光明甫
五十五號	裴邦燾	六十七號	張素吾
五十六號	林伯岐	六十八號	陳漢子
五十七號	劉一華	六十九號	周以栗
五十八號	張曙時	七十號	何履亨
五十九號	廖錫五	七十一號	烏文獻
六十號	林頌堯	七十二號	丁濟美
六十一號	賀楚強	七十三號	余焯禮

七列		八列	
七十四號	歐漢英	八十七號	
七十五號	周松甫	八十八號	
七十六號	羅貢華	八十九號	
七十八號	李毓堯	九十號	
七十九號	賴國航	九十一號	
八十號	王步文	九十二號	
八十一號	甄香泉	九十三號	
八十二號	董方城	九十四號	
八十三號	周恩來	九十五號	
八十四號	王漢良	九十六號	
八十五號	王健海	九十七號	
八十六號		九十八號	

聯席大會代表登記表

姓名	別號	籍貫	派出機關	報到日期	在粵住址
梁六度			廣西省黨部	九月廿八日	永漢北路南越酒店二樓雲來廳
裴邦燾			廣西省黨部	九月廿八日	永漢北路南越酒店二樓雲來廳
張曙時			江蘇省黨部	十月一日	吉祥路六十號湖北革命青年共進會
侯紹裘			江蘇省黨部	十月一日	吉祥路六十號湖北革命青年共進會
韓覺民			上海特別市黨部	十月一日	吉祥路六十號湖北革命青年共進會
王漢良			上海特別市黨部	十月一日	長堤大東酒店四十二號
范予遂			山東省黨部	十月一日	西湖街公益祥四十八號
王子壯			山東省黨部	十月一日	西湖街公益祥四十八號
光　昇			安徽省黨部	十月二日	東山龜岡三馬路五十三號
周松甫			安徽省黨部	十月二日	東山龜岡三馬路五十三號
賴國航			駐日總支部	十月二日	東堤廣舞台二馬路卅二號碩利礦務公司
王步文			駐日總支部	十月二日	文德路文德樓二號二樓華僑協會
周以栗			湖南省黨部	十月四日	惠福東路漢陽旅館
李毓堯			湖南省黨部	十月四日	惠福東路漢陽旅館
高警宇			河南省黨部	十月四日	惠愛東路惠漢旅館廿二號
宣中華			浙江省黨部	十月四日	東山廟前直街六十八號
丁濟美			浙江省黨部	十月四日	東山廟前直街六十八號
王積衡			直隸省黨部	十月五日	德政街新七十號二樓
江　浩			直隸省黨部	駐粵	德政街新七十號二樓
陳孚木			廣東省黨部	十月六日	廣東省黨部
黎樾廷			廣東省黨部	十月六日	廣東省黨部
楊耀焜			檀香山總支部	十月七日	廣東建設廳
黃馥生			緬甸總支部	十月七日	素波巷同安里七號樓下
高叔英			山西省黨部	十月七日	中央婦女運動講習所

姓名	別號	籍貫	派出機關	報到日期	在粵住址
陳任一		廣東新會	澳洲總支部	十月七日	東橫街東閣澳洲同志辦事處
王健海		惠陽	澳洲總支部	十月七日	東橫街東閣澳洲同志辦事處
廖錫五			菲律賓總支部	十月七日	仰中東街十一號
陳希豪			菲律賓總支部	十月七日	中央組織部
朱霽青			奉天省黨部	十月七日	東山郵局後六十八號
歐漢英			美洲三藩市總支部	十月七日	文德東路聚賢坊廿貳號
陳漢子			美洲三藩市總支部	十月七日	民星新街六號
甄香泉			墨西哥總支部	十月七日	文德路監察院
余焯禮			墨西哥總支部	十月七日	高第中粵新公司
蔣道日			古巴總支部	九月廿五	永漢路古巴俱樂部
禤恪公			南洋總支部	十月八日	南堤南洋總支部
區邦侯			南洋總支部	十月八日	南堤南洋總支部
王 斧			暹羅總支部	十月九日	木排頭新街一號三廔
林伯岐			暹羅總支部	十月九日	海珠後邊隆昌內
賀楚強		湖南	北京特別市黨部	十月九日	東山廟前西街卅八號
董海平		吉林	吉林省黨部	十月九日	文德路陶園旅館四十號
曾憲浩	善甫	廣東	加拿大總支部	十月九日	中央組織部
鄧文輝		湖南	北京特別市黨部	十月十日	永漢路廣州酒店
苗培成	告寶	山西	山西省黨部	十月十日	天官里天興旅館
烏文獻	子徵	熱河	熱河特別區黨部	十月十日	長堤名利棧四樓廿號
劉季良		湖北	湖北省黨部	十月十日	
羅貢華		湖北	湖北省黨部	十月十日	
張朗軒		湖北	湖北省黨部	十月十日	
張素吾		漢口	漢口特別市黨部	十月十日	惠愛東路惠漢旅館廿五號
劉一華		湖南	漢口特別市黨部	十月十日	惠愛東路惠漢旅館廿五號
何履亨		甘肅	留京甘肅黨員	十月十三日	仙湖街太邱旅館十六號
雲 霖		綏遠	察哈爾省黨部	十月十三日	財廳前南越旅館卅四號
周恩來			法總支部	十月十三日	萬福路南華銀行二樓
董方城		湖北	古巴總支部	十月十四日	大市街玉華坊廿號三樓
簡琴石			廣州市		
陳其瑗			廣州市		

提案審查報告

婦女部長何	（1）規定各地婦女運動費 （2）學校教員應受黨的訓練	（1）歸入請費各案一併審查，再提交中央辦理
陳漢子等	各級官吏應為純粹黨員	中央已有規定，毋庸提出。
褚民誼等	實行提高士兵生活	已在中央第六提案關於軍人項中規定，可即交中央切實執行，毋庸再議。
高警宇等	請承認河南省黨部	獨立提出討論。
張素吾等	係恤被軍閥殺害之漢口特別市黨部組織部長陳定一案	提出大會公決，
第二製彈廠失業工人凌憲等	控告廠主任顧雲階違背黨綱破壞工會開除工友	係請願案，亦無庸提議，交中央辦理。
五華農工商學大會	控告該縣農會多款	係請願案，亦無庸提議，交中央辦理。
李毓堯等	設立地價調查所	交政治會議辦理。
鄧文煇等（油印）	黨曾對黃埔開埠認股辦法案	提出討論。
王斧等	保存關於歷史的美術產物案	如可成立，則應追加在政綱中作為一條，候公決。
李毓堯等（油印）	肅清西山會議及孫文主義學會毫無悔悟表示分子案	提出討論。
王步文等	請開除陳季博黨籍案	提出與上案同時討論。
中央交來	各項請費案共九件	審查員意見似，應由大會組織一經濟審查委員會與增加黨務經費共同討論，其他類此之案均可一同討論。
中央交來四川省黨部提案	請制止石青陽在川行動	提出討論。
雲霖等	創辦漢文合璧黨報提議案	交政治會議斟酌辦理。
張曙時等（油印）	各地黨報應由各地黨部確定後報請中央津貼案	提出討論。

　　三特別區民族情形與各省不同，南部則漢多蒙寡，宣傳本黨主義較易，因語言、文化、政治、經濟各情稍有一致；北部則蒙多漢寡；極北部則係純蒙。因各種情形不同，而於工作上實感困難。近數年來三特區為各軍閥之爭逐場所，而軍閥受帝國主義者指導役使王公，王公作軍閥之工具，壓迫平民而且挑撥漢蒙兩民族的感情，時演流血

之劇。數百萬蒙古平民輾轉於軍閥之鋒刃，呻吟於王公之專制，處此雙氣管宰割之下，居萬劫不復之地位，莫知所由。而平民的惟一需要即是革王公軍閥之命，但蒙族大多數不懂漢語漢文，直接去宣傳本黨革命主義則不能接受，發生效力。即有稍數識漢字的蒙民，而對本黨的宣傳品亦不澈底明瞭，本先總理以前的主張創辦漢蒙合璧黨報，普遍的宣傳，使蒙族一讀便知本黨一切主義，可以喚醒漢蒙兩族互相親愛團結，不但革命勢力鞏固，於三特別區更能反抗日帝國主義者侵略內蒙之陰謀政策。舉實例證明日本在大連租界秘密設立日蒙學校，專收蒙古青年授以教育「日日蒙親等造就蒙古人才援助獨立」等口號，請大會議決從速創辦，庶使數百萬落後民族有澈底覺悟，不受帝國主義軍閥王公利用而引入革命正軌，得以解放，茲將具體計畫列明於左：

（1）購買蒙文鉛字及漢文鉛字並機器，但本國無蒙文鉛印字，毋若在日本購買1、2、3三種鉛字，須大洋六千餘元之譜，運費在內，若令商務印書館製造共需大洋四千元之譜，在商務印書館製造較在日購為好。

（2）經理一人、漢文主筆一人、蒙文翻譯二人、長於美術者一人，薪金由中央規定。

（3）印刷工人臨時酌量用之，數目不能確定。

（4）採用何種體材由中央指定範圍。

（5）三特別區交通不便，出日報運輸困難，一週出版一

巨冊或二巨冊，附載各種畫圖形容軍閥王公狀態。

（6）地點暫在上海、廣州二處均可，將來隨政局的變更
遷移。

總結以上開辦費及購機器鉛印等費，共需大洋六千
餘元（若在日本購鉛字不敷用）。

總結以上每月經常費，共需大洋一千七、八元之譜。

提議人

　　熱河特別區代表　　烏文献

　　察哈爾出席代表　　雲　霖

副署人　　　　　　　何履亨　王步文　賴國航　賀楚強

　　　　　　　　　　張曙時　范予遂　苗培成　于樹德

各地黨報應由各地黨部確定後報請中央給予津貼案

　　（說明）本黨津貼黨報，要以是否合於本黨主義、
政綱、政策、決議案之宣傳為原則，且須由各省黨部、特
別市黨部就近負考察之責，如果誠實為本黨宣傳機關，該
地黨部當然報請中央給予津貼，其非本黨宣傳機關常發似
是而非之論，且有附和反動之西山會議派的嫌疑，更不當
請求津貼。現在上海中國晚報，素為西山會議派偽中央機
關報，其言論背謬有目共睹，現在因個人關係，中央竟不
察事實真相，給予津貼五百元，是等獎勵西山會議派之行
為，於黨務系統上及紀律上皆有不合，請即暫停該報（中
國晚報）之津貼，俟該報真能悔悟，為當盡忠實宣傳之責

時再由上海特別市報請酌議給予津貼，以重黨政統一。請
公決。

提議人

　張曙時

副署人

　范予遂　賀楚強　王子壯　丁濟美　烏文献　何履亨

　李毓堯　羅貢華　高警宇　裴邦燾　鄧文煇

請聯席會議承認河南省黨部以便工作案

　　（說明）前河南省黨部因首先響應，西山會議由第
二次代表大會解散，中央特派于樹德、王樂平、丁惟汾、
劉允臣、柏烈武五同志前往改組，因河南政治軍事之變
動，五同志皆未能到豫執行職務，河南省黨部迄未成立，
此時正當吳佩孚攻豫國民二軍失敗之際，河南黨務乏人主
持，於是開封、鄭州、信陽、杞果、焦作等五個重要市縣
黨部合力組織一黨務維持會於困苦艱難之中，支持危局而
擔任指導發展全省黨務之工作（中央曾予以承認接濟經
費）。嗣以五特派員因政治關係終無來豫之可能，省黨部
永久虛懸，殊屬有礙於黨的統一及發展，加以北伐軍不久
出發而河南為吳佩孚大本營，河南同志皆急於加緊工作以
動搖吳佩孚之基礎，於是由河南各市縣黨部公推開封市黨
部負責籌備成立，河南省黨部事宜（籌備處於六月初旬成
立），後即向中央報告，並定於七月中旬開河南省第二次

代表大會,並請中央派員蒞會指導。嗣以屆期中央委員未到,乃改期於八月一日開會,屆期各市縣代表報到已久,而中央委員仍未到來,以不能再行延期,即於是日開會選舉執行監察各委員,閉會後亦有報告到中央,八月十七日召集第一次執行委員會,分配職務成立省黨部,亦有報告呈報中央,並推定執行委員鄭震宇趕赴中央報告,並呈領經費。不意中央對於現成立之省黨部,多所懷疑,不予承認。乃派路友于同志前去調查,同時並派五位同志為登記委員前往登記。查河南在反動軍閥吳佩孚嚴重壓迫之下黨的一切活動,絲毫不能自由,非絕對的秘密,無由工作,於此種情形之下河南同志不避艱險,在開封市開第二次全省代表大會。一日三遷其會場,則此次代表大會開會之困難與河南同志之努力,亦可想見。至於河南與中央之通告,因戰事之混亂交通之梗塞,層層之檢查扣留抑制在所難免,以此河南與中央之消息,稍形隔閡亦勢所必至,而中央對於此種困難情形不曲予原諒,否認其成立,在中央或因不明瞭河南情形而有此決定,但在河南奮鬥中之同志,對此決定殊形失望。且在此軍事緊急情形,中央派員赴豫調查,無論其到到達困難(據現接河南快函,路同志尚未到豫),即令到達在各同志秘密工作中,亦無從調查,徒遷延時日坐失機會而已。是以本代表來粵時,及最近所接的快函,河南同志均諄囑提出提出聯席會議公決承認,以便工作而免坐失時機,是否有當,即請公決。

提案人河南省黨部代表

　高警宇

連署者

　張曙時　李毓堯　張素吾　范予遂　光　昇

請開除叛黨黨員陳季博黨籍以維駐日黨務案

（理由）陳季博係廣東留日學生經理員，自西山會議發生後伊即以經濟接濟反革命派組織東京偽支部，破壞駐日黨務，現在仍接受上海偽中央亂命勾結已經開除黨籍之叛黨黨員湯志先、陳燦章、審議劉奮翹……等少數叛徒到處搞亂造謠，茲將其對黨不忠之反動事實略舉於下：

（一）吞沒十四年十二月中央發給駐日總支部宣傳費三百元，屢經黨部追繳，伊均置不理。

（二）接受上海偽中央亂命為偽駐日黨部執行委員，屢經黨部書面警告，至今尚未申明，且屢在該黨部正式署名就職。

（三）容納留東反動派之最力份子已經黨部呈准開除黨籍之沈毅、劉奮翹等常住經理處，圖謀破壞駐日黨務，且為之呈請廣東留學公費，以增長其反動之能力。

（四）虛報廣東公費生名額，查現在日本領費者只四十三人，而陳在廣東教育廳呈報有六十三名，暗中吞沒公款以接濟反動派（收買反動學生搞亂）。

（五）本年八月由粵返日，沿途在長崎、神戶、大阪等處

　　　　大造謠言，詆毀本黨之根據地廣東如何赤化共產
　　　　（有長崎支部報告可證）。

（六）本年八月底到東京，已不到東京黨部報到登記，反
　　　　冒稱中央特派登記員，阻止同志到東京黨部登記。

　　以上事實曾經駐日總支部執行委員會三次呈報中
央，並經中央將案交廣東省政府查辦，中央監察委員會處
分，但迄今數月仍未見執行，以致反動黨員陳季博逍遙法
外，恃廣東留日學生經理處之經濟勢力繼續反動，吾人為
尊重黨紀，以及削減反動派之勢力起見，應先將陳季博開
除黨籍。是否有當，敬請公決。

提議者駐日總支部代表

　　王步文　　賴國航

連署者

　　董方城　　張素吾　　光　昇　　李毓堯　　羅貢華

聯席會議審查委員會所收提案

提出者	內容摘要	審查意見
北京特別市黨部等	請注意聯絡世界各弱小民族案	此原則在二次全國大會已有獨立議決案，今次提案亦未有具體辦法，似無庸再提，或改為請中央切實執行聯絡世界各弱小民族案似較實際。
甘肅代表等	請組織甘肅省政府案	根據此次關於省政府之決議，凡有組織之可能之省分，自應組織，應交中央政治會參考甘肅實際情形斟酌辦理。
甘肅代表等	請在西北軍所在地設立中央軍事政治分校案	請中央政治會議討論斟酌辦理。
四川省黨部托吳玉章同志轉來	鎖屑控案二十條	均中央常務會及政治會議分別酌量辦理。

提出者	內容摘要	審查意見
（油印）張曙時等	廣東在短期內改造成模範省案	此係先在廣東鞏固革命基礎之一具體的主要工作，應獨立提出成立一決議案，方可以昭鄭重而促成其實現。
（油印）張曙時等	從速開辦政治訓練班案	此係中央提案第五案第二次之具體提案事實，亦即可做到者，應由大會議決限期實現。
（油印）王子壯范予遂等	各機關任用人員須經考試案	提出討論做一獨立決議案，或歸入中央政綱提案中列為一條，或列入黨務提案中為一條。
（油印）四商會簡琴石介紹	陳述維持勞資糾紛意見並請議定工商待遇法規案	在討論中央提案第七案中關於工人之條文時合併討論。
（油印）張曙時等	嚴定在黨政府機關服務黨員溺職及違反黨紀之懲戒條例案	應歸併中央提案之黨務提案中討論。
（油印）又	提高黨之地位以整齊黨政統一案	應歸併中央提案之黨務提案中討論。
簡琴石等	商人運動提議案	（一）（二）兩項應在黨務案中提出，（三）（四）兩項歸併中央第七提案中關於工人之條文時討論。
梁六度等	明令廢止祀孔案	如國民政府下尚有此項祀典，自應決議廢止，如本無之，則無庸討論。
江蘇省黨部	（一）揭示政策（二）整飭紀綱（三）關外間猜測將放棄農工政策之謠	（一）（二）兩項各議決案均已規定，（三）項將來在宣言中必可釋國人之疑。
上海特別市黨部	大旨全上	除已在決議中規定外，可在宣言中明白表示已關反動派之謠傳。
（油印）山東省黨部等	設立中樞言論機關案	提出討論。
張曙時等	中央與各地黨部應發生密切關係案	在黨務提案中規定之。

侯紹裘　韓覺民（侯代）　董方城　徐　謙　吳玉章

提議設立中樞言論機關案

本案宣傳方面有兩個缺憾：

（一）理論上的指導太少；

（二）對各地黨部沒有很敏捷的很正確的政治報告。

因理論上的指導太少遂發生下列各弊：

a. 黨內言論容易不一致。

b. 與他們為仇敵的反革命派言論，我們沒有繼續不斷的去批評他，去攻擊他。有時我們的主義被敵人利用，或攻擊我們，亦不去理會（如國家主義派之以本黨民族主義去解釋國家主義，最近且侵入革命根據地廣州等是）。

因沒有很敏捷的、很正確的政治報告，每遇政局變化，各地得到消息很遲，因此失掉許多宣傳機會（關於這一層還有個原因，是交通困難）。

為免除上述缺憾，提議中央應設立一中樞言論機關，做本黨理論上、政治上極敏捷的統一指導者。是否有當，請大會公決。

提議者

　山東省黨部　　山西省黨部　　奉天省黨部　　河南省黨部

　北京特別市黨部　　察哈爾省黨部　　甘肅省黨部

連署者

　熱河區黨部　　張曙時　　廖錫五　　劉紀良　　黎樾庭

廣東省在最短期內改造成模範省案

　　廣東為革命策源地，又為黨政府首善之區，為鞏固革命基礎計，又決定先行在廣東實施。不將廣東省政治從速造成模範，何以推行黨政於各省。其重要必須於最短期

內能實現模範省，最近所必須要辦的：

1. 從嚴懲辦贓官汙吏，不要以記過查辦為敷衍。
2. 嚴辦劣紳土豪。
3. 肅清土匪。
4. 肅清反革命及西山會議派不覺悟的份子。
5. 取消土豪害民工具之民團。
6. 減輕農民負擔。
7. 擴大農民自衛軍。
8. 如有摧殘農民及摧殘本黨者，均處以極刑。
9. 省政府要完全省黨部之指揮。

提議人

張曙時　侯紹裘

副署人

周啟剛　王子壯　裴邦燾　苗培成

高警宇　廖錫五　韓覺民

從速開辦政治訓練班案

1. 在廣東設中央政治訓練班，在湖北設一政治訓練班
   分校。
2. 在廣東、廣西、湖南、湖北等省由省黨部設立政治訓
   練班。
3. 中央所設之政治訓練班，所收學生不可用隨便招考方
   式，要由每省黨部選派對於黨務工作有很好成績者

十一至十五人來受訓練。

4. 省黨部所設之訓練班，由各縣黨部選派程度相當而有
黨務工作成績者五人至七人。

5. 卒業後委任到各地任建設政治職務。

提案人

　張曙時　侯紹裘

副署人

　周啟剛　裴邦燾　高警宇　韓覺民

　王子壯　苗培成　廖錫五

各機關任用人員須經考試始得充任案

（理由）考試權為五權憲法之一，其意義蓋所以濫用私
人、濫竽充數、遺棄人材於不顧也。當此訓政時期伊始，
百凡政務均待建設之際，尤不能不對於用人行政加以極大
之注意，訓練行政人才。於此次聯席會議決議案雖以列有
專條（見省黨部與省政府之關係案），但於最短其間至難
普及，且其範圍亦只限於行政人材，範圍似覺太狹隘。根
據總理遺教及事實之需要，提出「凡屬任用人員均須經過
考試」一案。是否有當，即望公決。

提出者

　王子壯

連署者

范予遂　賀楚強　何履亨　張曙時

苗培成　高叔英　烏文献

提高黨之地位以整齊黨政統一案

　　本黨根據以黨治國之原則及第二次代表大會黨務決議案內所謂增高省黨部地位職權之定案，是黨員無論任軍事政治何等職務，皆要認定原則確守黨的命令，絕不能因個人有特殊地位而自由支配黨。以前黨員往往自由行動，黨不能指揮且有最高黨部去隨便敷衍，此等不重黨紀之黨員之病，此種黨員因此種關係只認有個人之感情，為黨對於系統嚴密之各級黨部絕不聯絡，且有認各級黨部為不足輕重者，及有特別任務之黨員，到各省辦理軍政等事，於是與各省黨部發生許多隔閡，中央與各省因現狀不同而應付政局變化時，步驟與態度遂不免有零碎之弊，是黨政原則上很大的缺點，實為系統整齊紀律嚴明之本黨不應有的現象。茲為確定黨之地位辦法擬數則於下：

1. 凡黨員無論任何等要職皆要受各級黨部之指揮。
2. 凡黨員皆要尊重黨義及代表大會各種決議案，不得自由變更。
3. 凡黨員無論受中央或政府及軍政機關何項任命，到駐在地要向地方黨部報告以重黨員職責。
4. 中央黨部及政府或軍事高級機關之特派員，或其他人員，因公赴各省在出發時，須攜其介紹書或通知書於

各省黨部，以便接洽一切而免隔閡。

5. 黨員個人行動亦須函各地黨部報到，直接受該地黨部之指揮。

6. 軍事完全統一之地方，地方政治事宜應由地方黨部會同軍事政治部共謀改造與建設，屬行黨政以堅民眾對本黨之信仰。

7. 黨員任重要職務，各級黨部有多數不信任時，報告於高級黨部，高級黨部得命令其辭職或令黨政府撤職。

提議人

　江蘇省黨部　　上海特別市黨部

　安徽省黨部　　浙江省黨部

副署人

　鄧文煇　賀楚強　劉一華　范予遂　苗培成

嚴定任黨政府各機關服務溺職及違背黨義黨章政策決議案之黨員懲戒條例案

　　本黨為革命的集團，凡為黨員皆要有自律之人格，本精誠篤實之精神，向前奮鬥。在過去歷史常發現黨員不忠實，而且叛黨之事，致革命工作受很大的打擊。在第一次代表大會決定總章上，有紀律之規定並有紀律問題決議案，為黨員絕對服從之鐵案。然而不澈底明瞭黨的真義之黨員，雖掛名黨籍不遵守紀律，至服務政府即背黨營私，如廣東各縣知事貪贓溺職、摧殘農工、殺戮同志、袒庇劣

董土匪，層見迭出，廣東、上海各報不斷揭載，反動派藉口以做反宣傳之材料，於本黨所主張建設廉潔政府為民眾謀利益之政策，有極大缺點。刻下本黨革命勢力已擴大至長江流域，此類黨員恐因此而加多須嚴定懲戒辦法，由監察院切實執行。第二次代表大會宣言內末段有云：「對於黨員姑息即對於黨為不忠」，此條例所已不能不急於規定，條例內應注意之點如下：

1. 凡黨員在黨政府各機關或所屬各機關服務而有溺職違背黨章政策決議案者，除由黨部予以紀律制裁外，再由監察院處以行政處分或刑事處分。

2. 黨部發現黨員有上項上段之行動者，即提出於監察委員會處理，並提出於該黨員之上級官廳查辦。

3. 該黨員之上級官廳如優容敷衍而不依據懲戒條例辦理時，由黨部提出彈劾案於高級黨部級政府負責處分。

4. 在黨內處分宣布永遠除或驅逐出境，在行政或刑事上較普通犯加等處分並兼科之。

5. 如發現有勾結叛黨之西山會議派，以圖破壞紀律者，應立即依照上兩項辦理。

6. 懲戒條例由政治會議詳定之。

提案人

　張曙時　侯紹裘　韓覺民

副署人

　光　昇　賀楚強　周松甫　周以栗　鄧文輝

　宣中華　劉一華　范予遂　苗培成

中央各省聯席會議提案紀錄

中國國民黨廣東省執行委員會農民運動提案

（甲）經濟的

（一）一般佃農的要求主張，分別依照向例納租方法減原租最少百分之二十五。

（二）自耕農及小地主的痛苦，苛稅雜捐之繁苛，故滿足自耕農及小地主之要求，應廢除一切雜捐附加稅（不論是國家或地方的）及不法苛抽（如民團費之類非政府機關徵收者），另定統一的單一的所得稅。

（三）規定借貸利率不得超過「二分」，如違以違法論罪。

（四）由國家設立農民銀行以最低的利息貸款與貧農。

（五）政府須扶助農村合作社之發展，禁止奸商壟斷物價囤積居奇。

（六）整頓水利救濟災荒。

（七）統一度量衡。

（八）廢除業佃間之不平等契約，如鐵租、押租、上期租等，及種種苛例，如田信雞送租等，由政府製定雙方遵守之批耕條例，如業主有不能履行此項條例時，農民可向鄉民公斷處陳訴解決之。

（九）改良雇農經濟地位及注意農村中之婦女與童工。

（乙）政治的

（一）鄉長由鄉民大會選舉充任。

（二）鄉村財政絕對公開，管理財政人員由鄉民大會選出充任。

（三）鄉村爭執事件應由鄉民大會選舉組織鄉民公斷處調處裁判之。

（四）主張縣委員制（五人），縣長民選，但在此過渡時期贊成政府指派，人民有請求及撤換權。

（五）凡已有之各地民團團員必須是有業的土著，團長必須由鄉民大會公舉，其經費之預算、決算均由鄉民大會公決之。

（六）農民有武裝自衛之權。

（七）農民協會有代表農民訴訟之權。

（八）政府廉價賣給槍械與各縣農民自衛軍剿匪。

（丙）教育的

（一）普及鄉村義務教育。

（二）以地方公款十分之五以上籌辦鄉村義務學校。

（三）縣農民協會可以酌量選送農民子弟入縣立各級學校讀書，要求免費。

（四）中學及小學農民運動教科書應從速編纂施行。

（五）速辦農村教育師範學校養成農村教育人材。

（六）開辦全省農業展覽會。

增加經費預算案（歸併增加中央黨費案討論）

　　廣東省黨部每月經費預算案原訂柒仟柒百陸拾貳元（由廣東財政廳撥給柒千元，由中央黨部撥給柒百陸拾貳

元），現因工作擴張及職員增加原額實不敷用，特將預算
重新修正，此對原數應增加肆千捌百伍拾貳元。茲謹將預
算表一紙，提出請求公決。

1. 職員雜役薪金　　三千五百元
2. 辦公費　　　　　三百元
3. 印刷費　　　　　五千元
4. 雜費　　　　　　三百元
5. 郵電　　　　　　二百元
6. 書報　　　　　　一百元
7. 特別費　　　　　三千元

　　以上共壹萬貳仟柒百壹拾伍元正（前七項費用的原
寫法特殊，可能有誤）。

何香凝　陳孚木　楊匏安　甘乃光　黎樾廷

請中央擴大並改進中國北部各省區之農民運動案

實現之方法：

（一）確定並增加北部各省區、各特別區域農民運動之
　　　經常費。

（二）為適應北部各省區農民運動之特殊變化起見，應
　　　規定各省區農民特殊運動費以補經常費之不足。

（三）由中央於現有訓練農工運動人員之學校中，再為
　　　北部各省開一特別班，學額由各地黨部派送。

（四）由中央組織一華北農民運動委員會專駐北方，指揮
　　　華北各地之農民運動，使華北各地之農民運動可以

在反動的政治下形成一個受黨指揮的共同行動。

理由：

（一）欲實現國民革命必須有政治、軍事、民眾三方面的力量的結合。

（二）在中國北方各省區政治和軍事兩種力量尚在北洋軍閥手中，我們應當用黨去取得民眾的力量，而且也能用黨去取得民眾的力量。

（三）在中國北部的基本民眾就是百分之八十五以上的農民。

（四）因為近年來軍閥政治壓迫反應，中國北部各省區的農民已經自動地武裝起來形成一種有組織的力量，如直、魯、豫、陝之各種槍會及三區農民團自動組織的聯莊保甲團是。

（五）此種組織的形成多含舊式宗教性質與地域觀念，立足點極幼稚而薄弱，若不使之黨化，極容易受軍閥的利用而變成反動的勢力。

（六）此種組織現在極普遍而眾多，且常因地域和習慣的不同而互相衝突。

（七）如果消滅其相互間的衝突而使其變為黨的力量，在軍事和政治各方面均足以為革命勢力向北進展的援助。

（八）在過去只山東、河南、直隸三省區有農民運動費，其餘如甘肅、山西等均無經費，有經費的固異常拮据，無經費的更一籌莫展。

　　綜合上述諸項理由與事實，在中國北部各省區的農民運動實有擴大改進並且統一的必要。因為中國北部各省區以漸入於一個單一的、有系統的軍閥統治之下，與西南各省一軍閥或一省數軍閥的割據政治，又自不同。在軍事和政治兩方面，我們的對象已經擴大，在民眾運動方面，當然也要擴大，同時就現在各地武裝農民的狀況看來，也有此超省界的特殊工作的必要。如河南的紅槍會仇視國民二軍，陝西的白槍會又仇視劉鎮華的軍隊，因此遂演成陝西人與河南人的地域性的爭鬥，如果不用特殊的工作去消滅這個障礙，妨害革命勢力的進展實屬不小。是否有當，敬候公決。

提議人

　　北京特別市黨部代表　　鄧文煇

　　河南省黨部　　　　　　高警宇

　　山東省黨部　　　　　　范予遂　賀楚強　王子壯

　　山西省黨部　　　　　　苗培成　高叔英

　　奉天省黨部代表　　　　朱霽青

　　甘肅省黨部代表　　　　何履亨

　　熱河區黨部代表　　　　烏文献　丁超五　李毓堯

副署人

　　周以栗　江　浩　董海平　羅貢華　王積衡　謝　晉

確定北方各省紅槍會運動方策案

自從吳佩孚利用紅槍會打敗國民二軍，及山東岱南紅槍會實行反抗張宗昌的政治鬥爭失敗之後，這個北方農民變態的革命組織——紅槍會，已漸為一般人所注意。這個變態的革命形式，不但在我們軍事發展上關係至為重要，即在農民運動的進行上是同樣的重要。

一，**在軍事方面**　現在紅槍會的份子亦因時代而進步，多挾有新式的槍械，具有極大之犧牲精神。在事實上已成了一種極有力的武裝農民，但因其沒有明確的革命意識、科學的組織和系統的革命行動，所以他們的組織紀律全賴宗教式的迷信，他們的行動全聽憑少數領袖之指揮。又因他們的領袖多為中國古式的任義尚俠，毫無政治腦筋之人物，所以每為有力者所利用。河南紅槍會為吳佩孚所利用，不能不說是革命的一種損失，山東紅槍會之暴動，也是受了反張的失意軍人及政客之利用的。現在山東方面雖經張宗昌之嚴拿，而在實際上不但是秘密的存在著，且有迅速的發展。吾黨若不早為之計，則紅槍會或將為反動派所利用。數月以來山東、河南等省即派有專人從事工作，以往成績尚屬不惡，但限於財力，不能從事於大規模的活動，是以由軍事的觀點，宜由聯席會議迅速確定方策，以免此種武裝的農民為反動派所利誘。

二，**在農民運動方面**　紅槍會的份子十九是農民，他們忍受不了土匪軍隊的蹂躪和騷擾苛稅雜捐的剝削，靠軍隊，軍隊是和土匪無異，靠民團、保衛團，則團丁也是土匪。

如果以舊日保甲等方法講救自衛，則農民各以經濟的地位不同，團結不能一致，最後不得已才以宗教式的迷信作團結民眾的中心。入會者一律平等奮勇殺賊，此法一行，民眾便趨之若鶩，蓋不加入者不特紅會不加保護，土匪亦得任意蹂躪也。入紅槍會者既皆為農民，則作農民運動者不得不作紅槍會運動，其原因：（一）農民協會不與紅槍會發生密切關係，則農民協會不為紅槍會所了解而生仇視。（二）紅槍會發展速於農民協會，若不與紅槍會發生密切關係，必將因紅槍會之發展而妨害農民協會之發展。我們如果把農民協會的工作和紅槍會運動聯合進行，則可以使用紅槍會的名義，事實上由同志按照農民自衛的組織逐漸的去實行改編。

辦法如下：

一，確定對於紅槍會的態度：

  1. 紅槍會是推翻封建軍閥政治的一部份重要力量，故必須抓住這個力量。

  2. 紅槍會與農民協會是兩件事不能混為一談。

  3. 紅槍會只能引導其作民族革命的鬥爭，不能認為是農民的真正武力。

二，確定對於紅槍會運動的口號：

  1. 實行農民自衛。

  2. 各種自衛團體聯合起來。

  3. 抵抗土匪。

  4. 抵抗害民的軍隊。

5. 反抗一切苛稅雜捐。

6. 反對貪官汙吏。

7. 反對劣紳土豪把持鄉政。

8. 反對預徵。

9. 反對軍隊就地籌餉。

三，確定對於紅槍會運動的方法：

1. 要與他們講俠義講感情。

2. 要加入他們的團體作他們的同志。

3. 要抓住他們的領袖。

4. 不要破除他們的迷信，正要利用他們的迷信改正其政治思想。

四，在北方特設一委員會專負指導紅槍會工作之責。

五，確定對於紅槍會運動的經費。

提出者

　山西省黨部　察哈爾黨部　山東省黨部　河南省黨部

　北京特別市黨部　奉天省黨部　甘肅省黨部

連署者

　江蘇省黨部代表張曙時　江浩　吉林省黨部

　　逕啟者，案據上海特別市黨部執行委員會呈稱，茲擬就上海政治運動計劃與擴大黨部組織增加預算，並請撥清舊欠，以利黨務等情前來，相應檢同原呈，送請查照辦理，此致

聯席會議主席團

計附原呈一件

中央執行委員會秘書處

（原件）

呈為謹擬上海政治運動計劃與擴大黨部組織增加預
算，並請撥清舊欠，以利黨務事。竊以本黨北伐勢如破
竹，今兩湖已定移師入贛東南，工作益見吃緊。上海本為
全國之中心，際此我軍入贛討孫，更有舉足重輕之勢。且
我軍進行甚形順利，默察東南變化不出以下三途：其一為
孫氏退保蘇、浙、皖三省。其二為孫部之小軍閥如陳調
元、夏超之流紛紛獨立自保，成一混亂局面。其一為奉軍
沿津浦路南下席捲皖、蘇、浙三省。而本黨之應付方法，
當以領導民眾實行上海自治。蓋孫氏如出於退守，必與本
黨有相當妥協，不敢再行拂逆民意。若奉軍南下，其勢亦
將屈就民意，以得好感，藉補前愆。至各小軍閥獨立自
保，則更無能力以遏民眾之自治運動況。前次齊盧戰後，
上海有永不駐兵之運動告成，去歲孫氏起兵逐奉一時，曾
將上海政權交與總商會，是以今日之市民自治運動於歷史
於趨勢均有實現之可能。職部連日分頭接洽，結果甚佳，
現在正在竭力準備著手聯合各方人物，組織市民運動委員
會，一俟孫軍在贛敗退，即當見之實際行動。此舉不但足
以打擊孫氏，且可伸長本黨勢力。惟職部之意見以為目前
北伐之重心既以移於東南，中央應即行組織東南特別委員
會，專行指導東南各黨部政治軍事活動事宜。庶可收指臂

相連之效。至職部之組織為應付此繁重之時局起見實有擴大之必要，然自北伐以來職部一再縮小，現有職員僅十一人，經常工作已難支配，加以北伐重要工作更形捉襟見肘，現雖勉力活動，終覺心長力絀。為此僅就現狀加以最低限度之擴大，擬定如下：

（一）秘書處　原有秘書長一人，幹事二人，一為會計兼庶務文書，書記一人尚須兼理各部抄印文件。現擬除秘書長一人外，幹事增為三人，一任政治工作，一任黨務工作，一任技術工作。書記增為三人，仍兼理各部抄印文件。

（二）組織部　原有秘書一人，幹事一人，以之應付部中經常工作尚可過去，然指導各區黨部並加以目前登記事宜，便覺不敷，而值此北伐順利，職部為擴大組織，計將公開徵求同志，原有職員更難支配。現擬增添指導幹事一人，書記一人。

（三）宣傳部　原有秘書一人，幹事一人，應付經常工作尚屬難能，北伐以後組有北伐宣傳委員會，惟以職員太少，無專人負責，訓練同志至為重要，該部本有訓練委員會之組織，但僅有一津貼房飯之書記一人，亦屬欠妥，是以該部亦應添幹事二人，以之分任主持兩委員會事宜。

（四）商人部　商人運動至為重要，而職部竟以經費之故，將其與工農部合併，原只秘書一人，現擬添幹事三人，一任店員運動，一任中小商人運動，

一任政治活動。

（五）工農部　原與商人部合併，但兩者性質不同，合併為難，原擬分設添秘書一人。

（六）青年部　原有秘書一人，以上海而論，學生已達四、五萬，其他青年工人商人為數更多，加以上海青年學生正受抑於反動教育勢力之下，應付甚難，擬增幹事一人。

（七）婦女部　原有秘書一人，未能應付裕如，擬增幹事一人。

依照上述擴大之組織職部之按月預算謹擬如下：

職員薪水（職員原有十一人，現增廿六人）　八百元

各新活動費　　　　　　　　　　　壹仟一百元

商人部　　　　　　　　　　　　　貳百元

青年部　　　　　　　　　　　　　壹百元

宣傳部（包括北伐宣傳費）　　　　四百元

組織部（包括登記費）　　　　　　壹百元

工農部　　　　　　　　　　　　　貳百元

婦女部　　　　　　　　　　　　　壹百元

各區津貼（恢復原狀）　　　　　　參百參十元

房租　　　　　　　　　　　　　　壹百伍十元

臨時（包括廣告交際電報等費）　　參百元

共計按月貳千八百八拾元。

至於職部過去經濟狀況，實已困苦萬分，債台既已高築，而中央尚有未付款項。現特擇要報告如下，自職部

成立自一月至六月，職部財政統由張廷灝一手處理，以其
不列預算，致每月支出恆超過收入，其總收支數目如下：

　1. 總收入　　　　　　　　一七八八五元
　　壹，中央　　　　　　　　一一九六五元
　　貳，借款　　　　　　　　五九二〇元
　　　a. 銀行　　　　　　　　四〇〇〇元
　　　b. 惲代英同志　　　　　一〇〇元
　　　c. 國民日報　　　　　　一八〇〇元
　　　d. 吳生白　　　　　　　二〇元
　2. 總支出　　　　　　　　一九七七〇元・四七五元
　　壹，現付　　　　　　　　一七八八五元
　　貳，欠費　　　　　　　　一八八五・四七五元
　　　a. 廣告費　　　　　　　二四〇・八元
　　　b. 薪水　　　　　　　　五七五元
　　　c. 各區津貼　　　　　　五〇九元

以上為一月至六月收支情形，連借款欠費已負債
七六〇五・四七五元。七月份起仍依照中央津貼一八五〇
元七折實發一二九五元編造預算，同時裁員節流，但七月
份中央津貼未蒙寄下，直至八月始由張廷灝同志匯來五百
元，據說中央只發九二五元，除五百元交與職部照收外，
其餘已為張同志用為旅費矣。是以該月份雖有預算，又為
入不敷出。迨至八月得中央卅五次會議之決議案，知津貼
已增為三千〇四十元，又值北伐時期，工作加緊，職部即
依此決議，增加數目，另造預算，但中央迄未照付，職部

不得已乃再行裁員縮小範圍，預算仍依一二九五元之數（超出中央來款三百七十元）。然八月之津貼，直至九月底猶未見付，且中央卅五次會議決議增加黨費一萬元，前以財部未能照撥，致不能實行，今聞財部業以如數照撥，而中央則迄未實行，致職部活動受厄於經濟者不少，應請即日照付，以利黨務。又北伐宣傳至關重要，職部曾向中央請求北伐特別費二千元，中央不但未准，且置之不覆，後以北伐工作已有長期之勢，又改請中央按月支撥三百元，而中央又置之不理。惟職部北伐工作用費浩大，不得已乃挪用北伐捐約三百餘元（北伐捐款總數亦不過三百餘元）。但相差甚遠，所有用款均由同志設法息借而來，實以瀕於無米為炊之苦，請中央即行照撥，藉免停頓。又如秋季特別費二百元，亦未見寄，然秋節一至，包探等紛來索款，職部東借西挪差幸過去，又劉華同志撫卹費二百元，六月份國庫券五百五十元，登記費一百五十元，亦請即日見付。再者職部為擁護北伐，曾舉大演講一次，同志被捕十餘人，現尚有數人在獄，一切過去援救用費已用去三百餘元，未釋者亦非百五十元不能保釋，而職部預算每次名目應請中央准預照撥。中南晚報為本黨宣傳最力且收效頗大公平通信社，為同志所舉辦，為黨宣傳極為盡力，現以經費困難，支持不易，擬各請津貼按月三百元，望中央准其所請以利宣傳。

　　以上所呈務望中央即行核准立見執行，職部不勝屏營待命之至。此呈

中央執行委員會

中國國民黨上海特別市執行委員會

熱河特別區黨部報告

自奉軍入熱之後，黨部機關橫被封閉，所有文件印信均被焚，如負責同志亦逃避一空。處此萬惡奉系軍閥宰割之下，不得已之現象也。後由政治委員會北京分會派定武守廉、烏文献、郭崇熙、張斌、曲步霄、王廣仁、白庭桂等七人去熱整理工作，建設秘密黨部，進行各種運動茲將最近情報告如左：

（1）**工作計畫**：（a）整理各市縣舊有黨部，（b）召集青年及含有革命性的各階級份子，作短期秘密訓練認識黨的主義，（c）由來黨派人到各區宣傳保甲組織農民自衛軍，使各縣區鄉農民發生密切關係，（d）分頭下鄉用各種形式成立農會及正式農民協會。

（2）**政治調查**：熱區各縣所有大小機關官吏及差役等，一律改換奉方人員，苛捐雜稅任意徵收，今又提倡清丈地畝預徵畝捐，農民情形甚為動搖，劣紳富戶與官勾結借端剝削農民，種種劣政不堪枚舉。軍隊遍地過往，任意號賣糧草，以滋其揮霍，而當地警察之暴虐，不亞於兵匪，對於我們的工作嚴加防範，如檢查信件盤詰行人等事。

（3）**工作近況**：在赤峰縣近幾日成立縣市黨部各一，對於青年運動稍有困難，因赤峰中學小學完全在一般劣紳之

手，現已派同志假意入學上課，實際著手秘密工作。在建平縣黑水鎮已成立一臨時縣黨部，新舊黨員有二百三十餘人，「以後可按名註冊領黨證」。對於各縣工作將訓練好的數人派赴平泉、圍場、凌源、承德四縣照及組織情形如何，以交通不便受時局壓迫，尚未完全正式報告。惟接平泉報告黨部已重新整理新黨員加入者，不過百餘人，圍場縣報告黨部亦整完竣，新舊黨員有九十餘人，其他各縣黨務現正努力進行。

（4）**農民工作**：用各種形式在各縣鄉村中已組成大小農會及聯莊會三十餘處，因熱區農民迭遭兵燹匪禍之蹂躪，令其團結自衛，甚為歡迎，故農民工作較黨的發展為易，但同志太少不敷分配，由天津購一個留聲機，使同志假作唱留聲機商人到各縣鄉村，藉此召集農民演講，收效甚大。又派新加入黨的同志設法伸入附近組織成的保甲團裡施行秘密工作宣傳，現已與本黨發生關係的有二區，其他各縣區鄉的保甲團、聯莊會正在努力宣傳與組織中。近來農民運動的經費已超過黨的經費半倍以上，其他普通黨務之工作茲不敘述。

熱河代表烏文獻

十五年十月廿一日

中國國民黨察哈爾省黨部報告

一九二六，九，二六

目錄

　1. 察哈爾工作報告

　2. 政治報告

　3. 整理工作計劃

　4. 代表證明書說明

1. 察哈爾工作報告

　　自第二次代表大會以後，察區工作轉成了個新的趨向。

　　甲，因大決定了許多新的工作策略，使我們得到了幫助。

　　乙，因我們處在進步的國民軍勢力之下，很少壓迫，所以我們的工作在此時有蒸蒸日上之勢。

　　迄此次國民軍退卻時為止，雖說十分滿足，但黨在察區實已樹有基礎，因為在群眾已充盈了我們的活動，無形中我們得到了領導群眾的地位。茲為明白起見，特分別報告於後：

A 政治工作

　　國民軍是進步的武力集團，對於我黨始終持友誼的態度，每逢群眾大會及一切運動先與之商並無阻礙，雖其間個人不無多少隔閡，然亦不過偶然的欠了解耳。我們在這種自由的環境之下根據黨的政策，只有公開的盡力做宣傳工作，盡量的組織各色民眾，使我們黨在民眾中樹立基

礎，進而竭力的扶助國民軍使在西北保存其實力、分途抵抗和牽制軍閥與帝國主義者向我國民政府之壓迫。所以我們在察區方面的政治工作，一面向民眾宣傳國軍的不擾民真愛民的好處，使民眾擁護之，以鞏固國民軍在民眾中的地位，得到民眾的幫助。一面則處處指示國民軍必須如國民革命軍一樣，以民眾之自由幸福為指歸，國家之福利為目的，絕對的反對帝主義與禍國軍閥，變為真正民眾的武力，同時我們若遇困難之時，我們盡力量之所及，領導有組織的民眾實際幫助其軍事行動，如鐵路上之軍事運輸工作，前線上三電氣防禦工作等，均其明證。凡上所述在皆吾黨在過去的長時間中工作之方針，期間事實紛繁要皆不外乎此旨。

B 組織工作

察區省部所轄共有縣市黨部八計為：張家口市、宣化市、萬全縣、張北縣、興和縣、商都縣、多倫縣、西北陸軍幹部學校特別區等。

尚待成立者五計為：康保縣、寶昌縣、商河縣、涼城縣、集寧縣等。

其各處人數根據一月以前的報告：

張家口市為四百九十一人。

宣化市為三百一十人。

萬全縣為四百零三人。

張北縣為二百五十五人。

商都縣為一百二十人。

興和縣為一百十二人。

多倫縣為二百四十七人。

西北陸軍幹部學校約三百人。

各處口頭報告：

康寶五十人左右。

寶昌四十人左右。

商河十人左右。

涼城卅人左右。

連同工會同志，察區共有黨員三千餘人。

凡以上所述比較工作優者為張垣市、宣化市、萬全縣、幹校特區、多倫、張北數處。在群眾中的影響也以這幾處為佳，餘外尚待成立縣部，各處雖略有基礎，或因交通不便，或因人才缺乏，種種關係未能即刻辦理者，成績當然較差。

C 宣傳工作

察省宣傳工作可分文字與口頭的，經常的與臨時的，在先本計劃在張垣辦一日報，旋以經費拮据未果，所以在文字的宣傳上僅有一現已停版之西北週報，為同志集資所辦，曾歸黨的指導替黨造宣傳工作不少。除此文字方面只有臨時的為多，三月之總理逝世週年紀念前後，開會三日夜講演電影，召集群眾每次在五千人以上，西北週報加添編印中山紀念特刊號三千份、傳單五千張，同時各市縣黨部一律舉行。此次宣傳收效極大，三一八慘案示威和追悼大會，均由黨領導舉行文字和口頭上之宣傳，影響甚廣。

其後「五四」、「五七」亦由黨領導做群眾運動,「五四」較「五七」成績略有不及,然兩次的宣傳工作皆能影響及於群眾,不過範圍較為稍窄耳。「五卅」運動籌備最早期前三日即在各處講演散布傳單,及期到會群眾近一萬人,計散發傳單為二萬份,同各縣市黨部一律舉行幾處大的地方省部派人特別指導,此次運動為空前未有之舉。凡此群眾運動次數甚少,要皆在吾黨指導之下去進行,一切的宣傳工作除卻人力不足外,皆已充量的去進行矣。

D 學生運動

察區所轄除北垣外,學生甚少,而在張垣中等學生總共不過四百人,因此黨在學生群眾中的發展,除了因文化落後不易宣傳外,即數量之少殊覺發展領域之狹。張垣學聯會從前在我們的影響之下,同志頗多,旋因一部份壞份子發生分裂的問題,未能解決,同時學校放假迄未開學,學生星散無法進行。第此項工作在察區不比北京之廣大,一俟收假後依然可以圓滿進行。至於在各縣市除宣化外,學校極少,宣化方面學生運動完全在黨的意識之下做工作當然不成問題。

E 農民運動

以前農運工作未具雛型,自從一月以後專注重於農工運動之發展,於是察區遂竭力注意於此,首先做張垣市郊農運,次及於各地。現張垣之大境門外,農民思想較為進行一點的,均已在黨的組織以內。徒以目前政治環境之故,未能即掛招牌。至於各縣的如康保縣、興和縣、張北

縣、寶昌縣、延慶縣、商河縣、涼城、集寧、多倫等縣，皆已派人去做工，迄至現在僅張北、多倫、興和各縣頗佳，餘則尚無大的群眾組織。

F 工人運動

在察區新式產業工人，有鐵路作幣電氣等工人，這些工人統計不下一萬五千人。黨在其中曾經竭力發展，黨指導他們成立自身的組織——工會，謀自身的利益。及今鐵路工人與電氣工人等，均有工會，並曾經在工會領導之下做過許多的經濟鬥爭，都得到了勝利，在兩次國民軍退卻中及戰爭中，黨曾領導這些有組織的工人幫助其軍行，獲益不少。至於手藝的工人，如皮毛工人、成衣工人、理髮工人等到處皆有，已組織的僅張垣、宣化、張北、萬全、多倫等處，較大的城市中，共人數之最多者為製皮工人，因皮業為西重要經營，也總共有組織的各處共計不過二千五百人左右，因此輩居處散漫不易組織，故也。

G 婦女運動

在西北的婦女運動成績較各項工作為落後，迄至現在總共察區女同志不到六十人，可謂少極矣。而此五十多人盡是散在各處，因此活動工作較為特少，在社會上稍為有活動表現者，僅西北婦女協進會之組織耳。

以上情形為國民軍尚在三區時期之概略，及至南口失限國民軍退卻之後，形勢為之大變，奉軍進入張垣之後，不獨黨部不能存在，即黨員個人亦不能倖免，在在有被捕被斃之可能，所幸平日工作稍有基礎，事先已有準

備，故臨時尚未遭際若何重大損失，負責同志均能暫時藏避，以免殺戮之慘。現在局勢漸入於安定，雖然吾黨同志活動在敵人嚴重壓迫之下，各地黨部秘密機關均已建設就緒，一切工作均已著手進行，惟有一事為此次之損失最大者，即藏於某同志家之重要文件印信等因被奉軍檢查，匆劇毀去，實為可惜耳。

2. 政治報告

這個報告範圍於國民軍及其關係者，這雖然是事實在國民軍統治之我們能公開工作，但國民軍本身的劣點缺乏政治的常識，是我們十分能了解的。一軍之軍紀和戰鬥力，實冠北方各軍，但其著著失敗的根本原因就是不懂政治，如不援救二軍致失河南，不猛攻天津致失郭軍，不贊助首都革命，致段賊能制用名器於國民軍勝利，時掣時敗傾時摧殘，這一切國民軍尚未退出南口以外的事實，具有國民軍終至失敗之最大者。即至馮玉祥去職，國民軍退駐南口以後將領竟意見不和，互相傾軋、互相牽制而舉棋不定。結果二十餘萬有訓練有紀律之武力，終為奉軍所敗，至於不可收拾影響於國民革命進展之延宕，實為可惜。現在國民軍已敗，向西去毫無消息，但其先曾為主要軍力的韓復榘、石友三部，均已降晉，其二、三、五軍線部聞已漸向陝西開動已至臨潼一帶，計在出潼關與豫中友軍合會。據聞馮危歸策劃重整旗鼓，如果韓、石等降晉為一時就會之計，則馮之計劃或有可能而為時又甚緩。

奉軍佔領三區之時，沿戶搜劫姦淫，無一幸免，多

倫一縣城被奉軍燒殺而死者至一、二千之眾，因此一般民眾對於奉軍恨之入骨，對國民軍頗懷孺念之心，其餘工人作工不得食，農民有田不得耕，商人有貨賣不出錢等等，更甚其油然自覺而有以抵抗奉軍之橫暴，此客觀情形，實與吾黨在政治壓迫下絕好工作機會也。

3. 整理工作計劃

　　三區的客觀情形既然如此，從新整黨務亦因之有極會而刻不容緩，如是省黨部各委員除絕對不能返張者外，均陸續回張，並由當地同志推舉雲霖、多壽等同志加入省部，共負整理與復興之責，其進行步驟分為：

　1. 重新登記，由張以及於全察區。

　2. 各地登記之後即時成立秘密機關，俾能開會云。

　3. 暫時多注意內部教育。

　4. 於相當時間之後令各同志散佈鄉村從事秘密的農民宣傳運動。

　5. 在奉軍中做下層破壞工作。

　6. 謀與國民軍溝通並宣布吾黨軍北伐之勝利及其重要。

4. 代表證明書

　　此間接得京中通訊處知照之本黨於十月一日舉行擴大會議，特派雲霖同志出席為察哈爾省黨部代表，但因：

　1. 省黨部印信與重要文件，於亂軍入張垣之時被焚毀，不能發出正式證。

　2. 京張一段檢查過於嚴重不能攜帶，故此飭令雲霖同向京政委分會報告，並乞為介紹而聯同以上報告說

明如此，即希查照，令其出席為荷。此上
中央擴大執行委員會

察哈爾省黨部啟

九月，廿六

山東政治報告

一、軍事
二、省政府
三、經濟
四、教育

一、軍事狀況報告

山東軍事上的大事顯然有兩方面：一是站在張宗昌旗幟之下的軍隊，一是站在反張的旗幟之下的民團土匪及一般失勢的軍人。這兩種旗幟之下的勢力不斷的衝突，如果張宗昌再與其他省分開仗時，省內便要有大變化，發生這種大變化，頗有把張宗昌逼到末路的可能性。按照山東現在的經濟狀況，以及民眾反抗張宗昌的熱烈情形去觀察，山東的前途縱使有其他的戰事發生大變化，也恐怕難免。茲把這兩方面的情形分述如下：

（一）張宗昌的軍隊

張宗昌本是奉軍第三旅旅長，他在吉林駐防時部下已有一萬多人，直奉戰爭他僥倖打到了關內所在，招收土匪，改編直軍，不數月便已擴充到三、四萬人。他到山東時軍隊號稱八萬，其實也只有四萬餘人，而且沒槍的還有

十分之三、四，當時山東軍隊的實權在皖系軍人掌握中，且他們直轄的軍隊有五萬人，槍枝齊全，戰鬥力也不弱，主客相形之下情勢很有一期不大妙。張宗昌於時一方掃滅了曹州的國民軍，乘機大大的擴充了自己的部隊，一方又用勢力引誘皖系將領使之就範，因此山東的軍隊在名義上服制上都改成立奉軍，卻也相安無事了許多時。去年蘇魯戰爭時張宗昌雖然打敗了，但卻收了意外功效，就是由此一敗，把異己的軍隊給擴清了。戰前張宗昌已編成八軍共二十萬人，戰後所剩的不過十萬人，褚玉璞的第六軍當時駐在濟寧以西，專防禦河南，並沒有接觸，所以能保全實力，後來張宗昌便專仗這一支生力軍支撐殘局，褚玉璞轉戰南北很賣了一期呆氣力，張宗昌之所以不得不以褚玉璞為直隸督辦者，亦以此故。

張宗昌人極潑剌，善於吞併弱小部隊，又自去年大戰以至現在，山東的軍隊經了長期戰爭，指揮的人也很得了不少訓練，戰時死亡的很多，但因為不斷的在直隸、山東境內招募新兵，所以他的兵的數目始終沒有減少，而且又加多了張宗昌，近幾次所以戰勝者，完全是機會好。在他軍隊裡面除了兩件事外，一向直找不出可以說明他所以戰勝之故者，這兩件事：一是他的砲火猛烈，二是他的兵實在太多了。張宗昌的軍隊的壞處，未免太多了，分子複雜，沒紀律，騷擾、搶掠、屠殺是他們常幹的勾當，由這種壞亂發生的惡果，便是他們已經同民眾遠遠的離開了。張宗昌軍隊之所以至此者有幾種重要原因：

1. 兵不是招來的，是拉來的，又沒有訓練，所以又複雜且無紀律。

2. 凡能招一團者便以為團長，招一營者便以為營長，至於這一個人可否做團長、營長則不問也。所以軍官十分之八、九都無軍事常識，且無管理軍隊之能力。

3. 軍隊的給養不充足，餉更不必說，服裝則多由前敵上運回來，受傷快死的兵的身上剝下來給新兵穿上，而這樣的服裝又不能多有，兵們既寒且餒，又如何能安分。而且自團長以上的軍官沒有不扣餉的，他們實在沒有約束部下的權威。

由這幾種原因去推想他的軍隊的內容可以得其梗概。

張宗昌也很知道這種糟蹋的軍隊之不好，常想法去整理，去年曾教段某辦了一個軍士教導團，學生尚未畢業便胡亂成立一旅人，發到泰安迤西去抵抗國民第二軍，結果士兵逃散淨盡，把槍砲做了禮物都送給國民二軍及當地的農民了。最近他又辦了一個將校實施學校中附軍士教導團，九月一日開學，規模卻也不小，校長是曲同豐，還有日本教官多人，曲是奉段祺瑞的命令來的，聞尚有其他的意義（我們在後邊還要說到這件事，此地從略），但因有日本人幫他的忙，所以我們也沒輕視了這件工作。

山東的軍隊與直隸的軍隊合稱直魯聯軍，張宗昌近來對於奉軍漸有另立門戶的表示，張作霖也不能奈何他，褚玉璞在直隸除有第六軍全部及新成之部隊外，張宗昌又撥了許多軍隊歸褚統率，還有駐在北京附近的一部魯軍，

這是張宗昌準備與奉軍分贓的隊伍。除掉上述幾部分之外，現在駐在山東境內的軍隊和他們與張宗昌的關係略有調查分述如下：

1. 與張宗昌最接近的：

　　祝仞千——兵站守備旅旅長，人數五千，祝與張都是山東振縣人，故甚接近。

　　祝祥本——衛隊旅旅長兼濟南鎮守使，他的部下有六千人，是張宗昌手下最紅花的一個，也是振縣人。

　　趙亨寶——六十五師師長兼一百六十五旅旅長，有三千人，屬於六十五師的有一百六十六旅騎兵，即所謂俄國旅者是也，只有八百人。又有一百零五團，亦為俄人，名為一團，只有五百人。六十五師的俄白黨，是張宗昌最得力的隊伍。至趙亨寶本人雖與張宗昌接近，其部下反張的分子亦大有其人。以上均駐濟南。

2. 較為接近的：

　　程國瑞——第三軍軍長，全軍共四旅約二萬人，槍枝極少，徒手兵幾占半數，駐防膠東常同。畢庶澄鬧意見，張宗昌用他監視畢庶澄，故較為接近。

　　許錕——第七軍軍長，部下共三旅，人數在二萬左右，槍枝不全。許錕是張宗昌部下較有頭腦的人，駐岱南，張宗昌用他防備孫傳芳。

3. 雖不甚接近亦不甚相反的：

　　孫宗先——第四軍軍長，由舊第五師之一部改編成軍，約五千餘人，與張宗昌感情不甚洽，參謀長為王瑞

五，保定軍官第一期畢業，前在北京附近，現已陸續開回，駐紮何地尚未悉。

王翰鳴——第十一軍軍長，由舊第五師之一部與各地警備隊土匪合編成軍，有劉、賀、宋三旅，劉旅為全軍之主幹，劉旅純是土匪改編的，實權在王自修手中，王自修與張宗昌的感情極不好，全軍約八千人，駐魯北。

4. 與張宗昌較相反的：

畢庶澄——第八軍軍長兼渤海艦隊司令駐青島，約八千人，槍枝齊全，畢與褚資地相等人比，褚要精明些，張宗昌對於他兩個人的爭執常偏袒褚玉璞，畢庶澄大大的不平，山東、直隸又常有畢庶澄不穩的傳說，所以張宗昌教程國瑞去監視他，若一旦有事畢庶澄終是張宗昌後顧之憂。

5. 散碎的部分：

翟文林——沂州鎮守使，翟氏前為褚玉璞的參謀長，本人沒有軍隊，到沂州收集舊第五旅的殘部，又招募些土匪兵力約二千人，槍枝不足，連地方的土匪都鎮撫不住，他的兵力可想而知了。

杜鳳舉——曹州鎮守使，杜是張宗昌之親戚，馬弁出身，蘇魯戰前尚是營長，戰後擴充成旅，到曹州後又擴充成師約六、七千人，招安了許多土匪，教他們到各縣去駐防，各縣民眾因此全武裝起來，去對付匪軍。今年春間有一團人被曹縣城武人武力解決了，杜鳳舉沒辦法，便置之不理，當地農民因此極得意，紅槍會遂風行一時，反張的空氣極其濃厚。

　　婁和卿——東昌鎮守使，基本部隊極少，全仗招募土匪充數，以致軍隊與土匪無別，雖然受招安當軍隊了，但夜間仍然四出綁票，月前又有警備隊在東昌譁變的事，人民恨極了。現在已經有聯合抗稅的組織。

　　王文泰——煙台鎮守使，煙台本是畢庶澄的轄境，王文泰在那裡勢目虛設，他的部下只有五百人，實際上並無大關係。

　　顧震——北部剿匪司令，在武宣一帶，兵力約一團。

　　以上是張宗昌這一方面的軍隊的大略情形，此外尚有各縣的警察及警備隊，總數有五萬人以上，但是太散漫了，而且警兵及官長差不多都受地方上紳士們的指揮。

（二）反張旗幟之下的各部分

1. 民團和紅槍會

　　民團、鄉團、聯莊會、大刀會、紅槍會，這許多名字差不多很容易使人迷目，總而言之民團、鄉團多是官辦為劣紳土豪地主所有，聯莊會、大刀會、紅槍會是民眾自己組織的，但在混亂的政治環境最惡劣的山東現狀之下，他們都有形成聯合戰線的可能。紅槍會不是他的本名字，它們自稱為紅門，也叫離門，「離為火」，火色是紅的，所以符籙也是紅的，槍及纓子也是紅的，所以又叫紅門，人們見他們用的是紅槍，便名之為紅槍會。紅槍會的祖師是真武帝傳道的為教師頭，人們入會時得先發誓言由教師頭畫張符給他喝下，再傳給「老本」喝下符水，將「老本」念念不忘了便可以避兵火，「無量佛」三字是他們的

「老本」，不准向人傳說的，紅槍會除以此等神秘之力壯人膽量外，別無其他奧妙。農民被兵匪騷擾的過甚了，他們沒有好法子去聯合抵抗損害他們的暴力，所以便相率而入紅槍會，各地民團、鄉團骨子裡實在就是紅槍會。紅槍會以前只是對於土匪做一種防禦戰，後來土匪就是一大部被軍隊招撫了，餘下的對於紅槍會很講禮貌，一方軍隊又極其殘暴，於是紅槍會遂擴大了戰線，以其對土匪者兼對軍隊，所以紅槍會現在的敵人是兵與匪，張宗昌的軍隊對於紅槍會常有大屠殺之事，如今年汶上、寧陽一帶之大屠殺，平原、禹城一帶之大屠殺，武定境內之大屠殺等，這種情形便引起了紅槍會之反感，亦報之以武力解決——暴動，如今年高唐之解決，某旅曹縣城武之解決某團等，這種惡感越積越深，將來是會要暴發的，加以張之軍隊仍然怙惡不悛，豈不是火上加油麼。

紅槍會是各地民眾自動的組織起來的，其中有農民及小商人，農民之中有三個階級，一是紳士和地主，他們是為保守他們的財產而加入的，但例如民團這種事沒有紳士和地主們的提倡是辦不起來的，所以紳士和地主因此然的形勢常站在紅槍會的領袖階級。二是自耕農，不受其他階級的影響，純為擁護自身的利益自動的加入紅槍會的，這一部分人與小商人同是小資產階級，他們的情形是相同的。三是佃農，這一階級的人多是無產者，他們依賴資產階級以生活，如果兵匪打破了資產階級，他們便失去了依傍，並且兵匪對於這些貧農的蹂躪騷擾，有時也是一點不

客氣的，所以他們為自身的生活計，也要加入紅槍會，以圖自衛，這就是紅槍會內三個經濟地位不同階級能形成聯合成戰線最大原因。但紅槍會的組織太不完全了，他們只注意他們自己的莊子，往往各自為戰，大的聯合簡直是沒有，他們是不能越境打仗的，同縣或是鄰境還能有聯合的效力，遠了也便不成了，他們的武器是標槍、土炮、來福槍，近來因為收繳潰兵的槍枝，截奪土匪的槍枝，又加以自己購買的槍枝為數頗不少，所以各地紅槍會才有可用的武器，如果能有長於軍事的人去組織指揮之，則三、五縣的紅槍會便可為張宗昌的勁敵，何況山東全省紅槍會的大聯合呢。紅槍會也有總機關，許多教師頭都與總機關有直接或間接的關係，總機關在河南鄭州鄉中，自從在山東單縣南鄉安設支部以來（約當民國七、八年間），江蘇之徐州、山東之曹州才見所謂紅槍會。現在由這一個支部已蔓延山東全境了，近來有許多失職的軍官及退伍的兵士加入了紅槍會，地方人有恃此為惟一之護符，而且他本身就是一種大的勢力，所以紅槍會運動實是一種不可忽視的工作。

2. 土匪

張宗昌藉招安土匪，擴充他的部隊，所以他到山東時有許多土匪便在那裡彈冠相慶。但在同時國民二軍在河南招土匪，國民三軍在直隸大名招土匪，還有曹州的國民軍稱三師人，其中有一半是收編的、就地的土匪。張宗昌的脾氣極怪，凡是受過國民招安的土匪，他不僅不要，而

且還要打，這是他同土匪鬧壞了第一步。膠東、岱南各地的大竿的土匪，有的以前曾幫過張宗昌的忙，有的還是褚玉璞的老前輩，他們自以為張宗昌沒有不邀請或者去接洽招安它們的，殊不知張宗昌對於土匪是來便收編，不來便要設法去併吞他的，所以他們便由失望而與張宗昌分離了，這是張宗昌同土匪鬧壞了的第二步。復次則有許多小股土匪和無所歸的零星部分，受了招安，都被送到前敵上去，危險比當土匪時要多，享受則遠不如當土匪時，而且因受招安之故被張宗昌把槍收沒了，去有生還的，便轉相告語，於是其餘的土匪便立志不受張宗昌的招安，且含有反張的意味，這是鬧壞了的第三步。這三步是構成山東土匪全要反張的主因，土匪也有土匪道德，他們最講究的是義氣面子，如果在情義上對不住，他在面子上教他下不去時，無論對方是什麼人，他便非幹不可，死在他們是不算什麼大事的，張宗昌就因為傷了土匪的情面，便遇見了這麼多的敵人。

他們既反對了張宗昌，於是有幾部分便找與張宗昌相反的孫傳芳去投效，但是孫傳芳常罵張宗昌的軍隊是土匪軍，便一反張宗昌之所為，對於投效的土匪拒絕了。吳佩孚在想要拿河南的時候，派許多人到山東去聯絡土匪，土匪鎮於吳大帥的威名也願意受招撫，但到後來有許多土匪竟被吳佩孚大騙而特騙，岱南一帶的土匪已集合了部隊候命待發，其時吳佩孚已下河南，便沒有召集他們，後來反被張宗昌大打了一次，土匪的傷損很大。東昌和曹州的

土匪，有一部隨靳雲鄂去打河南，打下之後土匪隊伍被分在兩處，而且派重兵去監守他，後來便有一部被繳械，有一部被改編，其餘的一部譁變了，逃回到曹州去山東的土匪，現在正是無所歸往的時候，他們又不願意常當土匪，大勢之所迫，給張宗昌以不少的後顧之憂。

山東的土匪因所在地域的不同而分成幾股，為敘述的便利現在也分作幾部來說：一、是武定一帶土匪，二、是東臨一帶的土匪，三、是曹州一帶的土匪，四、是岱南一帶的土匪。

一、武定一帶的土匪，凡津浦北段以東、膠濟以北一帶地域都屬於這一部。這一帶的土匪，沒有大股和極著名的匪首，但因為有渤海和直隸可以作他們之逋逃藪，所以向來就肅清不了。去年張懷斌的部隊譁變了，便與這些土匪結合成了許多小股土匪，他們似沒有相當的聯合，更沒有一致的步調，所以他們的力量也不大。

二、東臨這一帶，東昌、臨清及濼口以上至陽穀中間之黃河兩岸各縣均屬於這一部。以前著名匪首顧德麟，便是在這一帶嘯聚，近來有許多小股匪被張宗昌的部下收撫去了，餘股因本地民團的厲害，有避到大名去的，有依舊在各縣哨聚的，有王某是這一部土匪信用的領袖，人數多少尚沒有調查過，不多都是。幾日以前有一營上下的警備隊在東昌城內譁變，這批變兵都是以前招安的土匪，又有許多軍隊在營時是兵，夜間放哨便成土匪，這差不多是這一帶的普遍的現象。

　　三、曹州一帶，曹州土匪之多向來有名，但從國民軍失敗以來，曹州的土匪比前要少了兩倍，我們只要看各大軍閥的軍隊之數之加多，便可以明白土匪所以少的原因。但曹州的土匪雖然少，但總起各股來算仍有六、七千人。曹州的土匪有北碼、南碼之別，大抵曹州北五縣的土匪為北碼，南五縣的為南碼，北碼自從喬鴻修一股受招安，被曹縣城武的紅槍會解決之後，尚存的有劉長久的一股，常往來於濮、鄆、大名一帶，人數不下千人。南碼范明新的殘部還有三、四百人散在各地，不大敢動此。外則有梁盛懷一股有二千人，在鉅野一帶。南碼、北碼之外，尚有一股教匪散在荷澤、鄆城、鉅野、嘉祥各縣，現以李某為領袖，近與段祺瑞部下之吳光新接洽，聽說條件已妥，可集合一旅人。李某本是一個中學畢業生，在天仙教又與幫匪聯結，現下尚潛伏著沒有集合。

　　四、岱南一帶，合兗州，南部沂州、青州，南部泰安各地而言，這一帶山嶺起伏，是便於土匪的地域，也是全省中最重的所在。土匪在千人以上的有十餘股，最大的為趙有榮、趙有洪、孫六、唐七、靳廣居等，二趙各有五、六千人，是極講義氣的土匪，孫六是孫美瑤之弟，他所率領的是孫美瑤的殘部有兩、三千人，與唐七所部千餘人盤據抱犢崗一帶，靳廣居亦有千餘人，在鄒縣等地此外，尚有幫匪以靳雲閣為總代表，住在天津與各方接洽招安之事，靳並能代表趙有榮等。這一帶的土匪合起大小各股不下兩萬餘人，槍枝都全並有大炮，在山東各地土匪之

中最有力量。

從以上的調查看，去山東北部及東部不甚重要，最重要的是南部和西部，在膠濟路同黃河所成的扇形角度之中，竟有千人以上之股匪十來股，這真是大可注目的地域，而且這個區域南與江蘇為鄰，西與河南接境，河南、江蘇又同是張宗昌的敵人的勢力範圍，則此區域內土匪之足為張宗昌之大患不言而喻了。

3. 失意的軍人

山東舊有的四鎮都被張宗昌解決了，這四鎮的官長士兵散在各處乘機竊發，將來也會能為問題，此外尚有段派的軍官的活動，也並不是很簡單的問題，現在把這兩方面的情形敘述如下：

山東的四鎮是：1. 濟南鎮、2. 兗州鎮、3. 曹州鎮、4. 煙台鎮。

濟南鎮守使施從濱已被孫傳芳殺了，他的部下是四十七旅，有一部分被孫傳芳改編，有一部分合併於第五師，有一部分則在岱南落草去了。這一部分人與土匪合在一起，近來有施的參謀王某出頭與吳光新接洽，收編為一旅，聽說條件已經快妥協了。施從濱是安徽人，同吳光新是老師，施的部下尚有許多人與吳光新有淵源的，而且吳光新又假段的旗號以相號召，這一部分是很可注意的。

兗州鎮守使張培榮本是馮玉祥所委任的山東國民軍總司令，他的部下是山東第六旅、曹州第三旅，他也有相當指揮的權力，因為他曾作過曹州鎮守使，吳佩孚敗到山

東北境，他曾竭力主張山東中立，拒絕吳佩孚入境，一方又擴充部隊聯合曹州的國民軍，當時頗有勢力，張宗昌與孫傳芳開仗時，把他所部擴充成一師，張敗之後他與曹州鎮守使吳長植同時倒戈，一月至二月，國民二軍敗走，聯軍追向河南去，他乃無所歸，而又不能自存，於是他的旅長馬登瀛便投降了。孫傳芳他自己雖然被張宗昌通緝，但仍不斷的有所活動。

曹州的軍隊是山東第三混成旅，自從呂秀文改為國民軍之後，擴充幾乎到三師來人，後來被張宗昌解決了，呂秀文向住在東交民巷馬福臣被畢庶澄收撫了去，王津韜被褚玉璞收撫了去，第三旅便被奉軍吞併去了，呂、馬皆已無實力，王金韜在褚部下作旅長，將他的部下又都全招集了去曹州，舊第三旅實際上仍然存在。王是江蘇豐縣的大土匪，曾參與辛亥革命，直至現在據說如果有機會，他仍可以幫助革命軍，敗後曹州鎮守使換了二十旅旅長吳長植，吳倒戈後失敗，今年春間被褚玉璞槍斃了。二十旅及中央第一旅的殘部，都被潘鴻鈞收了去，成為一師，實額並不足，雖為奉師，實際是受吳佩孚指揮的。

張懷斌煙台鎮守使所部，名為一旅，實數不過三千人。去年濟南八里漥之役張懷斌被山東紳士招至濟南，他的部下亦向濟南出動，張宗昌打勝了，張懷斌便被通緝，他的部下在濰縣譁變的被畢庶澄收編了，在煙台的一小部分都散做土匪去了。

以上是山東四鎮過去的情形。

　　段派的勢力殘餘的尚有兩派人，一是北洋武備學堂，一是保定軍官學校。段的邊防軍的軍官幾乎全是這兩派人，老段倒了之後這兩派人便散而之於四方，段現在急於找個地盤，一方安置本派閒散的人，一方再謀本派相當的發展。張宗昌同段本有相當的關係，最近又因為張宗昌感覺自己一派的前途的危險，加以段派策士的遊說，便又與段結合起來。奉天自從郭松齡倒戈之後，對於部下防閑的十分嚴，而一方對於借奉系的力量發展起來的人如李景林、張宗昌等，都不敢靠，且時時有排擠他們的意思。張學良之要奪直隸地盤，便是一例。再則張宗昌的軍隊沒餉沒械，常常向奉方請求接濟，奉方接濟但極少，奉方直轄的軍隊餉按月發械，則除步槍齊全不計外，每團均有三連迫擊砲、一連機關槍（二者皆人供給）一連平射炮（英人供給），相形之下張宗昌真有為難的情形。幾次戰事都是張宗昌打前鋒，奉軍雖然參加，並不大打，戰勝之後利益均分之，張宗昌對此則敢怒而不敢言，直系軍閥對於張宗昌乘間抵隙常有妨害他的事，張宗昌大有難於應付之勢，張宗昌既感敵人之太多，實際上又是孤立無援，段派之策士於是乎乘機而進，這是段派所以能同張宗昌合作的情勢。

　　段派向山東發展的策略，我們已經提聽了來，他們第一步先拿段將校實施學校藉以號召閒散的軍官，以保持殘餘的根基，為將來發展的張本。第二步進行收編山東的土匪為攘奪地盤的準備，第一計劃由曲同豐主持，將校實

施學校已經開學了，邊防軍裡中下級軍官被安置下的確乎不少，他們又從日本方面約來了二十個教官，它們還要做照開辦邊防軍的故智，進行軍械借款。第二計劃由張樹元、吳光新、馬良主持，張樹元擔任膠東及武定一帶，吳光新、馬良擔任曹州和岱南一帶，張樹元尚無動靜，吳光新、馬良接洽，快要成功的有兩旅人，它們計劃著如果張宗昌勝了，他們便藉著他的餘威向河南、安徽發展，張若敗則將取山東而有之。至張宗昌之所以能容納他們，第一因為他們將要去拆吳佩孚的後台，第二因為他們可以給他整頓軍隊，第三更要答應他們的原因是因為他們可以日本給張宗昌找到許多方便，第四個原因是張宗昌以為無論在形勢上、實力上他都有挈御段派的權能。現在他們居然各懷鬼胎的結合起來了，但是段派的這幾員大將都草包的很，將來也不會有多麼大的希望的。

二、省政府各廳及省議會之狀況

張宗昌到山東二年以來，把山東全省政治界的人物改換了一遍，許多不經事故的人和土匪都登了政治舞台，到現在便把山東全省鬧的勢如鼎沸起來。張到山東之後首先受影響的便是省議會，他以為省議會是個鳥籠子，議員們便是一群鳥，他沒有工夫玩鳥了而且又不喜歡聽他們叫喚，所以他說「把籠子開開讓他們飛去罷」。省議會的各政團以民治社最為張宗昌所注意，因為其中的分子多是由國民黨，而且與國民軍又有不少的關係，所以首先要趕散的便是民治社了。其次是正誼俱樂部，

由田中玉時代很得力的政團，與張宗昌的味道不大近，張宗昌又討厭他們的首領王貢忱，雖沒趕散，卻都閒散了。再次是誠社，舊進步黨之餘孽，專作反動的事，而又空帶個假面具，在山東省為此派常是吾黨的敵人，宋傳典為這派的領袖，曾經歡迎過張宗昌長魯，所以張宗昌對他並無惡感，但亦不十分依賴。他最紅的是濟社首領叫杜尚，是張宗昌的同縣，他曾竭力運動教張宗昌長魯，所以張宗昌看他如自己的私人一般，這一派的份子最惡劣，現在他們看出風色，撇開省議會專去作自利的勾當，張宗昌對他們更沒問題了。

　　省政府有一個省長，下分六個廳，兩個局子。首長林憲祖兼政務廳廳長，他是張宗昌看家的狗，平日裝出來一種正派的樣子，極為張宗昌所倚住，財政廳廳長杜尚、教育廳廳長王壽彭、實業張銘棟、市政唐仰杜、警察袁致和，這幾個人都是最反動的。王壽彭是前清的狀元，袁世凱的孽臣，自他當了教育廳長之後，把山東教育鬧了個一塌糊塗，現在山東雖然也有審判廳，司法實在並不獨立，且有附於軍法處之勢，菸酒公賣局等於虛設，分局的款子都被所在地的駐兵截留了去。河務局不但不能治河，且去年利津及鄆城的黃河決口，和今年河澤的決口都是河務局放開的。以前山東分四道，現在改成十一道，任命十一個道尹，除濟南之外都由每道首縣縣長兼任，這種道缺是用錢買的，比普通縣知事要多花一倍，前方能買到普通縣缺都是買錢的，買得的錢都歸

最大勢力的軍官，林憲祖不能過問的。這是山東政界的略況。

三、經濟狀況

最足以使張宗昌作難，而且成為張宗昌之致命傷的是經濟恐慌，其實在情形分兩方面，述之如下：

1. 張宗昌及各機關之窘況

山東的收入全年一千一百萬，向來的分配軍費占十分之七。張宗昌到山東之後軍隊無限制增加，這種預算當然是不夠，於是苛稅雜捐、不兌現的紙幣一齊都來了，軍用票定額本是八百萬，但已發出去的實數已不下兩千萬，金庫券是短期有利的，但到期仍須兌現不敢多發，若軍用票雖寫著「軍事平定之後立即兌現」，其實就是一種不兌換紙幣。蘇魯三戰張宗昌只軍費一項開支到三千萬，接著有魯豫在泰安一帶的戰事，同國民第一軍在滄州一帶的戰事、北京一帶的戰事、南口一帶的戰事，每次戰費就讓較蘇魯戰費少一倍統計，也有六千萬。平時軍費三千萬，加上省內行政費、教育實業費一總需一萬萬元。全年地丁一千萬、軍用票二千萬（已燒去五、六百萬），總數才四千萬，所差太多了，故又徵收二千萬的善後公債，得了直隸之後又增加了一些收入，所以直至現在還可以勉強支持得住，但從此往後四個月將如何渡過去，這也頗能夠張宗昌作難的了。吳佩孚失敗了，孫傳芳五省地盤動搖了，張宗昌便見獵心喜，又將有事於鄂、蘇用兵，非有錢不可。地丁用完了，善後

公債用完了，軍用票現在尚流通著一千多萬，每元只當七毛，實在不能再發了。於是異想天開又徵收「討赤特捐」，實額一千五百萬，現已著手徵收了。說也奇怪，他雖花去這許多錢，但兵則無餉，衣裝又不整齊，各機關薪水不發，現洋、金庫券、軍用票搭成發放，且收入方面尚不只此數，如罰款、勒捐、房屋稅、捲煙特稅、貨捐等許多苛稅為數不少，這些都用到哪兒去了，即軍費一項也用不了這許多。原來張宗昌手下的官長們沒有一個不吞款的，張宗昌又是一個極其浪費的人，所以收入盡是很多，但急荒仍然是免不了的。

2. 民間的經商狀況

　　山東的人民現在真苦極了，張宗昌整數的稅捐之外，又有許多雜稅及駐軍們勒派的捐款，自己又要保護身家性命也得按著自己的產業出捐，現在稅捐多的縣份，每官畝一畝地，已出三塊大洋的捐款，少的也不下兩塊大洋，這已經夠苦的了。但除此而外，人們尚有更苦的事，便是他們已沒有相當的食料的儲蓄，今年舊曆六月以前，山東大旱，六月以後又大雨，黃河又於此時決口，曹州、濟寧、兗州各地有麥無秧，濟北和膠東一帶有秧無麥，麥秧全收的並沒有幾多縣，山東人口全數三千萬，如遇豐年糧食尚不成問題，少有荒歉糧食便起恐慌，何況今年又是大歉年呢，再加上軍隊到處騷擾，土匪又不時出沒，可憐的民眾既勞且貧且饑，真真是不聊其生了。

四、教育之劣敗

山東教育界向來就不清明，近來更糊塗了。聖喻廣訓、大題文府、小題文府及五經四書古文等各書肆，賣出的非常之多，據說學務有王狀元作主，舊校將要復興了。再由他方面觀察去，更足旁證此事之誠然。濟南各校較清楚一點的教員，都加上赤化的頭銜，驅逐了去，白話文教本現已通令廢止，一律改用文言的了，從初級小學到大學一律讀經，即便是工科學校和醫科學校也得讀經，這許多事很可以證明舊學之將復興了。此外尚有一事尤可以說明山東教育上反動之情形，王壽彭到山東以後，以狀元的資格取得張宗昌的信任，隨後對於教育界便依次進展，山東實行新制，設了四個高級中學，雖不能說是怎樣好，但於各地中學畢業生確乎有些便利，但學生散在四方，王壽彭大有鞭長莫及之感，於是便想設法合併起來。山東又有六個專門學校，學生的分子的確複雜的很，王壽彭想著丟掉這些遮蔽而實行其統一思想之計劃，於是設立山東大學，合併了六專門及四高中，自為校長，凡一切用人行政都由自己專斷，校中各科除科學方面他沒辦法外，文科方面完全由舊派人去辦，於是乎小辮垂垂者亦常出入於山東大學之門，校中教授以科第出身者為上選，其次以情面為標準，再其次則以學科為準，凡屬可疑之人無論如何不用，他的用意也無非想把吾黨活動的路子給塞上，把許多青年強迫著使之加到統一的舊的思想之下來，這種情形也很足以

說明山東的反動情形了。還有山東各縣之中等學校讀經本已不成問題，學生看書也沒有自由了。凡小說戲劇及帶社會等字樣之書，都拿開了去且禁止人看，如國民黨和共產黨的一切書籍那更不用說了。各校的同志們少為努力些地都被他們趕出在學校以外，但他們又不敢呈報給教育廳明說開除某某學生，只說某某因事退學而已。至於教員有能大罵蔣介石、馮玉祥的，便是識時務的俊傑，前途便會很有希望的，反之便目為赤黨，就要請他走路了。學生在這種環境之下，力量小的頭腦不清楚的都被壓服了，有的還要墮落，至於好的青年現在差不多都有革命的要求了。

山東黨務報告

一九二六，九

一、組織部報告
二、宣傳部報告
三、農民運動報告
四、工人運動報告
五、青年運動報告
六、婦女運動報告
七、商人運動報告

（一）組織部報告（二月至九月）

一、山東全省黨務之發展至去歲夏間已漸具規模，故於七月間正式成立省黨部，其後在秋冬兩季因為當局壓

迫，所有同志凡屬色彩清楚者俱遭失業。又因經濟困難，中央既毫無接濟，黨部維持向皆仰賴同志捐助者，至此亦來源斷絕。是以在去年秋冬之季，黨務方面雖有一、二處作農民運動及紅槍會運動者，大體總來無重大之發展。

二、自二次代表大會以後，本省發展黨務之工作方面將積極進行，對於已經加入之同志與以切實之訓練，同時督促各同志努力作介紹同志，宣傳同志之工作更由省黨部組織部製定「組織市縣區各級黨部之辦法」，以便在鄉僻各地之同志得所嚮導，從事發展黨務之工作。

三、省部與各級黨部之關係整頓伊始，曾通告各級黨部每月至少須有系統的報告一次。現在尚能繼續此種辦法，但前以當局嚴查郵件，所有報告多遭沒收，於黨務之發展蒙至大之影響。於是由省部講求秘密通訊之方法，使當局縱能發覺而不知為本黨之通訊，此事行之稍久，即應加以變更，現均用此方法，省部發往各地之通告及指導信件，一半尚可收到，至各地上省部之報告十之七、八尚可收到也。

四、各黨部之被查抄，本省當局發現本黨刊物或信件後，必須窮究，是以相去今年五、六月間有十二處黨部被發覺，均遭搜查之處分，負責同志均須他避，黨務之發展至今蒙其影響，青島方面前後遭五次之搜查與逮捕，濟南遭兩次搜查逮捕，至被捕人數前後約有七十人，除遭慘殺及釋放者外，現在獄中之同志計有十七、八人，於九月間又有五處被發覺。而遭壓迫之黨部，大體上說各地黨部

尚能秘密發展進行，但不能期其迅速耳。

　　五、發展黨務之特派員現在有五人（省部委員時常赴各處指導發展，黨務尚不在計算之內）：

　　　　一、劉醒華同志在煙台發展黨務及工運。

　　　　二、殷憲穎同志在嶧縣。

　　　　三、范冠三同志在邱縣。

　　　　四、徐仲陽同志在德平。

　　　　五、王景陳同志在臨淄。

　　六、現在各地組織之實狀全省至最近有黨員四千二百二十四人，區分部二百七十二，區黨部有七十五，有組織者有三十七縣。今列詳表如左：

　　茲將以成立各黨部及正在籌備中者列下：

一、正式縣市黨部

　　1. 濟南市黨部

　　2. 青島市黨部

　　3. 煙台市島部

　　4. 惠民縣黨部

　　5. 陵縣縣黨部

　　6. 淄川縣黨部

　　7. 濰縣縣党部

　　8. 諸城縣黨部

　　9. 益都縣黨部

　　10. 聊城縣黨部

　　11. 齊河縣黨部

12. 桓台縣黨部

二、臨時縣黨部

1. 壽光縣臨時縣黨部

2. 廣饒臨時縣黨部

3. 禹城臨時縣黨部

4. 邱縣臨時縣黨部

5. 濟寧臨時縣黨部

6. 荷澤臨時縣黨部

7. 嶧縣臨時縣黨部

8. 藤縣臨時縣黨部

9. 泰安臨時縣黨部

10. 博山臨時縣黨部

11. 長清臨時縣黨部

12. 昌邑臨時縣黨部

13. 高密臨時縣黨部

三、區黨部

1. 棲霞區黨部

2. 德平區黨部

3. 德縣區黨部

4. 館陶區黨部

5. 臨清區黨部

6. 平陰區黨部

7. 濮縣區黨部

8. 陽谷區黨部

9. 高唐區黨部

10. 曲阜區黨部

11. 日照區黨部

12. 臨淄區黨部

四、已在籌備設立黨部縣分

萊陽、安邱、即墨、平原、泲水、郯城、臨邑、威海衛。

山東省黨部各級黨員及黨員職業統計表　一九二六，九

黨部	區黨部數	區分部數	黨員數目						
			農	工	學生	教員	商人	其他	總計
濟南	5	29	123	244	210	25	20	47	669
青島	4	16	80	144	56	20	9	20	329
煙台	4	15	15	45	68	16	34	25	193
惠民	5	21	245		88	34	15	4	389
陵縣	4	16	120		34	25		12	191
淄川	3	12	78	80	29	11		5	200
濰縣	4	15	95	47	40	18		10	210
諸城	4	14	50	15	36	24	8	10	143
益都	4	13	70	20	45	15		8	158
聊城	3	9	20	2	64	20		8	112
齊河	3	9	85		15	14		14	128
桓台	3	9	34	32	14	5	5	10	100
壽光	2	7	38	8	17	8	5	5	81
廣饒	2	6	40		20	25		10	95
禹城	1	4	34	18	9	5		7	93
邱縣	1	4	37		19	11	6	13	86
濟寧	1	3	15	7	36	5	6	4	73
荷澤	1	4	14		34	14	3	6	71
嶧縣	2	7	27	9	44	15		1	96
滕縣	1	3	16		13	6	2		37
泰安	1	3	45	8	15	6	1	4	87
棲霞	1	3	31		16	3		7	57
德平	1	3	38		8	7	4		57

項別\黨部	區黨部數	區分部數	黨員數目						
			農	工	學生	教員	商人	其他	總計
德縣	1	3	17	24	10	8			59
館陶	1	4	31		8	6		3	48
臨清	1	3			24	9		2	35
平陰	1	3	16		7	2		4	29
濮縣	1	3	15		5	7		8	35
陽谷	1	3	10		11	4	3	2	30
高唐	1	3	19		4	3	3		29
曲阜	1	3			34	2			36
日照	1	3			20	6		3	29
博山	1	4	11	29	17	13	4	2	76
長清	2	6	25		27	21	3	2	78
昌邑	1	3							
高密	1	3	14	10	16	8		3	51
臨淄	1	3	19		10	6			35
總計	75	272	1527	742	1120	427	131	249	4204

（二）宣傳部報告（二月至八月）

一、自二次代表大會以後，山東省宣傳部即制定宣傳大綱，以便使同志間之宣傳工作整齊劃一，遇有政局變換之際，即制定特種宣傳大綱分發各地同志從事宣傳，如五月內各節——五一、五四、五五、五九——之宣傳大綱及對於時局之宣傳大綱均是。

二、暑假期間之宣傳工作，暑假期間是同志們到民間去的一個很好的機會。事前由省黨部制定〈暑期工作大綱〉，每同志發給一份，以便分頭作宣傳的工作，暑期工作之成績雖不甚好，結果尚有五縣發生新的組織（平陰縣、陽谷縣、濮縣等詳見組織部報告）。

三、教育宣傳委員會教育宣傳委員會之組織其目的

有二：一為對於一般同志予以切實的訓練，一為使同志對於黨有更深切的認識，以便對外宣傳時之步驟一致。關於該委員會之組織，除通告各地市縣黨部選擇了解主義之同志組織委員會從事訓練外，在濟南方面乃由省市二部合組一個教育宣傳委員會，分別派赴各區分部作指導的工作。惟因政治上之壓迫太嚴，往往致各區分部不能開會，是以指導工作有時不免停頓（現在濟南方面如有人數稍多之集會，必為偵察所注目，是以各區分部之集會異常困難。在學校方面往昔可以集會，現因各學校盡為反動所把持，時有類似偵探之學生潛於各校探聽吾黨活動之真相及黨員之姓名，苟有開會等事被發覺，同志必遭危險，如總理週年紀念會，同志假礦業專門學校開會結果，該校同志被開除者有劉繼忠、王某二人，是其顯例。現在各區各部之開會多遠赴山間原野或乘船湖中作旅行隊之形勢，比較尚可行也）。

四、現在收到中央宣傳品之狀況。山東當局對於各地寄往山東之宣傳刊物異常注意，特由山東戒嚴總司令部及濟南戒嚴司令部兩機關，每日有十六人輪流赴郵局檢查，結果吾黨之宣傳刊物完全為彼所沒收，是以濟南方面半載以來絕難見到中央之刊物，各縣方面凡有軍隊駐紮，亦多施行檢查，刊物為所沒收，甚無軍隊駐防之地比較尚能有多少刊物收到也。

五、宣傳刊物之出版，中央所出之刊物既難收到，乃決由省黨部自行出版以作宣傳之用，現在繼續出版者有

三種：

一、山東青年（定期的）。

二、山東農民（定期的）。

三、時局宣傳大綱（不定期的）。

第一種刊物為指導青年運動間作為介紹同志之用，現已出至第三期，前已呈請中央，此地不必述其內容。第二種為指導作農民運動者及宣傳農民之刊物，現亦出有二期，其餘如隨時寄發各地之時局宣傳大綱、黨部宣言、傳單、小冊子甚夥，詳見每月報告茲不再述。此外尚發行三種特刊如下：

1. 孫總理逝世週年紀念特刊。

2. 五月各節運動特刊。

3. 三八節告婦女界特刊。

六、中央所出刊物之翻印。中央所出往往有少數同志帶回山東者，即由省黨部翻印，半年來已翻印者有下列各種：

1. 第二次代表大會宣言。

2. 第二次代表大會宣言及決議案。

3. 農民運動叢書——三種。

4. 農民協會章程。

5. 農民自衛軍組織法。

6. 三民主義淺說。

7. 孫中山先生。

8. 其他。

以上各種均翻印四千或五千份不等。

七、刊物分佈之方法，濟南以下各地方既檢查甚嚴，關於刊物之散佈不能不熟商較善之方法，關於此事省部曾幾經討論結果分為數項辦理，膠濟鐵路沿線因工會之組織甚好，又由鐵火車頭之同志負責（但亦不敢帶大批刊物），其他各縣則假造使當局不敢起疑之團體名稱——如同善社、佛經流通處、善書社等——刻成圖記分發各地，其初行之尚有效，繼為當局發覺，此策又失敗，現在只可由濟南城附近之小郵局（無人檢查者）散發，然收到與否亦甚不一定。蓋網羅密布，逃脫不易也。至通信方法現均一律用隱語，故山東境內之交通尚可保持，而不致彼此音問隔絕也。

八、籌備中之訓練同志刊物，同志之訓練由教育宣傳委員會負其責任，既詳於前，最近更由省部決定別出一種訓練同志之刊物，以便使全山東之同志均能受到同一之訓練，其內容包括下列幾種：

一、闡發吾黨之主義及政策。

二、解釋吾黨應付時局之策略。

三、糾正同志思想上之誤謬。

四、指導同志工作上之缺點。

此種刊物定名「黨刊」，現籌備完畢，在最近當能出版此種刊，對外是秘密的，同志每人一份，均應嚴格依「黨刊」所載者實行。

九、「黨員須知」之編輯，吾黨同志以往只顧工作，

所受訓練工夫既多欠缺，而黨員之認識的程度尤不一致，若補救此弊，非得制定最小限黨員應有之智識書籍不可，省部爰決編輯一種「黨員須知」，以應此需要，選擇本黨先進同志之言論及本黨之主義理論政策等，使一般同志熟讀深思，俾於思想上、行動上能收步驟齊一之效。不過山東方面對於本黨之刊物印刷，感異常之困難，雖出重價，奈無應者，一俟印刷就緒，出版之期必不在遠矣。

十、本載以來各種宣傳運動如總理週年紀念，五月各節，宣傳北伐等項，已詳於每月份之經常報告，此地為節省篇幅計報告大綱如右。

（三）農民運動報告

一、農民運動的開始

　　山東農民運動的進行是自全國二次代表大會過後才正式開始的，二次代表大會以前省黨部雖亦注意及此，惟因經濟困難，人才缺乏，農民運動在國民革命中之地位之理論之重要，尚未為一般同志深印認識，其進行為散漫的、無系統的、費力多而成功少的。自二次代表大會過後經濟方面有了相當辦法，農民革命的理論亦漸為一般同志所注意，於是山東省黨部正式開始其有計劃的有系統的農民運動的工作。

二、全省農民運動擴大會

　　自出席二次代表大會代表回魯報告了大會經過之後，省黨部即首先注意農民運動的工作，即決定召集農民運動擴大會議並決定運動區域工作人員產出方法及開會地點日期等，運動區域以沿津浦、膠濟兩鐵路線各縣為主，沿膠濟線者為歷城、桓台、淄川、廣饒、壽光、益都、濰縣、高密、諸城、青島十處，沿津浦線者為德縣、陵縣、禹城、齊河、長清、泰安、濟寧七處，工作人員定每縣一人至三人，其選出方法一半由縣黨部推薦，一半由省黨部指定，開會日期為三月九、十兩日，地點因濟南形勢嚴重無公開集會之可能，乃改在交通較便之某一縣城。

　　此擴大會之目的：（一）喚起各地黨部及同志對於農民運動會之注意，（二）給幼稚的工作人員一個短時的集中的訓練，（三）按照各地農民狀況定一實際工作的計劃。故大會開會之後，省黨部報告講演及各地農民狀況報告佔了開會最多的時間，此外又開了二次討論會，使各工作人員得自由討論各種問題決議案，最重要者是實際工作大綱。其他關於農村教育、農工聯合、農民合作社等亦均有決議。

　　　運動區域及人數如下：
　　　1. 歷城　　　二人
　　　2. 長清　　　二人
　　　3. 齊荷　　　二人

4.	禹城	二人
5.	益都	一人
6.	淄川	一人
7.	壽光	一人
8.	廣饒	二人
9.	濰縣	二人
10.	桓台	一人
11.	濟寧	二人
12.	高密	二人
13.	青島	一人

工作人員的職業成分如下：

一、	工人	八人
二、	小學教員	三人
三、	中學畢業生	一人
四、	師範畢業生	一人
五、	小農	五人
六、	小地地	二人

　　除擴大會派出工作人員二十人外，農民部又繼續派出七人，以前工作人員無成績者亦撤換五人：

1.	濟南近郊	一人
2.	邱縣	一人
3.	陵縣	一人

4. 青島　　　　　一人
5. 嶧縣　　　　　一人
6. 臨淄　　　　　一人
7. 德平　　　　　一人

三、各縣工作的概況

　　工作是自三月正式開始的，自三月至八月這六個月間，正是農民最忙的時候農民照例是太陽未出即出外工作，至晚張燈時始停止工作的，一日工作的時間照例是十三小時以上，故對於農民的宣傳在這個時期是很困難的，然而不幸的水旱天災卻給我們以不少的宣傳機會，蓋當久旱之時農民無事可做，得與他們多有接觸的機會。

　　軍匪之騷擾，苛稅雜捐之繁多，一方面是促起民眾覺悟，一方面供給我們宣傳的資料，故在客觀的環境上說，山東農民革命的條件已經是十足的，然而在軍匪騷擾過甚的地方的人民，不作匪無立足地，故良民亦多變而為匪，此等地方兵匪民幾不能分，在此等環境之下，工作上亦頗不易進行。

　　山東政治的環境太壞，張宗昌為中國獨一無二的屠戶，岱南十數縣因紅槍會之便被張宗昌大屠而特屠，其殘忍實架張獻忠而上之，因此農民的行動亦大有戒心。困難的環境雖如上所述，究竟農民受軍閥的壓迫太甚，革命的客觀條件已經俱備，故在這六個月的期間亦能有相當的成績。

茲將各縣工作概況分述如下：

一、歷城。歷城是濟南的首縣，故對於該縣的工作特別注重，近郊城北附近七十二村統稱日北縣，大半為種菜區域，對該種菜農民已有相當組織，六月間種菜農民因駐兵屢屢偷菜，乃聯合抵禦，將偷菜之兵十餘人拿綁送交保安司令部，以後兵士無敢偷菜者，又城市挑糞夫千餘人亦有組織。七月間有奸商組織一金汁公司，將糞夫生計打掉，糞夫千餘人全體罷工，向省長起願，糞夫之家人母子妻女等亦號哭於省長警察廳衙署之前，相持三日，全城屎糞無人打掃，臭氣薰天，市民嘖有煩言，當局無法，只得取消金汁公司，而糞夫終得最後勝利。南鄉紅槍會運動成績甚佳（詳情列後），城北已成立鄉農民協會三處會員共三百二十人。

二、齊河。該縣農民運動成績比較最好，臨時縣農民協會已於八月間成立，所屬鄉農民協會已有五處，會員達四百人，預計農忙一過，必有迅速的發展。在本年前必能成立正式縣農民協會，負責領導工作者多為小學教員。

三、禹城臨時縣農民協會於八月間成立鄉農民協會已成立五處，會員共三百五十二人，該縣現因土匪遍地，工作上頗多障礙。

四、濰縣臨時縣農民協會已成立，鄉農民協會已成立七處會員四百八十餘人負指導工作者。該縣黨部農民部及特派員二人，並成立一農民運動委員以負專責。該縣農民有一特殊情形為菸戶，英美菸草公司在該縣坊子及二十

里保設置菸草工廠，故該縣農民種菸草者甚多，對於種菸草農民已特別注意指導其組織。

五、益都臨時縣農民協會已成立，鄉農民協會已成立四處，會員一百四十一人。

六、廣饒已成立鄉農民協會三處，會員一百三十餘人，又成立全縣小學教員聯合會為農民運動之基礎。

七、壽光已成立鄉農民協會五處會員三百四十七人。該縣皆自耕農，無大地主一無佃戶，故運動口號為政治的鬥爭。

八、淄川已成立鄉農民協會四處，會員二百七十人。該縣有礦區工人二千餘人，故同時作工農聯合的運動協會會員中失業工人的成分甚多。

九、桓台已成立鄉農民協會三處會員八十人。

十、泰安已成立鄉農民協會二處，會員九十七人。該縣現因土匪遍地，非本地人前往工作者極不易立足，現已另派一本地人負指導工作之責。

十一、邱縣臨時縣農民協會已成立，所屬鄉農民協會五處會員二百十人。

十二、陵縣臨時縣農民協會已成立，所屬鄉農民協會五處會員二百八人。

十三、德平已成立鄉農民協會三處，會員百二十人。

十四、濟寧已成立鄉農民協會一處，會員三十人現因岳匪遍地進行不易。

十五、諸城已成立鄉農民協會三處，會員百五十人。

十六、青島該處尚未有協會的組織，工作人先從聯絡小學教員及辦農民儉德會著手，頗有成效。

四、紅槍會運動之概況

山東的紅槍會現已蔓延遍於全省，其思想足左右一般農民的傾向，其勢力亦足以決定軍閥之命運而有餘。惟因該會組織未能統一，力量未能集中，且其行動有時自相衝突，有時為軍閥所利用，是為可惜耳。山東省黨部對此問題已十分注意，認為農民運動中之一重要問題，蓋其作用影響於農民運動甚大。在消極方面：（一）紅槍會之發展有礙於農民協會之發展，（二）紅槍會若為軍閥所利用，便成農民的敵人。在積極方面：（一）向有組織之農民中工作比向散漫中的農民作工作費力小而成功大，（二）紅槍會一認清了革命的道路，便是很有力量的革命武力，故對於紅槍會的工作認為與一般的農民運動同一重要，惟因現在我們主觀的力量是很有限的，故我們工作的活動範圍亦不能不受主觀的力量所限制。茲將各地活動的情形略述於下：

一、歷城的黃旗會。歷城南部多山常為土匪淵藪，農民因不堪土匪之騷擾，乃有黃旗會之組織。現在會員已達七千餘人，村莊約百七十分子純為小資產的農民會員，平日設壇演習法術，有事鳴鐘擊鼓，傾刻齊集，該會既無惡劣分子厠雜其間，其領袖數人又純為小資產的受過中等教育的知識分子，其政治的意識亦頗明瞭。現該數人已經

加入本黨，願為本黨努力，現本黨已派人會同該會領袖作組織及訓練的工作，該會可以完全聽我們指揮。

二、諸城的大刀會。在西南鄉甚發展，其發生的原因純為抵禦土匪，當該會未發生時土匪遍地，人民甘受土匪蹂躪，而莫可如何，但一入大刀會則奮勇而不怕死，故土匪莫不畏其鋒而遠颺。其初僅為禦匪，及聲勢漸大，其政治的野心亦隨之而增高，故軍隊之騷擾，官吏之苛徵，亦視其力之所及抗而不受，現該會會員已達萬人，分子亦純為小資產的農民，其最大領袖為一受過舊式高等教育之進步的紳士，政治思想甚清，對於黨素來極表同情，現吾同志加入該會，在內中作宣傳工作者甚多，該會實力以槍枝計，除土槍不計外，快槍及盒子槍等約三千枝，此為絕對的屬於革命的勢力。

三、日照大刀會。中心力量在北部與諸城大刀會聯為一氣，其初亦僅為抵禦土匪而始有此組織，現在亦漸漸而思謀一政治的出路，其革命或反革命的傾向，即決於此謀政治的出路的動機，因該會最大領袖亦為思想進步的小地主、小鄉紳，且甚感黨政治上的壓迫，故是傾向於革命的領袖，既傾向革命則整個的該會亦必然是革命的勢力，因該會純粹為領袖制也，該會人數約七、八千人，實力以快槍盒子槍計半之。

四、莒縣大刀會。中心力量在東北部與諸城、日照大刀會聯為一氣，其發生原因同其政治思想同其實力亦大略相同，亦為革命的勢力。

　　合計上三縣大刀會約二萬人，其發生原因同其政治思想同，故其行動亦完全一致。現該會的進步已達到防匪自衛的滿足，而圖更進一步的政治上的滿足的要求，軍隊官力有時不能不為該會勢力所威脅，而有所讓步，此部分勢如果訓練得充分，在推倒軍閥政治的工作上是極忠實的可靠的。

　　五、禹城的紅槍會。勢力頗不弱，當李景林率殘部自天津敗退到該縣城，被該縣紅槍會截擊繳械，李殘部損失甚鉅。該縣紅槍會對張宗昌行軍常常加以擾亂妨礙，張宗昌不得已，乃以飛機散發傳單勸誘紅槍會，可見該會勢力之大，後因該會自相分裂，互相仇殺，遂為張宗昌所乘。凡有紅槍會村莊幾全為被焚屠，吾人前特派人加入工作，因有上述種種，遂無結果。但該會某某領袖，已表同情於吾黨，將來軍事的恐怖時期稍稍過去，不難重整旗鼓也。

　　六、陵縣紅槍會。與禹城為一氣，情形亦大略相同。

　　七、嘌縣紅槍會。會眾四、五千人，因其領袖多傾向本黨，並有加入本黨者，本黨亦特派人在該會內工作，故該會亦為革命的勢力。最近該會受張宗昌駐軍嚴重的威脅，開壇扶乩之事均於深夜秘密行之，但該會表面上繫打聯莊會之旗幟，堂堂正正，軍隊亦無法加以干涉。

　　八、德平、邱縣的紅槍會。該兩縣內亦特派人前往工作，現正在調查聯絡中，詳情未得報告。

　　九、齊河等縣的梅花拳。在齊河、高唐、清平、禹城、臨邑等七、八縣內農民有一種秘密的組織，叫作梅花

拳,為義和團之遺留,該團體與現在風靡一時之紅槍會無關係,該團體分子貧農佔大多數,他們只是以練習拳術保持他們之組織,自然迷信是他們團結的重要元素,他們的勢力的潛伏已經若干年,現在受了政治上、經濟上的激變的影響,正思謀政治上的出路。吾等一與接觸,自不免契合。現該團體最高領袖已決然願接受吾黨的政治主張,允吾黨派人在該團體作政治的宣傳及組織上改造,該團體的勢力散布於七、八縣內,佔村莊三、四千,人數尚未悉。

十、魯南、汶上等十數縣的紅槍會。該十數縣的紅槍會人數總共不下十萬。本年五、六月為一般失意政客軍人及孫傳芳所利用起而反抗張宗昌,初時紅槍會頗為聲勢浩大,適國民一軍自天津敗退,張宗昌乃得抽調大軍前往痛剿,孫傳芳本答應了於紅槍會發動之後、加以援助,及見國民軍失敗,遂袖手不動。而十數萬之紅槍會,遂慘遭失敗屠村之慘,婦孺雞犬無遺。現張宗昌恨該會,至今猶駐大軍,嚴加搜索房放,人民敢怒而不敢言。

此外還有一種武裝民眾,可統名之曰民團。在山東之民團與廣東之情形尚有不同,山東民團不純為地主土豪所有,大概既地方官辦理者,純為一般劣紳土豪所把持。不但不能剿匪保民,且常為匪溝通以擾民,為鄉間農民共同聯合辦理者,則為鄉村農民共同自衛的唯一武裝團體,其名稱有曰聯莊會者,有曰保衛團或保安隊者。張宗昌對此等民團,初欲收繳其槍械,終恐激出變故,未敢動手。此等民團已在農民運動的次要工作之中,其已有成績者為

聊城館陶數縣。

五、結論

　　至陰曆九月農忙之期已過，自十月至來年正月四個月間為農民最休暇之時期，預期在此四個月間農民運動之進行一定較前大為迅速，來年正月或二月間，全省農民協會一定可以正式成立。

山東各級農民協會統計表　一九二九，九

項別 數目 縣別	已否成立縣 農民協會	各級農民 協會數		合計	會員人數	備考
		區	鄉			
歷城			三	三	三二〇	因環境及組織便利計，區協會暫未組織，下同
齊河	成立		五	五	四〇〇	
禹城	成立		五	五	三五二	
濰縣	成立		七	七	四八〇	
益都	成立		四	四	一四一	
廣饒			三	三	一三〇	
淄川			四	四	二七〇	
壽光			五	五	三四七	
桓台			三	三	八〇	
泰安			二	二	九七	
邱縣	成立		五	五	二一〇	
陵縣	成立		五	五	二〇八	
德平			三	三	一二〇	
濟寧			一	一	三〇	
諸城			三	三	一五〇	
統計	六			八五	三，三二五	

（四）工人運動報告（自二月至八月）

　　山東的工人運動，在去年五卅時期頗現一種蓬勃氣象。各大產業工人區域如膠濟鐵路工人、津浦鐵路工

人、青島紗廠工人、濟南魯豐紗廠工人、淄川炭礦工人、濟南青島兩地城市工人，均有強固之工會組織，在經濟的鬥爭上各工會之中間分子，在本黨領導之下，既能得到極圓滿的效果，是以各地工人群眾俱能對於工會有極明確之信仰與認識，尤於五卅慘案以後，各工會所作政治上之鬥爭，表示工人之勢力為鮮明，如對於五卅案之同情的罷工及數萬工人之大遊行，俱其著者。然因此張宗昌督魯以還，對於壓迫工人已俱決心，故自去歲夏季以後，將所有工會盡行封閉，工人橫遭捕殺，一時工人運動之高潮，遂受重大之打擊，以迄現在。壓迫防範日見嚴密，故現在山東的工人運動乃為保守的秘密的進行時期，而非進攻的作戰時期。

工人在政治上既受絕大之壓迫，而在經濟方面亦隨政治而增劇。蓋資本家每藉政治的勢力對於工人任意摧殘，如減少工資，增加工作時間，任意革退工人，而工人亦莫如之何。蓋少事反抗即誣以赤化慘殺隨之，其一種黑暗之現象實莫可言喻。但自張宗昌濫發不兌現紙幣紊亂金融以還，生活程度日高，米糧騰貴數倍，往昔工人生活益加困苦。一是以山東工人當此政治的經濟的雙重嚴重壓迫之下，其革命的情緒亦越激增，現雖不能公開活動直接進攻，而其秘密組織進行之活躍雖慘酷，軍閥亦莫可如何者也。

在山東省黨部方面，因工人部長鄧思銘於去秋被捕入獄，迄未釋放，其餘努力工作之同志亦先後被捕計，自

去秋至今逮捕同志凡四次，人數計有五十餘人。現除釋放者不計外，現在濟南、青島兩地監獄者，有鄧思銘、王用章、張玉第、孫秀峰、韓文玉、楊明萱等十餘人，已遭槍斃者有倫克忠、李慰農等六、七人。猶有進者，關於工運之經費，中央迄未發給，於運動發生不少之阻力，故於客觀上雖有充分的革命要求，而於主觀上頓顯力量之薄弱，此為工運前途之充分發展計，不得不請中央注意者也。現在山東方面除把原有工人團體鞏固組織起來，並有若干新的發展茲臚列於後：

一、淄川炭礦工人運動。淄川最大之礦區有三：（一）淄川、（二）大荒地、（三）石虎，計共一萬餘工人，原本早有工會之組織，後經張宗昌嚴重壓迫將工會解散，工人乃另組織一工人俱樂部以代之。在三月間領該俱樂部曾領導礦工工人做一經濟鬥爭而得勝利，蓋礦主魯大公司因戰事影響，交通停滯，煤炭堆積，不得不縮小範圍，乃無條件的大行裁減工人，計共六百有餘人。後經該俱樂部抗爭之結果，被裁工人優與數月工資，日後工作增加，該項被裁工人有優先恢復工作之權，以是所有炭礦工人俱感受團結之必要，對此變相之工會增加莫大之信仰。最近工人俱樂部之名義雖被封閉，而工人之團結仍以小組之形式秘密進行，淄川縣黨部已於七月間正式成立，淄川之工人運動即為該黨部最重要之工作。

二、青島青島工人主要者為紗廠和鐵路。其重要區域有三：（一）滄口、（二）大港、（三）四方。滄口、

大港均為紗廠集中地，四方則為膠南鐵路機廠所在地，該處工人軍早有組織，自五卅慘案發生後，青島之市民運動均由該項工人領導而活動，唯因其鬥爭愈激烈，其受壓迫亦最甚，而工人之被屠殺亦愈慘，為要求廠主承認工會問題，致經張宗昌三次大屠殺，青島工人之奮鬥精神實屬堅強罕見也。自經三次大屠殺以後，工會悉被封閉，凡屬較能奮鬥之份子多被開除或下獄，一時頗受挫折。然本黨對於青島工人運動始終並未放鬆，其組織依然在暗中保持著，而加入本黨及工會之份子，則曰於小組活動中吸收而來。

三、津浦鐵路機廠工會。該機廠為津浦路之中樞，位於濟南城西之大槐樹，該地工會於去冬始著手進行，迄今名義雖尚未能存在，而實際之進行日有進展，最近該工會能於政治的大壓力之下作了一次索薪運動，得了相當的勝利，因此引起了官府格外的注意，加派軍警嚴守，廠內工人之一舉一動均遭監視，非廠內工人更無由出入工廠，接近工人的機會。唯最近軍務與警務處起了衝突，軍務處得勝，因此頗能提高工人奮鬥的情緒。

四、膠濟鐵路工會。膠濟鐵路為山東工人運動之中心，計分濟南、張店、坊子、青島四段。張店方面在最近發生一次驅逐段長的運動，亦見效果，在昔曾有「膠濟鐵路工人」之刊行，為膠濟工會之言論機關，以迄今春，始不得已停止。現在其名義已不能存在，只有秘密中進行而已。

　　五、魯豐紗廠工會。魯豐紗廠位於濟南城北，為潘復等財閥所組織，數年間因營業發達，已建立第二廠，工人約有二千餘人，女工、童工佔大多數，有三分之二。當去歲春季已成立正式工會，由本黨同志秘密進行，未幾全工廠工人完全加入，工會同志有百人，均佔工會中重要之位置，組一區黨部，計分四區，分部男女各二。去歲夏季迭作增加工資減少時間之運動，頗獲勝利。張宗昌復用嚴厲手段封閉工會，逮捕工會職員，下獄者以數十計，省黨部工人部長鄧思銘亦於此入獄，迄未釋放也。現在分為數小組秘密進行，仍甚活動，雖於最近八月間曾因加工資運動開除五人，致遭失敗，然總不至搖動該工會的秘密的基本組織也。

　　六、兵工廠工會之籌備。自張宗昌歷魯以來，對於軍械竭力籌備，除向日本帝國主義者購置外，並建設擴充兵工廠，新城（在濟南城北，原有兵工廠竭力擴充之，並設第二廠完全用白黨俄人製造迫擊砲，兩廠計共三千人）現已有一區分部，由同志用絕對秘密之方法籌備工會之進行。唯當局對於此類工廠防範太嚴，軍警偵探密布，內外一時不能有迅速之發展也。

　　七、煙台碼頭夫運動。煙台位於山東之東北隅，為航海要道該地，除少數手工業工人外，即以碼頭夫為最多。省黨部於四月間特派同志前往專門作組織碼頭夫運動，唯該地工人向無團結，生活又極困苦（每人每日工資不過二、三毛耳），因工人領袖頗受資本家之牢籠，一時

頗難達於自覺之途，最近運動已較有成效。

八、山東理髮業聯合會。該會成立已有三年之歷史，為山東最早之工人運動，現則日漸發展，除山東半島外，餘則各縣均有分會，又因屢經抗當局之苛稅而獲勝利，大得工人之信仰，即濟南一隅三千餘家理髮業者，無一人不在該會。現已組織區分部二，一切活動均受同志之支配矣。

九、濟南印刷工人聯合會。成立已有兩年，曾作過有力的經濟鬥爭，現因當局壓迫嚴重，暫時歸於停頓，然工人同志仍照常開區分部會議，密謀進展，不過因張宗昌曾收將大部工人組織官印刷局，致我黨同志不能作工會之運動，只能介紹同志秘密而已。

十、濟南城市工人運動。城市工人如洋車夫、電燈公司工人、郵局工人、糞夫、水夫、麵粉公司工人，現均著手組織派專人負責。如洋車夫、郵務工人等，均已有若干同志現正分頭進行，在最近期間當能有很大之發展也。

（五）青年運動報告（二月——八月）

一、半年以來山東省青年部之工作大體可分為兩個時期：一、二月至四月，二、五月至八月。其所運用之方略在此兩個時期完全不同，省部所以變更方略之原因，約言之有以下二種：

一、張宗昌嚴重壓迫日益加甚。

二、三月十八日慘殺案進悼運動之失敗。

　　張宗昌到濟以後，雖對於學生壓迫綦嚴，如解散學生會之類，但對於學生青年運動之活動猶未絕對的禁止，如以社會團體之名義活動尚未遽遭打擊，去歲十二月廿五日山東青年以反對基督教大同盟名義散發傳單，公開運動，尚未遭軍警之壓迫，是其明證。是以二月以後指導青年全以社會團體的名義作相當的活動，如吾黨總理孫先生週年紀念日、婦女三八運動節都有對外之活動，不過不能以本黨名義，須以社會團體的名義散放傳單舉行運動而已。

　　迨三月十八日北京慘殺案發生以後，魯省黨部及同志認為此實為帝國主義者假於段祺瑞摧殘愛國群眾具體的表現，吾人雖在嚴重壓迫之下，斷不能不有所表示以喚醒一般群眾之注意。爰由省黨部青年部特發緊急通告致各地市縣黨部，促其作宣傳運動，以昭示帝國主義與軍閥勾結害民之詳狀，並製定宣傳大綱，分發各地同志以便宣傳。更由省黨部、濟南市黨部以反對學生會之黨團開聯席會議，討論實際運動之方法決定之步驟如下：一、由學生同志分赴各校宣傳三一八意義之重大，二、由學生會名義通告各校解釋此次慘殺案之意義，三、醞釀成熟後由各校發起追悼大會，四、如有多數學校贊成，即由學生會聯絡各界團體開一大規模之各界大會，同時遊行示威，五、如學界部能多數贊同時，即由各校分別開追悼會。

　　第一、二步驟既已相繼作去，正在執行第三項決議時，忽為張宗昌所知，於是迅速派軍警赴各校搜查，同時嚴令各校長開除各校學生，各校長素以媚事為例者，當然

奉行於事，吾同志被開除者達十七人之多，且均屬強健份子。省部鑒於此次之失敗，知雖以學生會之名義亦不能認作何活動，於是對於公開的社會的活動不得不暫時停止，專使各同志作秘密的工作，務使同志之增加能以迅速的發展。自五月以來青年之活動，大抵如此此次方略之變更，蓋有不得已之原因也。

二、現在各地青年運動之狀況

1.濟南。濟南方面之青年活動有二方面：一、擴大黨的組織，二、力闢反動派之誤謬。當此秘密活動時期，唯一的目的即在擴大黨的組織，但中央所出刊物多未能寄到，因檢查沒收本黨刊物之結果，山東方面幾陷於思想封鎖的狀態，若不另行設法補救，實難到宣傳之目的。於是由青年部負責發刊「山東青年」，專作介紹同志訓練同志之用，現已出至第三期，唯因在嚴重空氣之下，雖有同志之印刷所，印刷方面至感困難，該去歲冬季有因印刷本黨宣言而被查抄者，是以各印刷所對於本黨宣傳刊物，雖獲重價亦不欲承印也。

反動派之在山東約有二種，一為張宗昌氏之反赤運動，風起雲湧頗極一時之盛，但此種運動是盲目的、無理性的，附和者亦多，為政治社會上之無聊份子稍有常識者多不之顧。彼等雖有「新魯旬刊」、「新魯日報」及其他隨聲附和之報紙，但如張氏一倒當然無有存在之價值。

其次有國家主義派最近派日本留學之崔萬秋回東，從事組織團體，彼等所攜宣傳刊物甚多，一方面與官廳交

涉不使戒嚴司令部扣留其刊物，一方面更宣傳彼有經濟的後援，如果相信國家主義者可予以經濟的援助。關於此事省市黨部曾開聯席會議一次討論應付的方法，決定的辦法如下，彼到各學校接洽者多為同志，遂指定思想清楚工作能力較好三同志與彼作公開的談判，冀彼覺悟，未幾此著失敗，於是由指定同志代彼組織，一方面使彼與群眾隔離，一方有機會及藉端攻擊其領袖務，使彼失卻了領袖的資格而後已，現正依此進行，不久當有很好之結果。

第一師範學校，前曾有受毒於「中華教育界」而妄談國家主義數人，旋經該校同志與之辯論，結果能將彼等折服而加入吾黨，是亦同志努力之結果也。

2. 青島。青島方面自去歲以來，曾有新學生社之組織，係由青年同志發起，而吸收青年，以擴大本黨之組織工作，進行效果甚好。但自今歲七月，該地之黨校膠澳中學為官廳強制接收後，青年工作頗受打擊，最近由省部特派王永昶同志赴青島負責作青年及工人運動當能進行順利也。

3. 東昌。該地同志以第三師範為大本營，全屬青年份子，活動甚利，是以同志之增加亦迅速，前曾對於該校之信仰國家主義者猛施攻擊，致彼等無以解答，後經同志介紹復入吾黨，該地之青年同志冀有百餘人之多。

4. 煙台。煙台青年運動必較落後，因該地通商較久，買辦階級的勢力異常之大，所有煙台之市政等，俱由買辦階級之商會所管理，影響所及，一般青年之心理唯傾

向於作買辦之榮耀，雖迭經同志之宣傳，結果仍是不佳。自春季以來即由省部派人專赴該地作發展黨務的工作，居彼半載成績甚少。

5. 青州。青州的的青年運動素稱急進，自「五四」以來，該地黨務即有急進的發展，如檢查日貨、糾察商人、反抗官府等等均能收很大的效果。但自張宗昌到魯以後，對於該地青年摧殘不遺餘力，在各學校之同志，先後被開除者計有四、五次，達三十餘人之多，健全份子相率出校，最近該地青年多向鄉間發展作農民運動工作，亦頗有成績。

6. 濰縣、嶧縣、壽光、邱縣。該數縣青年運動頗有成績，均能平均的發展。

三、青工運動之進行

青年工人思想上比較容易接受吾黨之主張，作工人運動者不能不於此有極大之注意。省部曾派青年之工人同志一人負責作此項運動，成績尚不壞，濟南兵工廠方面之工人區分部，即已表現之成績也。

四、青年婦女運動

各女學校之同志多屬青年份子，秘密擴充組織，成績亦尚不壞，其詳已見婦女部之報告茲不複述。

五、以上係山東青年運動之大要，至於詳細狀況，已見每月份青年部之經常布告，茲不再述。

（六）婦女運動報告（自二月至八月）

一、山東婦女運動的對象：一、女學生，二、女工人。此外一般婦女多為困守家庭之纏足，女子運動實難著手。鄉間農婦在最農忙時期雖亦在田間從事操作，然為片斷的附屬其家庭的協助工作，亦無單作運動之可能。

二、山東女子學校多集中於濟南，有：1.省立女子師範學校，2.省立女子中學校，3.私立崇實女子中學校，4.省立競進女子小學校，5.競進附屬幼稚師範班，6.歷城縣立女子小學，7.女子職業學校，8.女子醫學校；此外教會所設立者有：9.齊魯大學之女生，10.翰美女子中學校等，均為婦女運動之對象，而尤以女子中學、女子師範、女子職業三校為中心，此外東昌第三女子師範亦有女同志從事活動。

三、山東教育界素來把持在反動勢力之教育當局之手，一唯軍閥官僚之馬首是瞻。前在吾黨半公開之活動時期，教育當局對於吾黨女同志之摧殘，已無所不用其極。自張宗昌來魯，反動的高潮激增，又加以前清狀元王壽彭任教育廳長，防範赤化不遺餘力。而各校長又屈承意旨，唯恐落後，於是各女學校之學生連日稍作社會活動者，其不愜意於校長者，盡被開除或遭學校當局監視，其行動同志中之任教職者，亦相繼失業，有讀三民主義等書籍者均遭沒收。

四、自二次大會以來，省黨部婦女部隊於各地之婦女運動異常注意，於三月八日曾發行小冊子「三八紀念

節」三千份，由各女學校同志負責秘密攜至各校，分散於三月八日並開一紀念會，唯到者均屬同志計有五十人，三八節日因此漸能引起婦女界之注意。

三月十八日段祺瑞慘殺愛國群眾於北京，消息傳播各地震動。在濟南女同志於學生總會領導之下，以各校學生會名義醞釀大規模之追悼示威運動，乃事前為學校當局傾悉，即將活動份子立即開除，計女子師範學校被開除之同志有六人，記過者二人，女子中學校受警告者數人（其他男子學校受開除處分者達十七人之多）。追悼會卒難以成功，自經此變，各學校女同志之一般的公開活動不得不暫告停止。

現在濟南之女子區分部計有四個，以：一、女子師範，二、女子中學，三、女子職業學校，四、女子幼稚師範，四個學校組織成立者，其他女子學校之零星份子均加入。此四區分部自多數努力份子被開除後，僅能保持原有之組織秘密的發展，只能從事黨員之介紹。其他運動在目前嚴重壓迫時期，只能暫時停息也。

五、去年婦女團體直接受吾黨之支配者有三：（一）婦女學術協進會，（二）女界國民會議促成會，（三）女權運動大同盟。其組織之目的第一項為吸收學界份子，擴大黨的組織之訓練機關；第二項為宣傳本黨之主義及政策於婦女界之機關；第三項為教育界吸收份子之訓練機關。當張宗昌未到魯之前均曾努力於工作，進行成績甚佳，但有自反宣傳之高潮怒張，壓迫日趨嚴重以還，此種社會團

體已無活動之可能，只能於一定之時機（如紀念日婦女節）秘密散發宣言作相當的活動而已。

六、濟南女工運動。濟南之女工以魯豐紗廠為對象，該廠女工計有一千餘人，該廠除男工黨部不計外，有女子區黨部一，所屬區分部三個，同志約有百餘人，現在工廠方面作工會的活動只能分成工會小組，分頭團結工人。於上月（八月）曾有罷工，要求加薪運動，雖未得勝利，當此高壓之下亦可見女同志之奮鬥精神也。

七、青島婦女工運動。青島有女子小學一處，內有教員數人為吾同志。電話局有女工數十人為接線生，前趙魯玉同志在該廠工作時，曾有工會之組織，因在局活動太激，屢次罷工，致被開除，該局組織現已較為渙散。又英美菸草公司女工甚多，現由女同志子芳負責進行女工運動，內部已有同志數人，秘密發展日有進境，在最近的將來當有很好之發展也。

八、東昌第三師範學校附設女子師範班，內有同志十餘人，現已成立一區分部，唯因風氣蔽塞，男女同志不能共同工作，且女子畢業後多被家庭壓迫留家擇婿，出外升學者或服務者實居少數。

九、曹州在山東西南，有省立第二女子師範一處，唯該地為東方文化派（梁漱溟之流）之活動中心，是以雖有女同志二人，活動甚為困難。

十、煙台有女子師範學校一處，校長為一女同志負責進行，唯因成立未久，尚未有很大的活動成績。

（七）商人運動報告（自二月至八月）

　　山東商人運動在五卅時期頗現蓬勃氣象，省黨部即利用此種時機組織小商人的濟南各街商人聯合會，以打破大商人的（資產階級的）不革命的總商會，積極進行一月有餘，頗有成績。濟南各重要街市均相繼成立某街商界聯合會，不意正將成立商界聯合總會之際，卒受張宗昌之嚴重壓迫，將各社會團體——如學生會、外交聯合會、雪恥會等——一律封閉，商界份子素常膽小，見此形勢，遂不敢進行，加以張宗昌嚴拿共產黨之文告，時常張貼通衢，破獲黨人機關，屢次騰諸報章，彼等遂不敢再談革命，商界聯合總會之進行乃無形停頓。省部因此種工作一時不能大規模的宣傳進行，乃對於此部工作變更方略。宣傳方法純用個人談話式的，且所談理論亦不能過高，只能就其本身之利害輸入本黨之主義，否則如以較高之理論，將為彼等所恐懼聞而遠避，蓋此種宣傳用力雖多而獲效較少，蓋商人最短視，只限於目前之利害為彼等所注意，當此張宗昌高壓之下而使彼等能有反抗之意識，事至難也，是以半載以還，功效甚少。最近北伐軍聲勢浩大，戰爭事跡漸為商人所注目。爰由省黨部派同志素常接近商人群眾的，仍用以前談話的方法專負責任從事宣傳，不特向商人並比較上層階級的士紳群眾作宣傳組織的工作。最近濟南市已成立商人同志區分部二個，全屬小商人及店員。

　　總之現在山東方面的商人運動取以下兩個方式：
一、以個人談話式作宣傳方法俾免當局之注目。

二、以素日接近商人長於交際的並色彩不顯明的同志，
　　負責作商人運動。

附件原案
請執行本黨紀律嚴懲反動份子案

　　吾黨是我們先總理所手創的革命黨，吾黨黨員對於總理的主義應當有絕對的信仰，對於總理的主張，應當有絕對的贊成，對於總理的教訓，應當有絕對的服從，對於總理的策略革命，應當有絕對的努力與實行，不容稍有絲毫的反對與懷疑的。容納共產黨，是總理親自決定的主張，聯俄，是總理親自訂定的策略，凡有反對容納共產黨、反對聯俄的，就是反對總理的主張和策略，我們當然目之為反革命派，我們當然要盡力去把這種反革命派肅清。但是當我們革命的勢力一天天的發展，而同時反革命的勢力亦一天天的膨脹，正所謂「道高一尺魔一丈」，我們不但未能把反革命派肅清，而反革命派之勢力已侵入到本黨內部來了，本黨內部居然有反革命派的份子產生了！唉！為什麼本黨內部會容有這一類的反革命派的份子產生呢，也許因為本黨太寬大、太姑息吧。近查本黨內部有反動份子沈鴻慈、曾兆鵬等，勾結西山會議之反動派，組織所謂什麼「樹的黨」，公然宣傳其「樹的政策」大活動於廣州，希圖破壞本黨的主義和策略，當經中大同志擒請中央懲辦。蒙中央輕輕地給他一個處分，冀其改過自新，並使他們樹的黨友，及早覺悟。詎沈鴻慈不但不肯改過自

新，反發出一張洋洋數千言的啟事，大吹大擂，意氣洋洋，蔑視黨紀莫此為甚。且有黨同沈鴻慈者，謂彼等是「反共產」，而非反革命，是反赤而非叛黨，殊不思反共產與反赤就是違背總理所親自決定的容納共產黨與聯俄的主張和策略，並且究竟他們反共產的目標何在，反赤的目標何在，是不以以本黨為反的目標，而以共產與赤為反的藉口。馮自由、馬素嘗藉口反共產而勾結帝國主義者楊希閔、劉震寰等同出一轍嗎，不錯，他們果然是和馬素、劉震寰等同出一轍，勾結西山會議派所發現的函件，就是他們的鐵證。本黨還容處以寬大的態度嗎，理應從嚴執行本黨紀律，用處置馬素、劉震寰等的成法，去處置沈鴻慈及其黨羽，庶幾反動份子有所知警，反革命派得以漸次肅清。本分部同志有見及此，用特陳述意見，懇請憐惜大會公決，執行黨國前途實利賴之。

警察特別黨部三十七分部

警察特別黨部十六分部

警察特別黨部十七分部

請執行本黨紀律嚴懲辦反革命份子案

本黨自改組以來革命基礎日臻鞏固，一般假革命不革命份子不能藉黨營私，已漸離本黨走上反革命路上，如反動派鄒魯、林森等假借中央名義招集西山會議叛黨叛國，本黨雖將鄒、林等開除黨籍，而其遺類仍混跡黨中，本黨素以寬大待人希其痛改，不料此等叛圖不獨不思痛

改，復敢公然活動，進行其所謂樹的政策，希圖破壞本黨
主義及策略，這等西山會議散後之結夥樹的派之沈鴻慈
等，當經中大同志擒請中央懲辦，中央應即執行嚴重處
分，以肅黨紀。乃該沈鴻慈等竟能逍遙黨紀之外表示洋洋
得意，現值國民政府提師北伐，鞏固後方是我們黨員唯一
的責任，倘本黨仍容這些反革命份子隨處活動，其影響北
伐前途實非淺顯，亦即本黨目前最大危機，本分部同志有
見及此，用特提出上述意見，懇請聯席會議公決執行，黨
國幸甚。

警察特別黨部第六、七、二、九分部

（一）促成國民會議案

本黨總理孫先生北上之際，發表對於時局之宣言，主
張國民會議為中國政治之出路。蓋造成中國連年之亂象，
實為軍閥與帝國主義之把持政權，故欲撥亂而反正，唯有
奪取軍閥即帝國主義者所挾持之權柄，而還之於國民，此
等意義至為深切而明顯。故自宣傳發表以後，海內人士所
組織之團體均一致響應，表示贊成之函電絡繹不絕，乃是
時之北京臨時執政無意容納，故以善後會議為抵制，雖經
總理竭誠開導而不之顧。於是善後會議之結果，直接仰承
軍閥之鼻息間，接受帝國之主義之頤指氣使，竟釀出連年
不息之鬥爭。我國民政府秉承總理之遺志毅，然出師北
伐，不出月間即奄有東南半壁之地。本分部同志極意趁此
革命勢力發展之際，應積極籌備國民會議促起各省人民團

體自動的召集真正的國民會議預備會議，解決國是。

（二）召集省民會議案

本分部同志於本月十二日組長聯席會議間，一致提出請政府召集省民會議，解決全省一切問題特述其理由如下：

一、國民政府建國大綱第七條，凡一省完全底定之日則為訓政開始之時，而軍政停止之日，現在廣東已經完全底定，應行召集省民會議解決全省一切問題。

二、有省民會議以解決全省人民之問題，可以使人民深信國民革命是真正為人民謀利益的革命，欲享受更多的利益，必須更加團結更加努力參加革命。

三、省民會議開成，就是一省人民自己起來接受政權，練習行使政權，此正以使人民將來開國民會議時，能夠接受全國政權並以行使全國政權。

（三）請執行本黨紀律嚴厲懲辦反革命份子案

一個黨的成功，首先必有森嚴的紀律，然後黨的意志才能一致。本黨是一個革命黨，是領導中國國民革命的政黨，先總理所手創的革命主義固不容黨員違背，先總理所親定的革命政策尤不容黨員懷疑，故凡黨員如有違背總理策略及懷疑本黨主義之宣傳與組織者，即為反革命，當為本黨所不容，本黨對於此類甘為帝國主義軍閥走狗之反革命派，絕對不應稍存姑息，必須嚴厲處分，以免影響本

黨前途。本黨去歲雖以對於西山會議派鄒魯、林森所以絕對開除其黨籍者，亦由此也。但鄒、林雖已開除，而其遺類亦混跡黨中，已不知鑑戒速自回頭為本黨努力，復敢公然活動，進行所謂樹的政策，希圖破壞本黨主義及策略。此類西山會議散後之徒夥——樹的派之沈鴻慈等……已經中大同志提請中央懲辦在案，中央應即嚴屬執行處分，以肅黨紀。乃沈鴻慈等仍能逍遙黨紀之外，表示洋洋得意，且造出許多及反共產、非共產的反動言論。殊不知反共產是帝國主義用以攻擊本黨及破壞本黨聯合戰線的口號，楊、劉、陳、鄧等叛逆亦藉名反共產，反革命派之刺殺廖先生亦藉反共產，甚至張、吳、孫諸大軍閥向我革命政府進攻，都是採用此類口號，劉、楊、陳、鄧、張、吳、孫以及刺殺廖先生之叛徒的共同號，是否反共產，不待智者都可明白，況且本黨與共產份子合作是先總理在世時親自決定的，革命聯合戰線本黨黨員絕對不容懷疑的，如違反這個聯合戰線，便是違反總理的策略，便是反革命。本黨黨內如仍容許這些違反總理親自決定的策略之反革命份子，任其搗亂不加制裁，實是擾亂國民革命戰線，而革命前途影響實非淺鮮。本分部同志有見及此，用特提出上述意見，懇請聯席會議公決執行，黨國幸甚。

警察特別黨部第三十三、三十五、三十六、

三十八、第一分部

請執行本黨紀律嚴厲辦反革命份子案

　　本黨是孫總理手創的黨，是一個革命的黨，又是領導中國之國民革命的政黨，固不容黨員違背先總理所定下的革命策略，尤不容黨員有此懷疑，故此黨員如有違背本黨主義及策略之宣傳與組織者，即是反革命為黨所不容。如鄒魯、林森等所以被本黨開除黨籍者，只是故也。因為黨中存留著偽革命的份子比較在外邊的敵人更為危險，絕對不能姑息，必須嚴厲肅清以免影響本黨前途。近因鄒、林等該已開除，而其遺類仍混跡黨中，公然活動，進行所謂樹的政策，破壞本黨主義及策略，這種西山會議派散後之徒夥沈鴻慈等，經由中大同志擒請中央懲辦，應即擬行嚴重處分，以肅黨紀。不料該沈鴻慈等竟能逍遙黨紀之表示洋洋得意，且有謂沈鴻慈等不是反革命而反共產，更有荒謬者如廣州學聯會具呈教育行政會，稱中央學生沈鴻慈等無辜被毆，請嚴辦兇手等。不想反共產就是帝國主義以攻擊本黨及領導下之群眾的口號，如楊、劉、陳、鄧藉名反共產之反革命派刺殺廖先生，也亦是藉這個反共產的口號，甚至如張、吳、孫各軍閥向我革命政府進攻，都是一樣採取這個口號，簡直說句反共產就是帝國主義軍閥反革命派之反宣傳。況本黨孫總理親自決定的共產黨與本黨合作聯合革命戰線，本黨黨員是絕對不能懷疑的，如違反這個聯合戰線，便是違反總理的策略，便是反革命，是很明顯而易見的。本黨黨內仍有容許這些違反總理的策略的反革命份子存著，其影響革命前途，實非淺鮮，亦本黨最大

的危機也。本分部同志有見及此，特提出上述意見，懇請
聯席會議公決執行，黨國幸甚。

警察特別區黨部第十、第十一分部

（1）請促成國民會議案

國民會議是解決中國一切問題，同時是中國政治的
出路，故國民會議能夠實現本黨的議決案，必定全部能夠
實行，且現在武漢已經為我軍佔領，革命勢力不久，必可
以發展到全國，在這個革命高潮當中，所以必定要積極籌
備國民會議才可以解決中國一切的問題。

（2）請召集省民會議案

國民政府建國大綱第七條，凡一省完全底定之日則
為訓政開始之時，而軍政停止之日。現在廣東已經完全底
定，應行召集省民會議解決全省一切問題，既能解決全省
人民的問題，因此可以使人民深信國民革命是為人民謀利
益的革命，更能努力參加革命將來開省民會議開成，就是
一省人民自己起來接受政權，練習行使政權，此正可以使
人民將來開國民會議時能夠接受全國政權，並以行使全國
政權的緣故，所以有開省民會議的必要。茲本分部等數百
同志有見及此，故特提出上述意見懇求聯席會議公決執
行，黨國幸甚。

警察特別黨部第四分部
警察特別黨部第八分部
警察特別黨部第三十七分部

請執行本黨紀律嚴厲懲辦反革命份子案

本黨自從改組以來，黨的組織總算比前嚴密。唯自去年西山會議派鄒魯、林森之徒，叛黨以後雖經開除黨籍，而其遺類仍混跡黨中者，實不知凡幾近竟愈弄愈兇，進行所謂「樹的政策」，希圖破壞本黨主義及策略，尤復假「反共產」為口號，不知這種口號實與吳張以及刺殺廖先生之叛徒等同一口氣，都是同一樣用這個口號，即為反革命。可知夫本黨與共產黨份子合作，是先總理親自決定的，革命聯合戰線絕對不容黨員懷疑，故此黨員如有違背本黨主義與策略之宣傳及組織者，即為反革命，其理至為明顯。本黨斷不容有此種反革命份子存在，因為自己黨中存留著的反革命份子，比較在外邊的敵人更為危險，絕對不容姑息，必須嚴厲處分，以免影響本黨前途。近查這種反革命份子——樹的派之沈鴻慈等，當經中大同志擒請中央懲辦，中央應即執行嚴重處分以肅黨紀。該沈鴻慈等竟能逍遙黨紀之外，表示洋洋得意，其為本黨將來之危機實可預卜，而革命前途影響尤非淺鮮。本分部同志有見及此，用特提出上述意見，懇請聯席會議公決執行，黨國幸甚。

中國國民黨廣州市警察特別黨部第三、第十二分部同上

請懲辦反革命份子以維黨紀案

竊思本黨自十三年改組以來，即確定農工政策並聯合以平等待我之民族共同奮鬥。不期反革命份子鄒魯、林

森等，竟敢在去年召集所謂西山會議，希圖破壞本黨主義及策略，後有組織所謂上海偽中央黨部，假借本黨名義破壞本黨勢力，最近唆使其夥黨沈鴻慈等更進行所謂樹的政策，藉名反共產，意圖擾亂後方。本黨如不執行紀律，嚴懲反革命之沈鴻慈等，則革命精神何在，黨紀何存。本分部同志有見及此，用特提出意見，懇請聯席會議公決執行，則我黨幸甚。

　　　　警察特別黨部第十九、第廿一分部全體黨員同叩

請執行本黨紀律嚴懲反革命份子案

　　本黨是革命黨是領導國民革命的政黨，先總理手創的革命主義固不容黨員違背，親定的革命策略更不許黨員懷疑。故黨員有違背主義及策略之宣傳與組織，即是反革命，鄒魯、林森輩為本黨所不容而開除黨籍者職是之，故黨中而有反革命份子比外邊敵人為尤險，自應屬行處分以免影響本黨前途。近查鄒、林等遺類仍混跡黨中，並進行其所謂樹的政策，西山會議散後之結夥——樹的派之沈鴻慈等經中大同志擒請中央懲辦，乃該沈鴻慈等竟能逍遙黨紀之外，且有姑息之者，謂沈鴻慈等是反共產而非反革命，不知反共產是帝國主義者用以攻擊本黨及革命群眾之口號，楊、劉、陳、鄧之叛黨與反革命派之刺廖先生均藉名反共產，張、吳、孫、趙向革命政府進攻亦是採此口號。試問若輩是否係反革命。本黨與共產黨合作是先總理自決的革命聯合戰線黨員是絕不能懷疑的，如違反

此聯合戰線便是違犯總理策略，便是反革命派，本黨如仍容許此等反革命的份子，即為本黨目前最大危機，本分部等同志有見及此，用特提出上述意見，懇請公決執行，黨國幸甚。

　　　　廣州市警察特別黨部第五分部、第十三分部、第十四分部、第十五分部、第二十五分部、第二十六分部

請中央擴大並改進中國北部各省區之農民運動案

實現之方法：

（一）確定並增加北部各省區、各特別區域農民運動之經常費。

（二）為適應北部各省區農民運動之特殊變化起見，應規定各省區農民特殊運動費以補經常費之不足。

（三）由中央於現有訓練農工運動人員之學校中，再為北部各省開一特別班，學額由各地黨部派送。

（四）由中央組織一華北農民運動委員會專駐北方，指揮華北各地之農民運動，使華北各地之農民運動可以在反動的政治下形成一個受黨指揮的共同行動。

理由：

（一）欲實現國民革命必須有政治、軍事、民眾三方面的力量的結合。

（二）在中國北方各省區政治和軍事兩種力量尚在北洋軍閥手中，我們應當用黨去取得民眾的力量，而且也能用黨去取得民眾的力量。

（三）在中國北部的基本民眾就是百分之八十五以上的農民。

（四）因為近年來軍閥政治壓迫反應，中國北部各省區的農民已經自動地武裝起來形成一種有組織的力量，如直、魯、豫、陝之各種槍會及三區農民團自動組織的聯莊保甲團是。

（五）此種組織的形成多含舊式宗教性質與地域觀念，立足點極幼稚而薄弱，若不使之黨化，極容易受軍閥的利用而變成反動的勢力。

（六）此種組織現在極普遍而眾多，且常因地域和習慣的不同而互相衝突。

（七）如果消滅其相互間的衝突而使其變為黨的力量，在軍事和政治各方面均足以為革命勢力向北進展的援助。

（八）在過去只山東、河南、直隸三省區有農民運動費，其餘如甘肅、山西等均無經費，有經費的固異常拮据，無經費的更一籌莫展。

綜合上述諸項理由與事實，在中國北部各省區的農民運動實有擴大改進並且統一的必要。因為中國北部各省區以漸入於一個單一的、有系統的軍閥統治之下，與西南各省一軍閥或一省數軍閥的割據政治，又自不同。在軍事和政治兩方面，我們的對象已經擴大，在民眾運動方面，當然也要擴大，同時就現在各地武裝農民的狀況看來，也有此超省界的特殊工作的必要。如河南的紅槍會仇視國民

二軍，陝西的白槍會又仇視劉鎮華的軍隊，因此遂演成陝西人與河南人的地域性的爭鬥，如果不用特殊的工作去消滅這個障礙，妨害革命勢力的進展實屬不小。是否有當，敬候公決。

提議人

    北京特別市黨部代表　　鄧文煇

    河南省黨部　　　　　　高警宇

    山東省黨部　　　　　　范予遂　賀楚強　王子壯

    山西省黨部　　　　　　苗培成　高叔英

    奉天省黨部代表　　　　朱霽青

    甘肅省黨部代表　　　　何履亨

    熱河區黨部代表　　　　烏文献　丁超五　李毓堯

副署人

    周以栗　江　浩　董海平　羅貢華　王積衡　謝　晉

沈鴻慈啟事

    鴻慈生唯剛強，對於一切惡勢力之壓迫必起反抗，年未肄業，中山大學受黨、政府及師友之指導，除用心學問外，追隨同志們之後努力於打倒帝國主義及其走狗之工作，乃有少數搗亂份子在此北伐期間意圖擾亂後方秩序，誣認鴻慈為勾結西山會議派，於九月十八日上午糾合百餘人在中大，將鴻慈等四人毒打並圍困在校長室內歷數時之久，復用繩將鴻慈綑縛解往中央黨部，幸經

中央明辨良莠，決議將毆人之兇手王克毆等，交中大校長查辦（因王等係中大學生，勾引校外學生及雜役等將鴻慈毒打），並用函通知鴻慈，使知此次被誣之始末，並以自勉。因恐同學及社會人士對此次被毆事件不明真相，尤恐被反動派造謠惑眾，毀謗鴻慈個人名譽，特將中央第五十九次常務會議發給鴻慈一函命錄於後，願我親愛之同志及社會人士鑑之。

逕啟者，案據本年七月十八日浙江省執行委員會常務委員宣中華等呈稱（下略）等情，業經第四十五次會議決議交中央監察委員會處函交去後，現准復開逕復者，現准貴會移來浙江省黨部呈報廣州市黨員沈鴻慈勾結反動違反政策應予嚴懲等情，原呈一件到會請審查見覆等，由查沈鴻慈致蔣鑑原函「不特毆打殺假革命的CP，一切帝國主義其及走狗都要送他到西天去」一語，其語意原係指假革命者並帝國主義及其走狗而言，未便遽認為反革命，查其用意反對CP之假革命者則有之，仍未達到反對本黨之程度。浙江省黨部原呈以為「……假革命的CP……」一語即為反對總理容納CP之主張，未免固為張大。據沈鴻慈答辯稱與蔣鑑並未相識，因曾任青年月刊編輯，遂與蔣鑑為文字交，亦僅係初次通信。又十四年十一月間曾被CP黨員黃光明勾引外人毆打致傷憤恨未消，故為激烈之言，──「打殺假革命的CP」等化毆打致傷一事當為問題。查原信面標題有「……浙江省執行委員會查交……」等字，並無街巷名稱及門牌號數，浙江有真偽兩個黨部，

人所共知發信之初既不慮其誤投，更須註明「查交」字樣，亦足以證明係初次通信，而素非相識，故不能視為秘密勾結。年來群眾運動每至演出殺傷人命怪劇，至所疾心。本年「五七」紀念日發生毆傷學生情事幾千枝樹的一語，不嗇供詞，實有違背本黨部本年五月十一日第二十七次會議議決案第三項：「（二）（五）嗣後黨員間如有發生糾紛時，可將情形及證據呈請黨部解決，不准任意毆打」，及違反本黨部同年月十四日第三號訓令實屬咎有應得。姑念糾紛發生在前議決案及訓令發布在後，且示經三青年部及學生糾紛委員會查明解決，應免再深究。茲僅就其致蔣鑑一函觀之，即沈鴻慈對於真偽二個黨部，即蔣鑑之反動情形認識不清，妄與通信，且詞氣魯莽，舉動未免謬妄，亟宜予以處分，俾知警惕。經於本會第十一次常務會議基於以上論斷議決，沈鴻慈以警告處分等因，相應將審查結果連同原件函覆貴會查照提出公決執行，並希見覆，至紉黨誼等由，當於第五十九次會議提出討論決議照准在案，除函覆中央監察委員會暨浙江省執行委員會外，合就錄案函告希即知照。以後對於各方反動情形須認識清楚，並遵守本黨部本年五月十一日第二十七次會議決議案，黨員間如有發生糾紛時將情形及證據呈請黨部解決，不准任意毆打，其詞氣舉動宜隨時自行檢束，是為至要。並希具覆。此致沈鴻慈同志、中央執行委員會常務委員會。

十五年九月廿四日

中央婦女部五六月份工作報告

（一）黨的婦女運動

1. 本部為擴大本黨革命勢力，並謀發展婦女運動起見，組織徵求女黨員委員會通告各省區婦女部徵求女黨員。

2. 本部為訓練黨員起見，於六月八日開女黨員大會，請吳稚暉、顧孟餘先生作政治報告，顧夫人、孔庸之夫人、劉文島夫人、及胡蘭畦女同志作湖南四川婦女運動報告，是日到會女黨員三百餘人（吳、顧先生均未到，故政治報告只由劉文島夫人報告湘戰原因與經過）。

3. 通告各省區婦女部紀念五卅。

4. 本部設立之婦女運動講習，所定本年九月一日開學特通告各省區婦女部選送學生。

5. 組織工農運動委員會做女工農婦運動。

6. 本部根據第二次全國代表大會婦女運動議決案「規定各婦女部經費案」，特擬定各婦女部經費預算提出，中央執行委員會會議蒙核定撥給。

7. 派劉蘅靜、劉嘉彤於六月廿一日往梧州宣傳並調查婦女狀況，代黨紅十字會售章籌款

8. 通告各省區婦女部援助漢口、上海罷工女工。

（二）一般的婦女運動

1. 本部為統一全國婦女運動，使全國婦女均受黨化趨向革命，擬於本年八月開第一次全國代表大會提出經費計劃書並概算表呈請中央執行委員會核奪（此會初擬由

本部發起召集，但恐黨務未能公開之省區難於舉派代表，故改由受本黨指揮之，廣東各界婦女聯合會籌備會通電，徵求全國女團體發起召集），經蒙中央執行委員會核准撥款二千五百元。

2. 本黨第二次全國代表大會議決關於婦女諸案，許多還未實行，本部特聯合各女校女團體共六十餘請中央執行委員會督促國民政府從速實行該議決案。

3. 本部接本黨暹羅總支部執行委員蕭佛成函，謂有五福輪船載被拐婦女三十餘人往暹當娼，該船約於五月七、八號啟行，請設截回婦女以重人道，本部即函廣州市公安局函覆，經將拐婦簡瓊捕獲並起回歸女。

4. 寧波女子中學係本黨同志所辦，該校富革命精神，現因經費支絀，無法維持，浙江省黨部來函請本部設法補助，本部以關經費問題未能決定，請中央執行委員會核辦。

5. 交廣東省婦女部辦理關於婦女案五宗：
   A. 幫助佛山搓香女工會案。
   B. 辦理廣東女子優界請指導組工會案。
   C. 女子雷瓊技母被人毆斃請代昭雪案。
   D. 英德縣發生拐騙婦女案。
   E. 女子鄧扁被未婚夫壓迫案。

6. 交廣州市婦女部辦理關於婦女案四宗：
   A. 黃慕玉被夫毆打案。
   B. 女子韓斌被未婚夫拘拿案。

     C. 女子梁俠芳被夫辱打不給養活費案。

     D. 秦慕貞無辜被人毆打案。

7. 請中央執行委員會核奪撫卹北上外交代表殉難烈士列墳陳桂深家屬。

8. 通電各界援助漢口英美煙工廠及上海閘北允餘等繅絲廠罷工女工。

9. 五月十日連同廣州省廣州市兩婦女部開會，歡迎第三次全國勞動大會廣東第二次農民代表大會第六次教育大會之女代表到會者三十餘人。

10. 五月十八日連同廣東省婦女部開會歡迎廣東婦女解放協會各地代表。

11. 廣東省立女子師範同學會係本部同志發起組織，於六月六日成立。

12. 與罷工委員會合辦罷工婦女勞動學校養成女工運動人才，該校在籌備中。

（三）實際運動

1. 本部對於各種集會，如中山縣婦女協會成立大會統一廣東各界代界會歡迎農工教育代表，廣東省婦女部立婦女俱樂部開幕，廣東婦女解放協會一周紀念，廣東全省商民協會代表大會，廣州女車衣公會會員大會，西關各界人民紀念，五卅黨紅十字會會議，廣東各界援助英國大罷工紀念馬克斯「五一」、「五四」、「五七」、「五九」、「五卅」、「六二三」等均派代

　表參加並演講。

2. 聯合各婦女界組織北伐歡送隊，歡送革命軍出師北伐。

3. 擔任廣東各界援助英國大罷工籌款售券部正主任。

（四）宣傳

　　口頭宣傳，除由宣傳員赴女私塾女工廠及各種集會演講外，出版「婦女之聲」半月刊及顯淺白話歌謠作文字宣傳。

（五）其他

1. 本部組織之民間劇社於五月廿五、廿六晚演劇，籌得款三百餘元，捐助黨紅十字會經費。

2. 本部為獎勵女子體育起見，送廣東第十次運動大會獎品七種。

3. 湖南省婦女部組織之紅十字會頗著成績，現因湘戰發生需醫藥費甚極，本部請中央執行委員會核撥紅十字隊經費二千元經奉核准。

（六）收發事項

1. 五月份收入函件八十四件，發出一百二十一件。

2. 六月份收入函件一百零三件，發出二百三十件。

中央婦女部七八月份工作經過

（一）黨的婦女運動

甲，徵求女黨員

徵求女黨員委員會原定徵求黨員自六月廿一日起至八月三十一日止，現為吸收多量女黨員起見，特展至九月底止。

乙，各婦女部請規定經費

1. 遠區黨部婦女部自成立後，感於經費困難，請本部規定該部經費，本部提出中央執行委員會核撥未能照准。

2. 北京市婦女部經濟困難，請本部代函北京市黨部按月規定該部經費，本部特請中央執行委員會核辦，旋奉復該部經費已通過，本部按月撥給大洋一百五十元。

（二）關於國際的婦女運動

甲，農民國際婦女部致書本部，謂本黨第二次全國代表大會決議依照黨綱，修改法律，吾國婦女不久達到平等，特函示賀並勉以聯合婦女群眾及速作農婦運動，以卒解放之成功，本部去函致謝及接納其意見。

乙，越南婦女組織婦女革命會秘密作反帝國主義運動，本部特函最勉之。

（三）一般的婦女運動

甲，女工會女團體方面

1. 廣東各界婦女聯合會。本部與廣東省婦女部為統一廣

東婦女運動，發起組織該會於八月六日成立，本部被舉為執委，擔任主席，計加入該會之女校、女工會、女團體約六十。

2. 繅絲女工會。廣州河南繅絲廠甚多，繅絲女工約之四千人，擬組織工會，本部特派馮明光、李振坤參加該會籌備會議後，調查該會內容複雜，派張芷聲、劉嘉彤前往調查，現農工廳已批准該會正式成立。

乙，被壓迫婦女之援助

1. 交廣東省婦女部辦理的：
    A. 中山縣貞法刺繡女學校被車衣工會壓迫請援助案。
    B. 女子縣練開之姊被匪擊斃請求代請政府緝匪案。

2. 交廣州特別市婦女部辦理的：
    A. 善團總所請本部安置難婦黃堅福、黃好二名案。
    B. 羅黃氏被惡叔侵佔家財案。
    C. 韓鳳釵被其姑與夫壓迫案。

3. 廣州車衣女工人數七、八千人，每被軍服店拖欠及低減工資，本部特函請國民政府及廣州市公安局，責令軍服店從速發給女工工資以維持其生活。

4. 本部通告各省市婦女部援助滬漢罷工女工後之成績：
    A. 梧州市婦女部與蒼梧縣婦女部，召集該屬婦女組「援助滬漢罷工女工籌備會」，發表宣言及捐款援助，籌得款二百元，已分匯與罷工女工。
    B. 廣西南寧各界婦女組織南寧各界婦女聯合會，援助漢煙廠罷工女工委員會，籌款援助。

5. 崖縣女同志龍德蓮之母親李氏被該處著匪擊斃，故口
五本部請代請政府緝匪，本部以案情重大，特請中央
執行委員會核辦。

丙，促各機關開放運動

第二次全國代表大會決議「各機關開放容納女子任
職」，本部特送函請國民政府令各機關從速任用女職員，
推廣女子職業。

丁，訓練女工運動人才

第四階級婦女佔婦女界多數，故下層婦女運動極關
重要，但此項運動人才非常缺，同本部因與中華全國總工
會教育宣傳委員會設立罷工婦女勞動學校，訓練女工運動
人才，該校於七月十五日開學，學生人數五十九人，科目
為三民主義、政治報告、政治常識、集會演講、普通常
識、應用文、工會技術、工作工會組織法、職工運動、第
三次勞動大會決議案、婦女問題、信札、習字、計數、歌
侍、跳舞、演講等，各學生富革命思想及有服務性。

（四）特殊工作

甲，黨立紅十字會文書股由本部擔任。

乙，組織女子歡送隊歡送北伐軍出發。

丙，請廣州市政府於北伐期內增加黨紅十字會補助費，
市政府已答覆每月補助五百元。

丁，黨紅十字會組織女子北伐救護宣傳隊隨軍救護，本
部派幹事高恬波任救護隊長女同志李勵莊任宣傳隊

長，隊員十三人中十人係軍人家屬救護員傳習所學
生，該隊於七月廿一日隨軍出發。

戊，聯合各界婦女歡送於七月十九日開歡送會歡送女子
救護宣傳員出發。

己，省港罷工委員會提出解決罷工三問題，徵求全國同
胞意見，本部致書答覆並勉期繼續奮鬥。

（五）各政治社會運動及各種集會之參加

甲，派劉嘉彤參加廣東各界反對關會重開會議，全部職
員參加示威運動。

乙，派馮明光出席擁護省港罷工周辦事並組織慰隊慰問
工友。

丙，廣東各界預祝北伐勝利大會，全部職員參加並派隊
演講。

丁，廖、陳二公殉國周年紀念會，本部任宣傳交際，是
日派員往佛山演講。

（六）宣傳

甲，文字宣傳，定期刊為「婦女之聲」半月刊，臨時刊
物，有各種傳單、小冊子，有三民主義問答、沙基
慘剎案歌。

乙，口頭宣傳，往女工會、女團體演講，遇有各種運動
則組演講隊出發宣傳。

何香凝致中央各省聯席會議請辭常務委員信

逕啟者，竊香凝自本會五月十五日開全體中央執行委員會議後，即承各同志公推為本會常務委員。受職以來日久警惕，唯恐隕越，果以德薄能鮮，數月之久，建設毫無，撫躬自問，愧報殊深，且自仲愷同志逝世以後，蒙各同志發起籌備為仲愷建設公園及農工學校（先辦農工、蠶桑改良科），請求政府撥給公地及向各方募捐，現各事經已就緒，學校建築工程不久完竣，行將開學。香凝擬每日除在婦女部辦公之外，抽少數時間以辦理該校一切進行事宜。唯現兼任本會常務委員，事繁責重，專心一致，尚恐有負厥職，分心他務，俾有顧此失彼之虞。而仲愷紀念農工學校改良蠶桑之事，又不能置之不理，因思本會執行委員才力百倍於香凝者，大不乏人，但仲愷紀念農工學校則非香凝料理不可。思維至再，迫不得已，唯有辭去本會常務委員一職，以免貽誤要公。用將不能兼顧理由謹提出會議，希准予辭去本會常務委員一職，實紉黨誼，此致中央各省聯席會議。

何香凝

附錄

一、中央各省聯席會議籌備之經過

　　為對付新發展的時局，和鞏固本黨的基礎起見，本黨中央十六次政治會議議決，召集中央執行委員、省黨部代表，及與各省黨部同等的特別黨部、特別市黨部、海外各屬總支部代表開聯席會議，以討論本黨應取之方針。原定十月一日開會，復一再展期至十月十五日始正式開會。在未開會之先，由中央組織一提案起草委員會，推定徐謙，顧孟餘，甘乃光，譚延闓，張靜江，李濟深，孫科，等為委員，由這個委員會決定提案形式和重要議題的草案。又再組織代表資格審查委員會，由陳果夫，丁惟汾，鄧澤如任委員，十月七日起每日開代表談話會，暫定開會期間為十天，十四日開預備會議，由譚延闓報告籌備經過，陳果夫報告審查經過。繼通過會議規則，舉出譚延闓、徐謙、張靜江、宋慶齡、吳玉章五人為主席團。

二、中國國民黨中央各省聯席會議規則

中國國民黨中央各省聯席會議規則（初稿）

第一章　主席團

第一條　本會主席以主席團擔任之，由中央執行委員會
　　　　提出若干人，經聯會通過組織之。

第二章　開會散會及延會

第二條　本會逐日會議一次，上午由九時至十二時，或
　　　　下午由二時至六時。

第三條　本會會議須有中央執行委員過半數及各省代表
　　　　過半數之出席。

第四條　屆開會時間而代表出席不滿過半數時，主席團得
　　　　延長之，但延長二次仍不滿過半數即宣告延會。

第五條　已屆散會時間議事未畢，主席得依大會議決延
　　　　長時間，主席未宣告開議以前或宣告散會及延
　　　　會之後，無論何人不得就議事發言。

第三章　議事日程

第六條　議事日程由秘書處擬呈主席團核定之。

第七條　本會應議事件及開議日期須載於議事日程，由
　　　　秘書處先期印刷通知。

第八條　遇有緊要事件未載議事日程，或已載議事日程
　　　　而順序在後必須速議者，得有主席提出或代表
　　　　動議議決變更之。

第四章　議事

第九條　代表提議各項事件應具案附以理由，有五人以

上之連署始得提出聯會。

第十條　一切提案須經提案委員會審查。

第十一條　議案標題朗讀後，提議者得說明其旨趣，代表對於議案有疑議時，得請提議者說明之。

第十二條　會議時代表提出臨時動議，須有十人以上之附議始成議題。

第十三條　代表對於議案提起修正者，須具案說明理由，有五人以上之連署始得提出。

第十四條　會議時臨時提起修正者，須書明所修正之文字，並說明理由有五人以上之附議始得成立。

第十五條　各種議案以出席代表過半數表決之可否，同數取決於主席。

第十六條　表決權每派出區為一權，每中央執行委員為一權。

第十七條　主席宣告應行表決後，無論何人不得再就議題發言。

第十八條　代表對於議案有關係個人本身者，不得參與表決。

第五章　旁聽

第十九條　旁聽人須領旁聽券，並遵守旁聽規則。

第二十條　旁聽規則由秘書處擬呈主席團核定之。

第六章　附則

第廿一條　本規則自議決日施行。

中國國民黨中央各省聯席會議規則（討論修正版）

第一章　主席團

第一條　本會主席以主席團擔任之，主席團由中央執行
　　　　委員會及聯席會議預備會各推五人，經聯席會
　　　　議決定五人組織之。

第二章　開會散會及延會

第二條　本會逐日會議一次，時間上午九時至十二時。

第三條　本會會議須有在廣州之中央委員，及各省代表過
　　　　半數之出席，方能開會。如出席不滿過半數時，
　　　　主席團得延長之，但延長二次仍不滿過半數，即
　　　　宣告延會，但延長每次不得過三十分鐘。

第四條　已屆散會時間議事未畢，主席得依大會議決延
　　　　長時間，主席未宣告開議以前，或宣告散會及
　　　　延會之後，無論何人不得就議事發言。

第三章　議事日程

第五條　議事日程由秘書處擬，呈主席團核定之。

第六條　本會應議事件及開議日期須載於議事日程，由
　　　　秘書處先期印刷通知。

第七條　遇有緊急事件未載議事日程，或已載議事日程
　　　　而順序在後，必須速議者，得由主席提出，或
　　　　出席員動議議決變更之。

第四章　議事程序

第八條　出席員提議各項事件，應具案附以理由，有五
　　　　人以上之連署始得提出聯席會議。

第九條　提案須經提案委員會審查。

第十條　議案標題朗讀後，提議者得說明其旨趣，出席員對於議案有疑義時，得請提議者說明之。

第十一條　會議時，出席員提出臨時動議，須有五人以上之附議始成議題。

第十二條　出席員對於議案提起修正者，須具案說明理由，有五人以上連署始得提出。

第十三條　各種議案，以出席員過半數表決之，可否同數取決於主席。

第十四條　表決權，每出席員為一權。

第十五條　主席宣告付表決後，無論何人不得再就議題發言。

第十六條　出席員對於議案有關係個人本身者，不得參與表決。

第五章　附則

第十七條　本規則自議決日施行。

三、中國國民黨中央及各省聯席會議宣言

　　自從本黨第二次全國代表大會以後，中國的國際關係及國內情形都發生了很多與很大的變動。這些變動都是表現，中華民族的敵人——帝國主義與軍閥迅速地日趨於滅亡之路，而中華民族解放的希望的實現則日見明顯。世界帝國主義，自從受了歐洲大戰的致命打擊後，繼續向崩潰的道路上奔走。帝國主義的走狗，根據了帝國主義各國中有幾個國家興盛之事實，硬要證明世界帝國主義已強固起來了，已恢復歐戰以前的興盛了。他們想以此消滅被壓迫民族的革命勇氣，但事實上，世界經濟雖然有部分的興盛，就一般的觀察帝國主義者仍舊是日趨於衰落與崩潰。例如，全世界每月產煤的平均數，在歐戰前一九一三年是九千二百萬噸，在一九二四年是八千七百萬噸，在一九二五年則減至八千一百萬噸。全世界每月產煤的平均數，在一九一三年是六百萬噸，在去年是四百八十萬噸。煤鐵業是帝國主義時代的首要工業，尚且如此，其他工業更不言而喻了，就算其他有局部的興盛，也不是長久的而且可以促進一般的衰落。例如德國波蘭，曾用人為的方法，使他們的金融勉強平穩起來，於是表面上工業亦表示興旺的樣子，但是不久也發生了最屬害的經濟恐慌。德國工業的興盛，使法國的工業受了打擊，於是法國又發生了金佛郎的猛烈的跌價。法國今年上半年不斷地發生倒閣的風潮，簡直是朝成立而夕倒的現象，這就是法國財政上、政治上日趨衰敗的鐵證。世界帝國主義崩潰之最顯著的現

象，即世界帝國主義的大本營——英國帝國主義之衰落。英國帝國主義此種衰落趨勢在最近半年，最為明顯。五月開始的煤礦大罷工一直延長到現在，英國工業的基本——煤的生產半年內已經完全停止了。雖然五月間的全國總罷工，不幸沒有能轉變為全國大革命，而被帝國主義者走狗之破壞，因此失敗了。然而英帝國主義，已發生了根本上的搖動。世界各殖民地，或半殖民地上民族解放運動又已勃起，如摩洛哥、埃及，及中國最近的革命運動，更減少了帝國主義在殖民地及半殖民地上的勢力，而特別是英國帝國主義的勢力。英國的世界帝國主義領袖的資格的搖動，及美國帝國主義之日益發達，使英美中間的衝突日盛一日。日美在遠東各自澎漲而生的衝突亦日益劇烈，歐戰的戰債問題，非但是得不到個解決，反日益促進英美法德等國間之衝突。世界帝國主義，因各帝國主義間之衝突，及殖民地的解放運動，日益衰落。蘇俄之日益強盛，及其與各國被壓迫民眾之親密關係，更震動了帝國主義壓迫下之世界。

帝國主義本身的衰落，及其互相間的劇烈衝突，同一表現於中國。在過去的一年中，帝國主義在中國從沒有像這樣的恐慌與手足無措的現象。中國民族解放運動，自從去年五卅以後，一直到現在，不但沒有消沉下去，而且在各種形式之下，更猛烈地前進，在這種民族運動，英帝國主義受的打擊最為厲害的高潮中。因為英國在中國之勢力範圍，總占有中國土地三分之二以上，而且在他此範圍

內之民族運動亦最劇烈。革命的廣東十五個月對英的鬥爭，使英國帝國主義在中國政治上、經濟上受了很大的損失。日本眼見得危險，因為去年郭松齡的倒戈，與國民軍的進展，所以拚命想趁早強固其在中國之勢力，欲取英國在中國之領袖地位而代之。美國雖然怕懼中國赤化，但眼見得英國在中國之勢力範圍之打破，未嘗不以為自己在中國發展的機會已到。英國在中國勢力之衰落，增加了日美取而代之之心，因此美國與日美間的政策非特不能一致，更因此而發生劇烈的衝突。日美互相覬覦英國的地盤，當然不免互生嫉忌之心，況日本現時在長江以北勢力之澎漲，尤為美國所驚駭。帝國主義勢力，在中國愈衰落，則其衝突亦愈烈，帝國主義間衝突愈烈，則其在中國的勢力亦日益衰落。帝國主義者，特別是英帝國主義者，知道他們在民族主義的中國造成後的命運，所以他們眼見著本黨領導下之民族運動，一日千里的發展，不由得萬分恐慌起來，於是想竭力地破壞這種運動。他們在中國發起了一個「反赤」運動，想用這「反赤」運動，一方面來破壞中國民族革命的聯合戰線，一方面團結一切反革命勢力於他們旗幟之下。他們這種反赤運動固然有了一點成功，這一點的成功，不足以補償他們的損失（但是他們所損失的比成功要多）。中國民族革命的勢力，並因此而格外團結起來，革命勢力與反革命勢力的界限亦格外顯明。反「赤」軍與反「赤」派的行為已完全暴露其醜態於民眾之前，而所謂「赤」軍與赤黨的旗幟已被民眾所擁戴了。帝國主義

認為這種依賴中國國內反革命勢力已不足以維持其在中國的優越地位，他們認為非自己出馬不可了，於是有英國重新再用炮艦政策之事。一試於萬縣數千人民的大屠殺，一試於廣州強佔中國人的碼頭，英國又已添派許多兵艦來華以實行其砲艦政策。帝國主義這樣直接干涉中國的政策，一方面反激起了中華民眾反帝國主義運動的高潮，一方面觸起了帝國主義者間的忌妒，其結果亦必失敗，決不能挽救帝國主義在華勢力之衰亡。中國國內軍閥自從袁世凱歿落後，亦從沒有像今天這樣的衰敗的。自從五卅運動以後，中國的軍閥就開始分化了，在本黨第二次代表大會後的十個月中，此種分化的速度更厲害了。在初除掉了廣東的國民革命軍之外，還祇有北方的國民軍，及後有廣西、湖南，至今則貴州、湖北、四川、江西、福建、河南、浙江等處的軍人都站在反帝國主義旗幟之下來了，這是因為中國反帝國主義運動（高起），及民眾的勢力澎漲的結果。另一方面中國反革命的北洋軍閥統治下的軍隊，因為受了中國革命潮流及本黨宣傳的影響，已完全腐化，真所謂不堪一擊了。此次國民政府出師北伐，所以能實現總理之遺志，一擊而倒吳佩孚，再擊而踣孫傳芳，一方面固然是因為革命軍的勇進與民眾的幫助，但是軍閥自己之腐朽，實為此次北伐易於成功之最大原因。袁世凱系的北洋軍閥從吳孫倒後已無再起之希望，現在所餘之奉系軍閥，雖由日本竭力的幫助，得以從新恢復其勢力。又得日英的介紹借吳佩孚之力壓迫國民軍退去京津，繼又退出張家

口，於是奉軍奄有中國東北全部（雖然如此但是其內部尚有問題）。不過他們內部已有了不可消滅的裂痕，所以時局仍是樂觀，由此更證明中國軍閥自身的分化與腐敗，距滅亡之日期當在不遠。

帝國主義與軍閥在中國的勢力，既然這樣一天一天地衰敗下去，中國民族運動，即在此帝國主義與軍閥衰敗的基礎上，日復一日的發達起來。自從今年正月間，本黨第二次全國代表大會時起，當年革命策源地的廣東既已統一了，國民政府即著手準備推廣其勢力於全國，以救全國人民於水火之中。有了半年的準備後，正當吳佩孚受帝國主義之命令，企圖侵略湘鄂之時，國民政府於是毅然出師北伐。北伐軍出師不到兩月，即克復武漢，打倒軍閥吳佩孚之勢力，再一個月而擊退孫傳芳，西北國民革命軍已攻下陝西，河南軍隊已來歸附本黨。

黨旗已插遍中國，國民政府已奄有大多數之省份。在這過去十個月中，國民政府已自兩粵的基礎，而擴大到中國揚子江以南，及中國的西北部，國民政府在中國的領域上，已成為最有勢力的政府了。國民政府及北伐軍所以能在這短期間中有此種長足的進步，在積極方面說，實在是因為中國民眾運動的發展。自五卅以來，全國的民眾，特別是南方的民眾，都開始組織起來了，民眾的勢力已一天大似一天。北伐軍能在戰場上有勇往直前犧牲的精神，這是因為他的官長與兵士，知道他們是為民眾的利益而奮鬥，為本黨主義而奮鬥，他們確信為民眾與主義，是值得

犧牲的，他們的犧牲，是終久能換得中華民族解放的代價的。北伐軍能進行得如此之神速，能遇危得到解救，是因為各地民眾的協助。農工願為嚮導，願集眾截擊敵軍。工人以罷工，及其他手段斷絕敵軍交通。商人願出軍餉，及願接受國民政府之紙幣。學生願設法慰勞革命軍，及為革命軍宣傳。北伐軍所以能無後顧之憂，及得到後方的經濟與軍火之接濟，這實在是由於各省港罷工工人及廣東農工商學兵大家團結一致，各盡所能，以贊助北伐軍之結果。沒有民眾的幫助，本黨決不能領導其軍隊以獲得今日之勝利，而達到總理所屢次企圖實現之目的。這次北伐勝利之結果，使本黨益信總理主義之實現，必須依靠民眾。蓋總理之主義即民眾之主義，故欲實現民眾主義，必須依靠民眾自己。自從本黨第二次代表大會閉會到本聯席會議開會，這十個月中，帝國主義與軍閥，雖然表示他們是這樣地崩潰，中國民族解放運動，雖然表示這樣地進展，但是中國人民的壓迫與痛苦，是否已減少呢。本黨的主義，是為中國人民謀解放的主義，本黨的責任，是為解除中國人民的壓迫與痛苦，假使中國人民的痛苦一日未除去，則本黨的主義一日未實現，而本黨的責任就一日未能完了。本黨決不眩耀於目前些少的勝利，而遺忘其主義與責任，當本黨主義在未實現以前，本黨應當繼續指出人民的痛苦，並於其政權所在地力圖實行其政綱。那末，現在中國人民所受壓迫與痛苦情形又如何呢。帝國主義強迫中國締結的一切不平等條約，繼續壓迫中國四萬萬人民。帝國主義者

仍舊佔據了中國的各通商口岸，以租界為握扼中國咽喉之用，外國銀行仍舊操縱中國的金融，帝國主義的學校及報紙仍在中國為帝國主義宣傳，以惡化中國的人民，帝國主義的軍隊與砲艦，仍在中國土地與江河內駐紮及行駛，並不斷的屠殺中國人民，帝國主義仍舊掌握我國的海關，總之，帝國主義在中國政治上、財政上、經濟上、教育上及軍事上的特權，仍舊是絲毫未動地存在著。就是說，（中國人民所套著的一條）帝國主義束縛中國人民的鎖鍊，還是依然存在。北洋軍閥，雖說是已經倒了，但是其他軍閥還正多呢，到真正完全打倒軍閥的日子尚非目前事。至於全國的土匪如麻，焚村劫城，日有所聞，因此商旅不安，居民受害。貪官汙吏，劣紳土豪，到處皆是，根深蒂固，魚肉人民，更為不堪言狀。買辦階級，專代帝國主義者做操縱金融，壟斷市場，壓迫商民及剝削工人之事。洋奴化的學者，及走狗式的政客，仍然從事勾結帝國主義與軍閥，以破壞民眾運動及剝削民眾，因此中國工業無發達之望。中國工業家對於已設立的工廠，隨時有倒閉之危險，而對於新的營業，又不敢冒昧投資，因為海關操之外人，關稅不足保護其與外國工業之競爭。反之外國人在中國所開之工廠，有中國工廠所不能享之特權，又因為中國大多數人民之貧苦，不能供給中國工業發展之市場。國內工業既不發達，商業當然因此銷沉，雖然在各租界口岸上之商業似甚發達，其實祇是使全國內地商業衰落，而集中帝國主義勢力範圍下之口岸耳。內地商人受兵災匪禍，因此金

融紊亂，紙幣低折，厘金苛稅之痛苦，就不能一概廢除。中國的工人，所受之苛酷剝削，非不見減輕，反日益加重。他們不僅受經濟上最重的剝削，並且須受政治上最重的壓迫，在租界上外國工廠內之工人，更要受絕無人道的虐待。因為中國工業的不發展，中國工人失業的太多，因此使工人要更低價地賣他們的勞力，因此使中國人運動中，發生了互相毆鬥自相殘害的事情。

中國大多數的人民是農民，亦就是中國的主要生產者，他們所受的壓迫，簡直沒有聽見過的。他們仍舊在中古時代的苛刻的剝削之下，日夜工作，不得一飽。非但要受軍閥劣紳地主的剝削，還要受兵匪天災的禍害，他們被剝奪受教育的機會，使他們永遠無智識不懂得自己所受剝削的原因。他們的壓迫者，是由紳士地主官僚政客一直到軍閥與帝國主義這一班人。

中國的教育界，及其他智識份子，因為中國工商業不發達，及大多數人民貧苦的原故，所過的生活是最可憐的生活，或是失業，或是所得不夠養家，或是因生活上不能不受卑賤的待遇。

這些是中國民眾所受的痛苦呵，這些痛苦是仍舊存在而沒有改善的呵，本黨是沒有一刻把這些人民的痛苦忘掉的。以前在廣東，本黨政權所在之地，本黨所以沒有能對於人民的痛苦完全除去，而祇能給與民眾政治上的自由，使他們能自己起來為經濟改善而奮鬥。對於這種奮鬥，本黨都是竭力贊助的，這是因為本黨在廣東的基礎未

固，正在爭自存的鬥爭中，一切力量都要用到這種鬥爭中去，因此，一時不能達到除去人民一切痛苦的目的。這不是因為本黨忘掉了人民的痛苦，實是因為本黨及廣東當時沒有這種能力，使本黨達其目的。到了現在，當本黨指揮下的國民政府，已到了長江流域，勢力雄厚，雖然我們仍要用力準備統一中國，但是我們已有餘力以謀本黨在政權所在地之人民生活之改善。所以本聯席會議，依照現時的情勢，與人民的急緊需要，製定與通過一目前的政綱，希圖在最近的將來，能由本黨的努力，使之完全實現。不過，大家要知道中國人民痛苦全部除去，必須在國民革命成功以後，即本黨主義完全實現時，所以本黨一方面，力圖滿足統治下人民目前的要求，一方面更努力以求中國政治經濟上之完全統一，及完全脫離帝國主義軍閥，及一切封建制度之壓迫與剝削。

要達到中國民族完全解放的目的，一定要打倒帝國主義、軍閥、貪官汙吏、走狗政客、買辦階級、土豪劣紳、殘酷地主，及其他一切反革命勢力，一定要團結中國農民、工人、實業家、商人、兵士、學生、教員，及其他智識份子。

中國的農工商學兵等各界人民，在過去已大致能認識本黨是能為人民謀利益的黨，本黨的主義，是為人民謀幸福的主義。現在本聯席會議通過了本黨目前的政綱，並決意率領本黨黨員努力做去，以圖達到實現的目的。不過這政綱的前面，有很多的障礙，所以要實現這政綱，不是

本黨單獨的努力所能做到的，一定要各界人民大家起來幫助本黨，以除去妨害種種障礙，使本黨目的得以實現。所以本黨高呼，中國內一切革命階級聯合在本黨旗幟之下，一齊為本黨目前政綱而奮鬥，務期於最短時期使其實現。

本黨應對全國人民重復聲明，本黨將以全力保障人民的一切自由，及扶助民眾組織起來，使民眾能建立自己的勢力，因為這樣，國民革命才能成功，國民革命的勝利，才能有正當的保障。

本黨更向全國人民宣言，本黨將繼續遵照總理的主義，與本黨第一次與第二次全國代表大會之議決，依照總理的遺囑，及其對內對外政策，聯合國內一切革命份子，及世界上以平等待我之民族，與帝國主義、軍閥，及一切反革命勢力相搏戰，以求達到完成國民革命之目的，廢除一切不平等條約，建立統一的廉潔的政府，及解除人民一切痛苦，使人民進於福利之道路。

農工商學兵大聯合萬歲！
中國國民革命成功萬歲！
中國國民黨萬歲！

四、擁護中國國民黨中央各省區代表聯席會議決議案宣傳大綱

（一）這次聯席會議之意義及其特殊性

這次本黨舉行中央及各省區聯席會議，是應客觀的環境的要求。第一，革命軍事上的進展很迅速，國民政府的勢力已大發展：國民政府是以黨為基礎的，因是黨的勢力更須發展。故以這次聯席會議的第一義，便是用黨的力量去建設新的政治以謀群眾的福利。第二，這次聯席會議是應各省人民政治的需要而召集的，在這會議中決議的新政綱，最好是能於很短的時間內切實施行到各地去。第三，第二次全國代表大會的議決案，有許多還未能實行；最近革命民眾的勢力的發展，對於從前的積案及關於黨與政府的應時發展問題，都需要有更新的決定。——於此可見這次會議及議決案的重要意義。

再者，本黨的基本勢力是廣大的革命群眾，所以想保持本黨的軍事勝利，發展本黨的勢力以及國民政府的勢力，必賴在本黨力量所及的地方施設的政治能符合民眾的真正需要。所以這次聯席會議的性質，一方面為應付特殊時代所發生的政治現象；一方面雖名義與全國代表大會不同，而其性質同為黨的最高會議而無稍異，故其決議案亦同為黨的最高原則。聯席會議議決案中有這一條規定：「聯席會議決議案即須切實施行，祇有第三次全國代表大會有修正之權」，可見「聯席會議之權僅亞於代表大會而高於中央全體」——這是此次會議的特殊性。

（二）議案的內容

聯席會決議案中之重要者，如：第一，通過國民政府發展問題——國民政府今後主要的工作，是鞏固各省革命勢力，以廣東實施政治為適宜，故國民政府仍暫設在廣東，同時國民政府擴張其組織，委員以能代表在國民政府統治各省人員方得充任，並添設軍事、交通、司法三部，此後國民政府組織更加完密了。

第二，通過請汪精衛同志銷假案——汪同志因病請假，已閱八月，現在本黨勢力，由南部伸到中部，所有黨務政務，皆比昔日繁重，因此蔣介石同志已電請汪同志速行銷假，並託張靜江、李石曾兩同志前往敦請而聯席會議。更以汪同志一身繫黨國重責，決定推舉何香凝、彭澤民、張曙時、簡琴石、褚民誼五同志親往敦請銷假，想汪同志不日可以銷假，今後本黨得汪同志主持，本黨越更發展。

第三，通過主張開國民會議案——總理去年主張開國民會議，因段氏竊政，孫吳作梗，以內部楊劉反側，致總理所號召之國民會議未見諸實行。現本黨內反動份子已漸肅清，統治區域已擴大到湘鄂贛閩各地，召集國民會議，遵守總理遺囑，促其實現。故聯席會議決議繼續主張開國民會議，其召集國民會議之預備方法，須先發起人民團體之聯合會。此聯合會須包含農工商、教職員、學生、自由職業及軍隊之代表海外華僑，並將此會普及全國各省各縣市。一，謀縣或市安寧幸福之綱領，二，謀省安寧幸

福之綱領，謀全國安寧幸福為綱領，謀華僑安寧幸福為綱
領，為國民會議之政綱。

第四，確定省政府與國民政府之關係──使省與中
央成為系統上發生密切關係。

第五，確定省黨部與省政府之關係──使政與黨打
成一片，以表現以黨治國之精神。

第六，決定本黨最近政綱案──屬於政治者有五條：
屬於外交者有三條，屬於經濟者十四條，屬於教育者有五
條，屬於行政者有六條，屬於軍事者有十二條，屬於婦女
者有二條。以上是屬於一般的共有四十六條，更對於工業
家者有六條，商人者有五條，學校教職員者有四條，各機
關係職員者有五條，關於農民者有二十一條，關於工人者
有十條，關於軍人者有六條，關於華僑者有三條。這種具
體的政綱是今後國民政府實施新政治的良好標準，這種政
綱，確實是適合於各階級的需要。至於外交政策，在這個
聯席會議中亦有決定。此外更如黨員有服兵役之義務的決
定，使民眾而成武力化，並使投機份子不易混入黨。

第七，增加中央黨部每月經費三十萬元，使黨務加
速發展。嚴懲反動派，使一般偽黨部及西山會議派受嚴重
之處分，使黨有鐵的紀律。凡此巨大而且重要問題，聯席
會議均一一決定。本黨有這次新政策的決定，一方面是本
黨的進步，一方面使人民在黨治下得到的福利更多而且更
確實。

（三）我們應持的態度

甲，應與群眾合作擁護此次聯席會議的決議案——我們應該知道，本黨是引導中國民眾實行國民革命的黨，是為民眾的利益而奮鬥的，所以一時一刻也不應忽略了民眾。這次聯席會所議決的方案，都是實現本黨主義，適合民眾要求的極根本的政綱。我們應努力向民眾作廣大的宣傳，使民眾認識本黨確是為民眾謀利益的黨。相信這次聯席會議的決議案是實現民眾要求的方案，而起來擁護。

乙，應督促政府切實施行——這些有價值議決案，如果是不能實行，僅成為白紙黑字的空文，要他何用？現在議決案是有價值的，但是尤其有價值的是在能夠切實施行。不過我們應該注意，要實施這種政綱，真不是一件容易事情呵！第一，我們應該了解黨的主義和政綱；要服從黨的議決案，遵守黨的紀律。第二，黨員與黨員要互相監督，要防著反動分子混到我們革命的行列裡來破壞我們的聯合戰線。第三，要用黨的力量去督促政府切實施行這次聯席會議決的政綱；更要鞏固群眾的組織，極嚴密的防範著反動派暫時變更策略，向我們低頭而暗暗的增養反動的勢力，以達其反動的目的。——這都是我們應該特別注意之點地方。

（四）我們的口號

擁護中國國民黨中央及各省區聯席會議議決案！

督促政府切實施行議決案！

打倒反動派！

群眾與政府合作萬歲！

中國國民黨萬歲！

國民政府萬歲！

民國史料 04
中國國民黨
中央暨各省聯席會議紀錄
Minutes of Central and Provincial
Joint Meeting

作　　者　民國歷史文化學社編輯部
總 編 輯　陳新林、呂芳上
執行編輯　李佳若
文字編輯　林弘毅、詹鈞誌、王永輝、江張源
封面設計　陳新林
排　　版　溫心忻

出 版 者　🛡️ 開源書局出版有限公司
　　　　　香港金鐘夏慤道 18 號海富中心
　　　　　1 座 26 樓 06 室
　　　　　TEL：+852-35860995

　　　　　🌼民國歷史文化學社
　　　　　10646 台北市大安區羅斯福路三段
　　　　　　　　37 號 7 樓之 1
　　　　　TEL：+886-2-2369-6912
　　　　　FAX：+886-2-2369-6990

銷 售 處　源流成文化 股份有限公司
　　　　　10646 台北市大安區羅斯福路三段
　　　　　　　　37 號 7 樓之 1
　　　　　TEL：+886-2-2369-6912
　　　　　FAX：+886-2-2369-6990

初版一刷　2019 年 8 月 20 日
定　　價　新台幣 400 元
　　　　　港　幣 110 元
　　　　　美　元　15 元
I S B N　978-988-8637-07-2
印　　刷　長達印刷有限公司
　　　　　台北市西園路二段 50 巷 4 弄 21 號
　　　　　TEL：+886-2-2304-0488

版權所有‧翻印必究
如有破損、缺頁或裝訂錯誤
請寄回銷售處更換